모든 사람은 지구상의 구체적인 장소에서 구체적인 시간에 어떤 민족에 속하는 부모에게서 태어나 구체적인 기후조건 아래서 그 나라 언어를 모국어로 삼아 크잖아. 어느 인간에게도 마치 대양의 한 방울처럼 바탕이 되는 문화와 언어가 스며 있어. 또 거기엔 모국의 역사가 얽혀 있고. 그런 것에서 완전히 자유로워진다는 것은 불가능한 일이야. 그런 인간이 있다면 그건 종이쪽처럼 얄팍해보일 거야.

프라하의 친구들

요네하라 마리(앞줄 왼쪽 두번째)

야스나(뒷줄 왼쪽 두번째)

아냐(뒷줄 맨 오른쪽)

리차(앞줄 맨 오른쪽)

프라하의 소비에트 학교 시절
요네하라 마리(가운데)

프라하의 소비에트 학교 시절
요네하라 마리(오른쪽)

추억의 노트

일본에 돌아갈 날이 잡힌
한 달 전부터 난
'추억의 노트'를 만들어 반에 돌렸다.
반 친구들은 거기에
각자의 메시지를 써주었다.

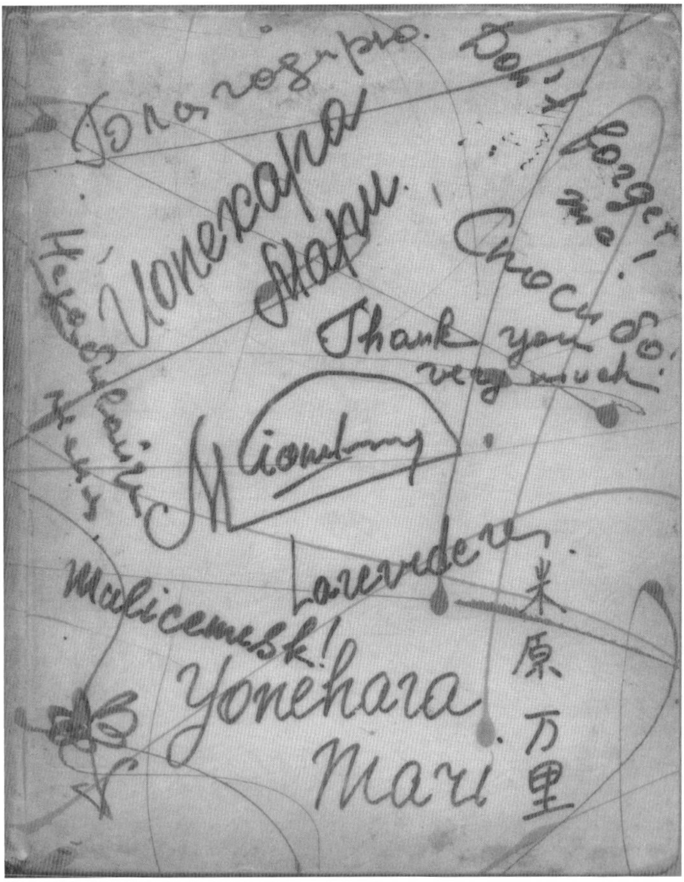

1995년 11월

추억의 노트를 들고
프라하 시절 친구들을 찾아나선다.

프라하의 소녀시대

프라하의 소녀시대

요네하라 마리
이현진 옮김

마음산책

프라하의 소녀시대

1판 1쇄 발행 2006년 11월 20일
1판 9쇄 발행 2025년 2월 5일

지은이 | 요네하라 마리
옮긴이 | 이현진
펴낸이 | 정은숙
펴낸곳 | 마음산책

등록 | 2000년 7월 28일(제2000-000237호)
주소 | (우 04043) 서울시 마포구 잔다리로3안길 20
전화 | 대표 362-1452 편집 362-1451 팩스 | 362-1455
홈페이지 | www.maumsan.com
블로그 | blog.naver.com/maumsanchaek
트위터 | twitter.com/maumsanchaek
페이스북 | facebook.com/maumsan
인스타그램 | instagram.com/maumsanchaek
전자우편 | maum@maumsan.com

ISBN 978-89-89351-99-3 03830

* 책값은 뒤표지에 있습니다.

이때의 내셔널리즘 체험은 내게 이런 걸 가르쳐주었다.
다른 나라, 다른 문화, 다른 나라 사람을 접하고서야
사람은 자기를 자기답게 하고, 타인과 다른 것이 무엇인지를
알아보려고 애를 쓴다는 사실.

차 례

리차가 본 그리스의 창공

리차는 한번도 봤을 리 없는 그리스 하늘을, "그건 말야,
정말 쨍하고 깨질 듯이 파래"라며 자랑스러워 죽겠다는 듯
긴 눈썹으로 테 두른 새까만 눈동자를 반짝였다.

'거저 받은 말, 이빨은 보지 마라.' 받은 선물을 흠잡지 말라는 뜻의 러시아 속담이다. 하지만 난 이 속담의 속뜻보다 말의 가치는 이빨로 알 수 있다는 생활의 지혜 쪽에 더 흥미를 가졌다. 시장에 말을 사러 가서 눈썰미 있게 봐둔 말 가까이 다가가면, 말 주인은 다른 건 다 제쳐두고 말의 위아랫입술(이런 표현이 있나?)을 뒤집어 잇몸까지 보여준다. 그런 다음 말 콧잔등을 쥐어 잡고 억지로 입을 열어보인다.

"어때요, 어르신네? 어디 한 군데 흠잡을 데 없지요?"

이빨은 말의 건강상태를 여실히 반영한다. 또 늙은 말인지 아닌지도 이빨이 닳은 정도로 알 수 있다. 그러니 젊고 건강한 말을 사려면 말의 이빨을 이 잡듯이 들여다봐야 한다. 한 치의 양보도 없는 팽팽한 가격 교섭이 시작되는 것은 그 다음 단계다. 아마도 이런 식으로 말 거래가 전개되겠지, 라는 생각이 드는 순간 나는 리차를 떠올렸다.

리차는 1960년 1월에서 1964년 11월까지 약 5년 동안, 내가 프라하에서 다녔던 소비에트 학교의 같은 반 친구다. 그리스인인 리차 아버지는 군사정권의 탄압에서 벗어나 동유럽 곳곳을 전전하다가 체코슬로바키아로 망명한 공산주의자였다. 리차의 부모님이 조국 그리스를 뒤로한 것은 제2차 세계대전 직후였으니, 리차와 오빠인 미체스가 태어나기도 전이다. 미체스는 유고슬라비아에서 태어났고 리차는 부모님이 한때 몸을 숨겼던 루마니아의 어느 시골마을에서 태어나 다섯 살 때 가족 모두가 프라하로 이주해 왔다. 그런데도 리차는 한번도 봤을 리 없는 그리스 하늘을, "그건 말야, 정말 쨍하고 깨질 듯이 파래"라며 자랑스러워 죽겠다는 듯 긴 눈썹으로 테 두른 새까만 눈동자를 반짝였다. 그러곤 마치 지금 그리스의 창공이 눈부시다는 듯이 눈을 가늘게 뜨는 것이었다.

"단 한 점의 구름도 없는 새파란 하늘이, 또 새파란 바다에 비쳐서 한도 끝도 없이 펼쳐지는 거야. 파도는 방금 빨아 널 냅킨처럼 하얀 물보라를 일으키고. 정말이지 마리한테도 보여주고 싶어."

도대체 몇 번이나 이 말을 들었을까. 그때마다 늘 잔뜩 찌푸린 회색 구름이 드리워진 프라하의 하늘 아래서, 어쩌면 영원히 돌아갈 수 없을지 모르는 조국을 그리는 리차 부모님의 심정을 생각하곤 했다.

리차 부모님의 일터는 우리 아버지가 다니시는 《평화와 사회주의 제문제》라는 잡지의 편집국이었다. 그 잡지는 공산주의 운동의 이론지였다. 옛날에는 모스크바에 본부를 두었으나, 각국의 공산주의 운동을 일원적으로 지노해온 제3인터내셔널이 1943년에 해산하면서 루마니아의 부쿠레슈티에 본부를 두게 된 공산당인 노동자당 국제정보국이, 1956년에 다시 해산한 뒤에 프라하에 설립된 편집국이다. 말하자면 세계 각국의 공산주의 정당으로서는 유일하게 남은 상설 국제교류기관인 셈이었다. 우리 아버지는 일본공산당에서 파견된 편집위원회 멤버였고, 리차 아버지는 아마도 그리스 공산당을 대표하는 역할을 하셨던 것 같다.

편집국은 프라하 시내에 있었지만 프라하 교외 숲 속 호반에는 직원 휴양소까지 있어 신청만 하면 직원과 그 가족들이 이용할 수 있었고, 편집국이 왕복 버스까지 제공했다. 어느 토요일 오후, 버스에 시달려 휴양소에 도착했다. 이미 도착해 있던 리차가 날 보더니 달려왔다.

"마리, 여기 와봐, 아빠가 차를 사셨어."

아, 그래서 버스를 안 탄 거였구나.

"정말? 색은? 무슨 색으로 사셨는데?"

"물론 올리브색이지. 전부터 만약 차를 사게 되면 올리브색 이외는 생각할 수 없다고 아빠가 늘 말씀하셨거든."

"올리브색?"

휴양소 현관 뒤편에 세워둔 차는 탁한 녹색이었다. 차 색까지 고국을 상징하는 과실의 이름을 붙여야 했던 망향의 한을 보는 듯해 가슴이 아팠다.

그건 그렇고, 앞서 얘기한 속담에서 왜 리차를 떠올렸냐 하면,

언젠가 그녀는 뭘 잔뜩 안다는 듯이 폼 잡고 이렇게 말했었기 때문이다.

"마리, 남자들이 쓸 만한지 아닌지 어떻게 알아보는가 가르쳐줄까? 그건 말야, 이빨이야 이빨. 이빨 색, 윤기, 치열로 알아볼 수 있다 이거지."

초등학교 4학년 때였으니, 여자아이들은 초경을 맞고, 남자아이들은 음모가 생기는 계절. 몸 깊은 곳에서부터 성에 대한 호기심이 끊임없이 솟아 끓어오를 나이다. 알고 싶어, 알고 싶어, 알고 싶어! 그렇다고 부모님께 물어보는 건 창피하고. 성에 관한 티끌만한 지식과 정보에도 반 아이들 모두가 굶주려 있었다. 나도 그 틈에 끼어 가슴을 콩닥거리고 있었다. 리차는 정말 공부는 지지리도 못했지만, 이 방면에 있어서만큼은 반 아이들 누구도 발밑에 미치지 못할 만큼 박사였고 압도적이며 절대적인 권위자였다.

그 정보는 우선 두 살 위의 오빠 미체스에게 얻은 것이다. 리차랑 쏙 빼닮은 미체스는 동급생 사이에서는 키가 작은 편이었는데, 왠지 굉장히 인기가 있었다. 공부하기 싫어하는 것까지 리차랑 닮아서 낙제로 진급도 못했지, 아마. 하지만 운동신경 하나는 타고났으니, 축구와 복싱으로는 교내 최고 스타라고 말할 수 있다. 적어도 본인은 스타처럼 굴었다.

"야 너, 놀아줘서 고마워, 우리 집 개랑."

언젠가 스타의 팬서비스 차원이라는 태도로 이렇게 말을 걸어온 적이 있었다. 무슨 말인지 몰라 갸우뚱해하는 내게, 미체스는 말을 이었다.

"리차라는 이름의 개 말야."

웃기시네 싶어 퉁명하게 말을 받았다.

"흥, 그리스어로 리차가 무슨 뜻인데?"

"의미 같은 건 없어. 집에서 기르던 똥개가 리차였거든. 부모님이 무지 예뻐하셨지. 근데 그게 죽어버렸잖아. 얼마나 슬퍼하시던지. 딱 그때, 엄마가 배가 부른 거야. 그래서 태어난 딸에게 죽은 개 이름을 붙였다 이거지. 어때, 무지하게 안이한 발상이지? 아하하."

있는 대로 입을 열어 호쾌하게 웃어젖히는 미체스를 보고 있자니 나도 모르게 소리쳤다.

"푸슈킨이다. 너도 그렇고 리차도. 푸슈킨이랑 똑같이 생겼어!"

"와, 정말이다. 정말이네!"

그 자리에 있던 반 아이들이며 선생님은 나의 이 발견으로 배꼽을 잡고 데굴데굴 굴렀다. 이 일은 당장에 전교로 퍼져 미체스는 한동안 '알렉산데르 세르게예비치'로 불려야 했다. 그 정도로 이 오누이는 현대 러시아문학의 아버지로 불리는 알렉산데르 세르게예비치 푸슈킨을 쏙 빼닮았다. 표트르 대제가 여행길에 데려온 흑인 총신을 증조부로 둔 19세기 시인 말이다. 천연 아프로 머리(곱슬곱슬하고 짧게 말려올라간 헤어스타일로, 선천적인 경우가 많으나 요즘은 하나의 스타일로 자리잡음—옮긴이)는 새집 같고, 가무스레한 피부에 짙은 눈썹, 검은 눈동자, 알맞게 높은 코, 민첩한 몸놀림. 멜라닌 색소가 모자라는 북구나 동구 여자아이들은 이런 타입의 남자에게 정신 못 차리게 반하나보다. 아무튼 미체스는 이상할 정도로 인기가 좋았다. 학교에서 제일가는 미녀들도 미체스와 시선만 마주치면 얼굴이 홍당무가 된다. 여선생님들도 편견을 감추지 않고 점수가 후했다. 같은 또래의 남자아이들이 여자아이들에게 갖는 창피함이나 어떤 거리감 같은 것을 미체스에게는 약에 쓰려해도 찾아볼 수가 없었다. 여자들이 죄다 자기에게 반하는 게 당연하다는 듯한 오만함이 오히려 여자아이들을 더 자극했던 것 같다.

"저 자식, 이노센트 아닐 거야."

동급생 남자아이들은 미체스가 부러워 죽겠나보다. 그런데 이노센트가 아니라니, 순진무구하지 않다는 말? 그게 왜 부러운데? '이노센트가 아니다'가 동정童貞을 상실했다는 의미라는 것은 한참 뒤에 알았지만, 어쩐지 남녀관계와 관련된 일이라는 짐작은 갔다. 이렇게 여자 경험이 풍부한 오빠로부터 매일 주워들으니 리차는 남자들이 여자의 어디에 반하는지도 훤했다.

"가슴 선, 허리의 잘록함, 엉덩이의 질감, 이런 걸로 남자들이 뿅 간다고 생각하지? 그건 다 선입견이라는 거야. 남자들 심장을 딱 멎게 만드는 건 말이지, 눈동자와 다리라구. 마리, 잘 알아둬. 여자의 무기는 아름다운 눈과 다리라는 말씀!"

미체스한테 들은 게 뻔하다. 하지만 그러니까 더 설득력이 있었던 것이다. 또한 리차의 성지식을 보태주는 사람이 더 있었으니, 성에 대해 엄청나게 개방적인 그녀의 어머니다. 어느 날 리차는 1교시에 30분이나 늦게 와 선생님께 혼난 뒤 복도에 나가 서 있어야 했다. 그날은 하루 종일 리차의 불평을 들어줘야 했다.

"지각한 건 엄마 탓이야. 어휴, 정말 지겨워. 아침부터 아빠랑 그 짓을 벌이니 말야. 쓰레기를 우리들이 치워야 했잖아."

"그 짓이라니?"

"얘 좀 봐, 그게 뭐겠어. 섹스지."

"세, 세, 섹스라니?"

"뭐야, 설마 너 모르는 거야? 아기가 어떻게 태어나는지?"

"그거야 저절로 생기는 거 아냐?"

"세상에 기가 막혀서."

진짜 기막힌다는 표정으로 어이없어하더니 부탁도 안했는데, 그게 말이야 하면서 열심히 자세하게 가르쳐줬다. 나로서는 내 귀를 의심하지 않을 수 없는 내용이었다.

"거짓말이지?"

"200퍼센트 진짜야. 마리도 말야, 마리 엄마하고 아빠가 섹스를 했기 때문에 태어난 거구."

나는 쇼크로 그날 수업은 아무것도 안 보이고 안 들렸다. 선생님이 날 지목하신 것도 모르고 있다가 얼떨결에 엉뚱한 대답을 해서 반 아이들의 폭소를 자아내기도 했다. 집에 가서는 아버지, 어머니의 얼굴을 똑바로 볼 수가 없었고 음식도 목에 넘어가지 않았고 잠도 한숨 못 잤다.

리차에게는 이 방면의 믿음직한 정보제공자가 또 있었는데, 리차의 말을 신용한다면 무지하게 핸섬한 외삼촌이다.

"우리 외삼촌은 미체스보다 백 배는 핸섬하고, 여자들에게 천 배는 더 인기가 많아"라고 했다.

"나도 미체스도, 왜 하필 못생긴 아빠 쪽을 닮았을까. 내가 나이

들어 아빠처럼 살이 뒤룩뒤룩 찔 거라는 건 상상만 해도 소름이 끼쳐. 그치만 외삼촌은 엄마랑 도장 찍은 거처럼 똑같아."

리차는 말끝마다 엄마 닮지 않은 걸 저주했고, "어머나 얘 머리 좀 봐, 어쩜 이렇게 멋있니? 만져봐도 되니?" 하고 체코나 러시아 여자들이 부러워하는 곱슬머리도 싫어했다.

"아, 싫다 싫어. 아빠 유전자는 왜 이렇게 질긴 거야. 엄마처럼 곧은 생머리가 좋은데. 마리, 네가 부러워."

리차 어머니는 곱슬기 없는 숱 많은 머리를 높이 틀어올린 스타일의 당당한 미녀였다. 마리아 칼라스보다 좀더 선이 굵은 느낌이랄까.

"얼마 전에 백화점에 갔을 때도 처음 본 남자들이 사귀자고 그랬대."

"젊었을 땐 굉장하셨겠네?"

"응, 꽤 경쟁률이 높았다나 봐. 근데 아빠가 첫눈에 반해서 일 년 동안 쫓아다녔대."

리차의 아버지는 공대 3학년 때, 독일군에 점령당한 아테네를 빠져나와 산악지대 골고피 마을 좌파 거점을 찾아 들어가 반전 반나치스 운동에 투신했는데, 어느 날 마을 우물에 물 길러 온 당시 꽃다운 18세 어머니를 만나 뜨거운 사랑을 했단다.

"엄마는 무지하게 싫었대. 아빠가 못생겨서가 아니야. 정치에 얽히기가 싫었대."

"그럼 너희 어머니는 코뮤니스트가 아니시니?"

"절대로 아니셔, 또 죽어도 안될 거라고 하셨고. 외갓집은 코뮤니스트여서 공산 게릴라의 사랑방이었다나봐. 엄마보다 더 예쁜 큰이모가 계셨는데 아무튼 마을에서 제일가는 미녀라고 소문이 자자했대. 엄마 집에 모이던 게릴라들은 모두들 다투어 이모를 차지하려고 난리가 났었나봐. 근데 정작 이모가 사랑하게 된 남자는, 모두가 적대시하는 왕당파였대. 부모님과 게릴라들이 헤어지라고 그렇게 설득을 해도 귀에 안 들어갔지. 그랬더니 무슨 일이 생긴 줄 알아? 어느 날 이모가 집에 안 들어왔대. 다음날, 집 앞에 있는 밤나무에 이모가 목매달려 있더라는 거야. 욕보인 채로."

"누가 그런 몹쓸 짓을 했다니?"

"엄마 생각엔 게릴라들 짓이 아닐까 싶대. 질투심 때문에. 아빠는 절대로 그럴 리가 없을 거라고 하시지만 말야. 뭐 그래서 엄마는 죽어도 코뮤니스트랑 결혼하지 않겠다고 버텼는데, 부모님의 설득으로 어쩔 수 없이 결혼하게 됐대. 이건 순전히 약탈행위야, 약탈."

폭풍우 같은 부부 싸움 때마다 리차 어머니는 그 가슴에 맺힌 원한을 아버지에게 쏟아내신다고 한다. 그 어머니의 남동생이라면 리차 말대로 외삼촌은 굉장한 미남일 것이다.

"아무튼 외삼촌에겐 여자가 끊일 날이 없어. 지금 만나는 사람은 갈리나 마슈크."

"정말? 그 여배우?"

"그래 맞아, 우리 외삼촌한테 폭 빠져 있어. 갈리나 마슈크가 요전에 데이트할 때 말야, 가슴이 이만큼이나 파인 새까만 드레스를 입고 나타났대. 얼마나 섹시했던지 외삼촌 거기가 서는 바람에 혼났대. 아무튼 북새통인 바츨라프 거리 한가운데였으니까 곤란했겠지?"

"거, 거기가 서다니 어디?"

"얘 또 막힌 소리 하네. 고추지 어디긴 어디야."

"고……추?"

"그니까, 요전에 가르쳐줬잖아. 섹스 얘기할 때."

"……."

"남자들은 반한 여자하고 섹스하고 싶어진대. 남자들은 자나 깨나 여자 거기에 넣고 싶어 안달을 하게 생겨 먹었다구. 근데 그대로는 안 들어가잖아."

"……."

"넌 그딴 것도 모르니? 이봐봐, 홀쭉한 병 구멍에 이렇게 흐물흐물한 면을 넣으려면 어떻게 해? 그냥은 안 들어가지? 그럼 어떻게 해. 면을 막대기에 말아서 면봉처럼 하면 쉽게 들어가지? 그러니까 섹스하고 싶어지면 고추가 자연적으로 딱딱해지는 거야. 마치 면봉처럼. 알았어?"

지금 생각하니 리차는 내 성교육 입문편의 썩 유능한 교사였다. 귀 후빌 때 쓰는 면봉을 볼 때마다 리차의 열성스러운 설명이 생각난다. 그런 리차가 쏟아낸 많은 귀동냥 중에서도 가장 잊혀지지 않는 말이 있다.

"쓸 만한 남자인지 아닌지는 이로 결정돼. 이빨 말야!"

이 말을 들은 후로 나는 이상하게 사람들을 만날 때마다 이에 눈이 간다. 치아는 그 주인의 출신을 훤하게 드러낸다. 성장기의 영양과 위생 상태를 말해주는 더할 나위 없는 증거가 되니까. 남자가 여자를 품평할 때도 이가 중요한 참고자료가 된다는 것을 알게 된 것은 연애소설 몇 권을 독파하고 나서였지만, 아무튼 부모 역시 딸들이 '이' 때문에 불이익을 당하지 않게 해주려고 그렇게 이에 관심이 많은 것일 게다.

벼농사로 먹고살아온 우리 동포들과 목축으로 영위해온 민족의 차이를 이때만큼 여실히 느껴본 적이 없다. 마침 그때 세계사 수업에서 메소포타미아의 바빌론 역사를 배우고 있던 터라, 리차의 말은 함무라비 법전에 있는 '눈에는 눈, 이에는 이'와 함께 머릿속 깊숙이 완전히 새겨져버렸다. 지금도 나는 남녀 불문하고 초면임에도 치아에 눈이 가버리는 나쁜 습성을 버리지 못하고 있다.

○ ○ ∘

소비에트 학교는 9월에 신학기가 시작되어 5월에 끝난다. 4학기제로 가을과 봄에 1주일씩, 겨울에 2주일, 그리고 여름엔 6월 1일부터 8월 31일까지 꼬박 3개월이 방학이다. 그 어느 방학도 숙제는 전혀 없다. 처음 이 사실을 알게 되었을 때 나는 아직 러시아어가 불안스러울 때였으니, 나의 듣기 능력을 의심해 몇 번이고 되물었다.

"거짓말이지? 농담이지?"

귀찮을 정도로 물어대니 선생님과 반 친구들이 오히려 되물었다.

"아니, 그럼 혹시 일본의 학교는 방학인데도 숙제가 있다는 말이야?"

"그게 이상해?"

"정말? 야, 일본인들은 무지한 공부벌레인가보네. 그치만 숙제가 있으면 방학이 아니잖아."

이 '쉴 때는 쉬자!' 라는 생각은 철저하게 지켜졌다. 소비에트 학교에는 고마운 불문율이 있었으니 휴일을 앞두고는 숙제가 없다는 것이다. 그 대신 일단 내준 숙제를 안해간다는 것은 상상조차 못한다. 그래도 1년에 두세 차례는 강심장이 나온다. 그러면 어떤 교사든 도저히 믿어지지 않는다는 얼굴을 하곤, "꼴도 보기 싫으니까 이 교실에서 당장 꺼져!" 하고 얼굴이 벌게지도록 화를 낸다. 화를 내면 차라리 다행이고, 어떤 때는 송충이 보는 듯한 눈초리로 한 번 흘겨본 후 아예 이 교실에서 존재하지 않는 듯 무시한다. 맘 약한 나는 그걸 알면서도 숙제를 안해간다는 것은 도저히 상상할 수 없었다. 그런데도 리차는 1년에 한두 번은 이 거사를 해치우는 것이다. 그것만으로도 충분히 존경스러운데, 그 대가로 교사들로부터 갖은 모욕을 받을지언정, 아니면 아예 무시당할지언정 초연했다. "저 선생님은 욕구불만이 틀림없어"라며 거침없이 나온다.

"욕구불만이라니?"

"잘 봐, 남자 냄새가 전혀 없잖아."

교장선생님과 체육, 미술 선생님을 빼면 모두가 여자교사였다. 그리고 이들의 배우자인 3명의 여교사들을 뺀 나머지는 모두가 독신이었다. 30대 후반에서 40대 초반인 그들이 여자로서 전성기를 맞이했던 무렵은 제2차 세계대전이 한창이었었다. 또래 남자들은 죄다 전쟁터로 끌려 나가야 했고 살아 돌아온 자는 겨우 2, 3퍼센트였다.

리차도 미체스를 닮아, 공부는 무지하게 싫어했지만 스포츠에서는 만능선수였다. 나무타기와 수영, 보트는 발군의 성적이었다. 단거리나 마라톤 등 뛰기 종목은 말할 것도 없고 높이뛰기, 넓이뛰기, 평균대, 평행봉, 안마, 아무튼 스포츠라면 뭐 하나 빠지는 것 없이 천재적이라 여자뿐 아니라 남자아이들도 못 따라올 정도였다. 배구와 농구는 우리 학교 여자 팀의 에이스였다. 있는 힘을 다해 열심히 하는 게 아니라, 그저 '한번 해볼까' 하고 슬슬 해도 그렇다.

"리차와 미체스를 보고 있으면 올림픽 경기가 그리스에서 탄생했다는 건 필연적이라는 생각이 들어."

체육 담당 마이 콘스탄티노비치 선생님은 리차의 민첩한 몸놀림을 보면서 감탄을 하신다. 대신 문학 담당의 갈리나 세묘노브나 선생님은 리차의 낭독을 듣거나 작문을 읽을 때마다 "리차, 네가 호메로스의 동포라는 것을 난 도저히 믿을 수가 없어"라며 싫은 소리를 했고, 물리 담당 나탈리아 알렉산드로브나 선생님도 연달아 한숨을 쉰다.

"세상에, 네가 아르키메데스와 같은 나라 사람이라니!"

하지만 수학 담당 갈리나 게나제브나 선생님만큼 리차의 혈관에 흐르고 있는 위대한 민족의 피를 자주 언급하는 교사도 없었다. 그도 그럴 것이, 리차는 정말 천재적으로 수학을 못했다.

"아, 리차. 너 정말 피타고라스나 유클리드를 낳은 그리스 민족의 후예 맞니?"

리차 못지않게 공부를 싫어하는 폴란드인 리카에게는 결코 천재적인 동포인 코페르니쿠스나 마리 퀴리 이야기를 꺼내지 않았으니, 프라하의 소비에트 학교 선생님들은 그리스 문명에 각별한 감정이 있음이 틀림없다. 두툼한 고대사 교과서의 반은 고대 그리스에 관한 것이요, 같은 고대사회라도 이집트, 메소포타미아, 인도, 중국, 게다가 로마보다 훨씬 매력적으로 씌어 있었다. 만약 '고대에 다시 태어난다면 어느 나라를 고르겠냐'고 묻는다면 어느 누구도 망설임 없이 그리스라고 대답했을 것이다. 고대 그리스와 관련된 일화나 속담도 그만큼이나 일상생활 속속들이 배어 있었다. 그러니 모두가 리차를 동정했다.

"너무 위대한 문명에서 태어난 것도 골치 아프네"라든가, "고대 그리스 문명은 말야, 학문 관계로 유명인사가 많아, 그치? 특히 이과계로. 고대 이집트나 중국, 인도나 로마의 유명인사 중엔 유명한 위정자가 압도적으로 많은데 말야" 하면, "고마워. 하지만 일부러 위로해주지 않아도 돼, 전혀 개의치 않으니까. 암튼 선생님들은 꽉 막혔다니까. '그리스' 하면 고대 그리스에서 시계가 멈춘 것 같아. 하지만 난, 멜리나 메르쿠리나 카잔차키스의 동포라고 생각하고 있거든. 피타고라스? 아르키메데스? 그거 무슨 요리 이름이야? 아하하"라는 식이었다.

리차는 성지식으로도 반에서 제일가는 '빠꼼이'지만 동시에 영화도 빠삭했다. 아니 영화 속의 남녀관계에 특히 관심이 있어, 거기로 말이 튀면 때와 장소를 가리지 않고 쏟아내는 버릇이 있었다. 때는 아마도 10월 후반, 가을방학을 며칠 앞둔 어느 날이었으리라. 봄날 같은 나른한 빛이 창을 넘어 책상을 비추고, 수학 담당 갈리나 게나제브나 선생님이 문제를 불러주고 있었다.

"알았죠? 콜호스(집단농장)에서 2대의 경운기가 2주일에 걸쳐 밭을 갈았어요."

여기까지 읽다가 선생님은 쉴 새 없이 조잘대는 리차에게 시선이 갔다. 리차는 눈치 채지 못하고 옆에 앉은 리카에게 열심히 설명중이다.

"줄리앙 소렐을 연기했던 것은 제럴드 필립이었어. 아, 얼마나 멋있던지. 그런 걸 섹시한 남자라고 하는 거야. 그가 레날 부인 침실에 숨어들어 네글리제 모습의 부인을 봤지 뭐야. 그야 당연히 흥분되겠지. 근데 그건 분명히 연기를 넘었어. 아마 그게 정말 섰을 게 뻔해. 여자의 네글리제 모습은 남자를 무지하게 자극하게 생겨먹었거든."

그렇게 말하면서 리차는 홀딱 반해 맹한 표정을 지었다. 아마 그 장면이 눈에 삼삼했던 것이겠지. 하지만 그 사이에 갈리나 선생님이 바로 옆에 와서 팔짱을 끼고 리차를 흘겨보고 서 계신 것을 전혀 눈치 채지 못했다.

"리차, 일어나. 1대의 경운기로는 몇 주일에 걸쳐 일을 해야 하는지 계산해봐요."

리차는 이크, 큰일났다 싶은 얼굴로 미적미적 일어나면서 애원

했다.

"죄송합니다. 문제를 한번 더 말씀해주세요."

"리카, 유익한 말을 들은 보답으로 문제를 알려주도록 하세요."

일이 이렇게 전개되기 전에, 바로 뒤에 앉은 내가 컨닝 쪽지를 미리 리카에게 전해준 터였다.

"네, 2대의 경운기가 2주일에 걸쳐 밭을 갈았습니다. 1대로는 몇 주일이 걸립니까?"

리카가 술술 대답해버리는 바람에 선생님은 조금 맥 빠진 눈치였지만, 리차를 보면서 자 대답해보라는 듯 턱을 까딱했다.

"1주일입니다."

망설임 없이 자신만만하게 대답했다.

"아니, 리차. 한번 더 주의 깊게 생각해봐요. 2대의 경운기가 2주일이 걸렸거든. 그럼 1대는 얼마나 걸리겠니?"

한참 동안 멍한 얼굴을 짓던 선생님은 마음을 가다듬겠다는 듯이 머리를 도리질한 다음 타이르듯 말했다.

"그럼 여기 닭 한 마리가 있다고 쳐보자. 몸무게가 2킬로그램이라고 가정해. 지금 이 닭은 두 발로 서 있거든. 그럼 이 닭의 몸무게는 얼마지?"

"2킬로그램이죠."

"그렇지? 잘했어. 그럼 이 닭이 한 발로만 서 있었어. 그럼 한 발로 서 있는 닭의 몸무게는 얼마지?"

"당연히 1킬로그램이죠."

선생님은 자기도 모르게 웃음이 비어져나왔다. 교실은 이미 폭소의 도가니가 되었다. 하지만 리차는 일부러 그런 것이 아니고 사뭇 진지하다. 모두가 웃는 것도 너무나 당연한 걸 선생님이 물으니까 그런 거라고 생각하는 듯했다. 창피해하기는커녕 당당했다. 선생님도 물러서지 않고 버티었다.

"그럼 리차, 네 몸무게는 몇 킬로그램이니?"

"어머, 그런 걸 모두 앞에서 말하라구요?"

"네 진짜 몸무게가 아니라도 좋아. 응용문제를 내려는 것뿐이니까."

"4… 45킬로그램이에요."

"45킬로그램. 그럼 나누기 쉽게 46킬로그램으로 하지."

거기서 리차는 갑자기 목소리를 높여 저항했다.

"싫어요. 정말 싫어요. 왜 늘리세요?"

"그럼 44킬로그램으로 하자. 그럼 괜찮지?"

"네."

"두 다리로 섰을 때 네 몸무게가 얼마지?"

"44킬로그램이라면서요."

"그래. 그럼 한 다리로 섰을 때 네 몸무게는 얼마지?"

"22킬로그램입니다."

"어디 그럼 한 다리로 서봐."

리차는 못 이기는 듯, 한쪽 다리를 바닥에서 뗐다.

"잘 생각해봐. 지금 네 몸무게는 몇 킬로그램인 것 같니?"

"음…… 20, 아니 44킬로그램입니다."

갈리나 선생님은 안도의 한숨을 내쉬었다.

"리차, 똑같이 한쪽 다리로 섰는데 왜 닭의 몸무게만 반이 되는 걸까?"

"선생님, 너무해요. 너무하세요."

리차는 눈에 눈물이 그렁그렁 차기 시작하더니 금세 왕왕 울면서 항의했다.

"전 사람이에요. 닭하고 같이 취급하지 마세요!"

반 아이들은 강적이라고 '스트롱 갈리나'라고 불렀지만 리차와의 격투에서는 늘 이렇게 갈리나 선생님의 참패로 끝나고 만다. 그리고 늘 스트롱 갈리나는 막판에 한마디를 뱉고야 만다.

"아아, 리차. 너 정말 피타고라스나 유클리드를 선조로 둔 그리스 민족의 후예가 맞니?"

그날 우리들은 줄줄이 떼를 지어 프랑스 영화 〈적과 흑〉을 보러 갔다. 이탈리아 영화 〈유혹당하고 버려진〉이니 〈이태리식 결혼〉 같은 것도 이런 계기로 본 것 같다. 리차와 만나지 않았더라면 내가 영화에 빠지게 되는 것은 아마도 한참 뒤가 되었을 것이다.

최근 오랜만에 제럴드 필립의 〈적과 흑〉을 보다가, 문제의 베드신을 보고 깜짝 놀랐다. 레날 부인의 네글리제는, 요즘 유행하는 가을 원피스보다 두터운 천으로 보였고 치마 길이는 질질 끌 정도요, 목둘레선은 목이 파묻힐 정도로 높고, 가슴도 팔도 꽁꽁 숨어 있었던 것이다. 이게 이렇게 싱거웠었나?

영화 얘기를 하다 보니 그 생각이 난다. 소비에트 학교에선 〈10월 혁명〉이니 〈레닌의 생애〉 같은 계몽적인 다큐멘터리를 자주 상영해주었다. 한번은 〈레닌의 발자취를 찾아서〉라는 영화를 보여 준 적이 있었다. 레닌의 고향인 워르가 호반의 소도시 심비르스크, 학창시절을 보낸 카잔 시, 시베리아의 유배지, 망명했었던 스위스나 체코의 맨션 등 그가 묵고 간 장소와 혁명 후 거주한 크렘린 일각(대부분이 당시의 가구들을 그대로 남겨두거나 재현해서 박물관이 되어 있다)을 시대순으로 소개해주는, 이른바 레닌의 발자취를 답사한 성지순례 같은 느낌을 주는 영화였다. 이걸 모두가 모여 보고 있는데 강당의 어둠 속에서 옆에 앉아 있던 리차가 중얼거렸다.

"마리, 레닌은 꽤나 잘살았나봐?"

위대한 지도자가 자기의 전 생애를 걸고 얼마나 혁명을 위해 몸 바쳐왔는지를 낭랑한 목소리로 들려주는 내용에 푹 젖어 있던 나는, 그 순간 처음으로 정신이 확 드는 느낌이었다. 영화에서 보여주는 레닌의 생활수준은, 지금 즉 혁명 후의 러시아나 체코의 일반 시민보다 훨씬 높았고 가구 같은 생활 용품도 모두가 품위 있고 비싸 보이는 것을 깨달았다.

이 체험은 나로서는 굉장히 충격적이었다. 실제 눈에 보이는 것도, 머릿속의 기준을 어디에 두느냐에 따라서 전혀 달리 보일 수 있다는 것을 처음 알게 되었기 때문이다. 리차에 대한 존경심이 생기게 된 것은 이 일이 있고 나서다.

노동자 농민의 해방을 역설한 레닌 스스로가 사실은 생애에 단 한번도 노동으로 자기 생활을 꾸린 적이 없다는 사실이며, 지주로서 소작인에게 소작료를 받아 생활해왔다는 사실을 확인한 것은 최근이다. 겨우 열몇 살배기 나이로 본질을 꿰뚫어본 리차의 냉철한 리얼리즘은 지금 생각해도 놀랍다.

○ ○ ○

사랑하는 리차,

편지 고마워. 수학하고 물리 재시험 잘 쳤어? 통과되는 거니? 도쿄는 바깥 기온이 영상 5도 정도라 프라하보다 많이 따뜻해야 하는데 왜 이렇게 추운지 모르겠어. 집이 여름을 기준으로 지어져서 그런지 늘 외풍이 들어. 게다가 보통 집들은 제대로 된 난방기구가 없어. 집 전체를 데우는 게 아니라, 신체를 부분적으로 데우는 난방수단을 주로 쓴단다. 방마다 작은 스토브를 두거나 책상 밑에 보온 기구가 부착된 전열기 아니면 화로를 사용하지. 여기에 대해선 요 다음에 자세히 쓸게.

내일부터 일본 학교는 3학기가 시작돼. 그래서 전학할 중학교에 엄마랑 같이 수속하러 가기로 했어. 일본 학교는 5년 만이라 적응을 잘할 수 있을지 걱정이야.

그런데, 사이좋게 지내던 애들한테 편지를 썼는데 소련 친구들만은 한 사람도 답이 없어. 모두들 잘 있을까? 궁금하네. 반 소식 알려줄래?

그럼 천 번의 키스와 함께.

1965년 1월 8일

도쿄에서 마리로부터

아버지의 임기가 끝나서 우리 가족이 프라하를 떠나게 된 것은 1964년 11월, 프라하에서 지낸 지 5년이 되어갈 무렵이었다. 귀국한 다음해 1월, 집 근처 중학교에 편입하게 된 나는 학교생활에 적응이 잘되지 않아 프라하 생활을 너무나 그리워했다. 그래서 리차를 비롯한 반 친구들에게 틈만 나면 편지를 썼다. 소련 친구들 누구 한 사람에게도 답장을 못 받은 이유는 한참 지나서야 알게 되었다. 소련 붕괴 후 다시 만난 소련인 동창으로부터 들은 사실로, 자본주의 사람들과 친분이 있다는 흔적을 조금도 남겨서는 안 된다고 부모님이나 주위에서 감시했기 때문이라고 했다.

리차,

여기 중학교에 다니기 시작한 지 이제 1주일이 지났어. 엄마는 교장선생님께 공백기간이 너무 길어서 원래 내가 편입해야 할 중2가 아니라 한 해 늦추어서 중1에 넣어달라고 부탁하셨는데 "따님께서 열등감을 갖는 것도 불쌍하고 또 수속도 복잡합니다"라는 이유로 거절당했어. 그래서 지금 2학년에 다니고 있는데, 무지 놀란 건 한 반에 45명이나 있다는 거야. 수업은 선생님만 일방적으로 말한다는 점도. 그게 또 고통스러울 만큼 따분한데 반 아이들은 모두가 잠자코 노트에 받아 적기만 해. 내 동포가 이렇게 얌전하고 인내심 강한 민족인지 미처 몰랐어.

테스트는 어느 과목 할 것 없이 시험지에서 ○×로 답을 고르는 출제 형식이고, 구술시험도 논술문제도 없어. 또 채점한 시험지를 받을 때는 모두가 점수를 감추느라고 필사적이야. 그리고 몇몇 친구가 새로 생겼는데, 화장실까지도 같이 다녀야 하는 이상한 풍습이 있어. 그게 이 학교만 그런지 일본 전체가 그런지는 아직 모르겠지만 말야. 그럼 또 쓸게.

1965년 1월 15일

리차의 답장을 기다리는 마리로부터

리차,

이 학교를 다닌 지 어언 한 달하고도 반이 지났네. 실은 첫날부터 느낀 건데 곧 너에게 알려주려다가 좀더 알아보려고 오늘까지 미룬 거야. 가르치는 방법이나, 학생들이 너무 얌전하다거나 하는 일본 학교의 이런저런 점들이 솔직히 내겐 좀 불만이었어. 근데 이거 하나는 칭찬해줘도 될 거리가 하나 있어. 남자애들이 절대로 여자애들 가슴을 만진다거나 스커트 밑으로 손을 집어넣거나 하지 않는다는 사실이야. 우리들은 그거 방어하느라 갖은 지혜를 짜야 했잖아. 난 남자애들은 다 그런 줄 알고 있었는데 일본에 와서 이건 정말 감격했어.

이상, 보고 끝. 편지 줄래?

1965년 2월 18일

마리

글쓰기 싫어하는 리차다 보니, 내가 세 번 쓰면 한 번꼴로 답을 했지만 그 내용은 언제나 솔직했고 어딘지 모르게 유쾌했다.

사랑하는 마리,

편지 고마워. 수학 갈리나에게 매일 깨지고 있어. 네 생각 많이 했지만 제대로 답장을 못해 미안해. 세 번이나 재시험을 봐야 했거든. 근데 마리가 다니는 학교의 남자애들은 어렸을 때도 그랬을까? 그게 말야 희한하게시리 여기도 마치 이제까지는 뭐에 씌어서 그랬다는 듯이 싹 없어졌어. 어른이 됐다는 얘길까? 엉큼한 손병은 무슨 홍역 같은 거였나?

뉴스가 있어. 이 학교, 8년제였잖아. 그게 이번 9월부터 11년제가 된대. 그래서 이 학교를 나오면 바로 대학입시자격이 생긴대. 하지만 난 대학 같은 데는 관심 없어. 작년에 낙제하지 않으려고 그렇게 용을 썼더니 학교는 이제 지겹거든. 맞아, 마리한테도 무지하게 많이 도움을 받았지.

그럼 또……. 아니 언제 또 쓸지 모르지만, 언제나 널 생각하고 있으니까 섭섭해하지 말고.

키스 만 번.

1965년 3월 20일

언제나 너의 리차로부터

리차 안녕?

일본은 4월에 신학기가 시작되니까 지금 난 중3이 됐어. 선생님도 반 애들도 고등학교 진학 시험이 있으니까, 시간과 공간을 꾹꾹 눌러 담아 생활하고 있는 느낌이야. 얘기도 안 통해서 모래를 씹는 듯한 매일을 보내고 있어. 이제 5월이 되면 그쪽은 학년 말 진급시험이 있지?

너, 하루에 두 시간은 책상에 붙어 있어야 돼! 알았지?

1965년 4월 9일

마리로부터

공부 싫어하는 리차는 매년 낙제할 듯 아슬아슬했지만 반 아이들 모두의 도움으로 가까스로 진급할 수 있었다. 그런데도 본인은 천하태평이었다. 조마조마한 건 오히려 내 쪽이었다.

마리,

넌 언제나 내 걱정을 해줬지. 고마워. 하지만 괜찮아. 공부가 뭔데? 아빠는 날더러 의사가 되라 하시지만 난 싫어. 의사가 되면 평생 공부해야 되잖아. 하루도 지겨운데 이보다 나랑 안 맞는 직업이 있을까? 생각만 해도 소름이야. 절대 절대 의사 같은 건 안될 거야. 난 배우로 먹고살 거야. 그래서 맘껏 사치부리고, 멋있는 남자들 줄 세워놓고 사귈 거야.

1965년 5월 1일

미래의 여배우로부터

리차는 열셋에서 열네 살이 될 즈음 갑자기 키가 많이 컸다. 가슴도 많이 부풀었을 테고 이젠 남 보기에 어른으로 보일 테지. 이국적인 모습의 리차가 길만 걸어가도 남자들이 껄떡댔다. 개중에는, 영화에 출연해보지 않겠냐고 권유하는 남자도 있었단다. 물론

입발림 소리를 하는 남자들도 있었겠지만 진짜 감독도 있었단다. 그런 일도 있고 해서, 영화광 리차는 배우가 되고 싶은 마음을 더욱 부풀려갔다. 적어도 의사가 될 리는 만무했다. 그리고 그 해 리차는 드디어 낙제를 당했다.

"스트롱 갈리나에게 낙제 먹었어. 미체스를 꼬셨다가 거절당해서, 그 분풀이를 나한테 한 거야"가 편지로 보고해온 리차의 해석이었다. 내 답장 어딘가에 '설마' 하는 어감이 배어 있었는지 리차는 씩씩대는 어투로 곧 답을 해왔다.

사랑하는 마리,

내 말을 믿지 않는 모양인데, 난 확실히 봤다구. 미체스가 보여줬거든. 스트롱 갈리나가 미체스에게 보내온 연애편지를 말야. 그 못생긴 꺽다리가 소녀처럼 애교를 떨어댄 문장이라니. 미체스도 머리가 어떻게 된 거 아냐? 수학 점수가 모자라서 한 번 자줬대. 그때부터 달라붙은 거야. 짚고 넘어가지만, 미체스 그 바람둥이는 적어도 자기가 잔 여자에 대해선 누가 패도 입을 열지 않을 정도의 예의는 있거든. 그 예외가 갈리나야. 얼마나 지겨웠는지 알 만하지? 아무리 그래도 동생인 내가 시험에 패스할 때까지만 좀 참지 하필이면…….

마리도 입시 공부 힘들지? 그럼.

1965년 6월 21일

오빠복 지지리도 없는 리차로부터

그때부터 나는 입시 공부가 점점 힘들어졌고, 일본의 교육제도니 인간관계에 적응하느라 지쳐갔다. 또 조금씩 프라하의 추억보다는 도쿄의, 현실의 비중이 더 커져갔다. 언젠가부터 편지가 뜸해지더니 연하장이나 겨우 띄우게 되었다.

그런데 1968년 8월 20일, 갑자기 프라하 친구들이 생각나서 나는 그후로 며칠 밤을 설쳤다. '인간의 얼굴을 가진 사회주의'를 지향한 체코슬로바키아의 정치 · 경제 개혁운동 '프라하의 봄'이 탱크에 짓밟히게 되었기 때문이다. 지금까지 사회주의 국가에서는 상상할 수도 없었던 여러 종류의 정치적 노선을 용인하고, 언론의 자유를 확대하는 대담한 개혁을 착착 진행해갔으며, 이것이 잘되면 사회주의에도 희망이 있겠다 싶을 바로 그때, 바르샤바 조약기구 군대의 전차가 체코슬로바키아를 점령하여 개혁파를 탄압하기 시작한 것이다.

아마도 이런 상황이라면 반 친구들 대부분은 이미 고국으로 돌아갔겠지만 돌아갈 조국이 없는 리차만은 아직 프라하에 남아 있을 테지. 아무래도 걱정스러워서 오랜만에 속달로 편지를 부쳐보았지만 회답이 없었고, 몇 번이나 전화를 해봐도 연결되지 않아 나는 점점 불안해지기 시작했다.

프라하의 소비에트 학교가 사건 직후 폐쇄당했다는 말만 누군가한테 들었을 뿐 뭐 하나 시원스런 정보를 얻지 못한 채, 고3이 된 나는 나대로 대학수험 전쟁에 돌입해 있었다.

얼마 안 있어 풍문으로 리차가 오빠 미체스와 함께 카렐 대학 의학부에 입학했다는 말을 들었다. 카렐 대학 하면 유럽에서도 유서 있는 대학이 아닌가. 체코슬로바키아에서는 가장 권위 있는 대학이다. 일본으로 치자면 도쿄 대학쯤 될까. 아니 도쿄 대학의 경우처럼 이상한 숭배까지는 아니지만, 학업성적이 뛰어나지 못하면 입학은 어림도 없다. 더구나 의학부라니, 이들은 이과하고는 담을 쌓았는데 어디서 잘못 안 거겠지. 정말 카렐 대학 의학부에 들어갔다면 그건 아버지 덕이거나. 리차 아버지는 공산당 간부로 망명자이긴 했지만 공산당이 정권을 쥐고 있던 당시로서는 우대를 받고 있지 않았을까.

귀국해서 안 일이지만 근무하고 있던《평화와 사회주의 제문제》의 임금은 체코슬로바키아 평균임금의 4배에서 6배는 높았다. 주택이며 휴양지며 의료제도까지 다른 기업들보다 모든 면에서 좋은 대우를 받고 있었다. 그런 연장선에서 원하는 대학에 들어갈 수 있었던 것은 아닐까. 카렐 대학에 그런 특례가 있다고 믿고 싶지 않았으나, 러시아어 통역을 하게 되면서 소련의 대학에는 유력자 집 자식들은 연줄로 입학하는 것이 당연하게 여겨지고 있다는 것을 들은 적이 있어 소련 지배하에 있던 체코슬로바키아도 혹시나 그런 게 아닐까 싶었던 것이다. 하지만 정말 리차가 카렐 대학에 입학했는지 어쨌는지는 결국 확인하지 못하고 말았다.

70년대 중반기 이후에는 그리스도 정치가 안정되어 군정에서 민정으로 이행되었다. 그리스를 뒤로한 옛 여배우 멜리나 메르쿠리나 작곡가 미키스 테오도라키스 등의 망명자들이 속속 귀국해 갔다. 아마도 리차 오누이도 부모님과 함께 단걸음에 그리스로 돌아갔겠지, 그리도 고향을 타던 일가였으니까. 그리스의 푸르디푸른 하늘을 우러러볼 날을 그 얼마나 손꼽았었나. 그리스의 창공 아래로 리차를 두고 보니 내 마음이 편해져서 그랬는지 그후로는 리차를 별로 떠올리지 않게 되었다.

다시금 프라하 시절의 친구들에게 마음이 쓰여 어쩔 바를 모르게 된 것은 80년대 후반에 들어서다. 동유럽 공산정권 나라들이 줄줄이 넘어졌고, 소련이 붕괴해갈 무렵이었다. 이제 어엿한 중년이 되었을 동창생들은 이런 격동기를 무사히 살아 견디고 있을까. 언제부터인지 반 친구 한 사람 한 사람 얼굴을 떠올리는 시간이 늘어갔다. 아, 리차가 그리워, 프라하 시절의 반 친구들이 그리워……. 그들의 잔영에 끌리듯이 그네들이 귀국해 갔을 나라로 자꾸만 발길이 갔다. 그러나 헤어질 때 적어준 주소로 찾아가본들, 거기에 사는 친구는 아무도 없었다. 프라하의 리차 집에서 나눈 얘기가 어제처럼 떠올랐다. 내가 프라하를 떠나기 꼭 한 달 전인 어느 날, 도쿄올림픽의 개막식을 중계하는 텔레비전 방송을 같이 보면서 리차는 혼자 중얼거렸다.

"마리는 이제 곧 도쿄에 돌아가지? 근데 도쿄는 엄청 먼 줄 알았는데 이렇게나 가깝네. 아마 곧 만날 수 있을 거야."

"그래 맞아. 교통비는 꽤 들겠지만 만나고 싶으면 못 만날 것도 없지 뭐."

그때는 정말 그렇게 만날 수 있을 것 같았는데…….

다니던 프라하 소비에트 학교가 있던 곳에도 몇 번이나 찾아가

보았다. 건물을 바라보고 있자니 선생님들께 자주 듣던 말이 생각났다.

"1945년에 나치스 독일 점령에서 구해준 데 대한 감사의 표시로, 체코슬로바키아 정부는 이 건물을 소련에게 선물한 것이란다."

6층짜리 건물로 건축학 교과서에도 등장하는 교사는, 1930년대에 일세를 풍미한 구조주의를 대표하는 건축물이었다. 이 건물은 원래 1930년에 러시아인을 위한 학사로 지어졌다. 그러니까 체코슬로바키아가 소련의 위성국으로 발밑에 엎드리기 전부터 있었던 러시아인 학교였던 것이다.

건물 자체는 그대로였지만 그 주위는 완전히 바뀌었다. 학교 현관 앞 가로수 길과 길 건너 화단은 그림자도 없이 철거되어 삭막한 고속도로로 변해 있었다. 쌩 하는 굉음을 내며 굉장한 속도로 차가 지나가니, 고함을 쳐도 말소리가 제대로 들리지 않는다. 건너편 비껴선 곳에는 언제 들어섰는지 하늘을 찌르듯 세계 체인 호텔이 서 있다. 이와 대조되는 바람에 학사는 한층 왜소해보였다. 입구에는 키릴 문자로 '재 프라하 소비에트 대사관 부속 8년제 초중학교'라고 새겨진 금속판 대신, 체코어로 '중등간호학교'라고 새겨진 판이 벽에 박혀 있었다.

참, 학교 정면 현관에서 오른쪽으로 50미터쯤 가면 방과 후마다 터키 사탕을 사러 쪼르르 달려가곤 했었던 구멍가게 과자집이 있었지. 그 과자집이 이 근처 어딜 텐데……. 하지만 얼른 눈에 띄지 않았다.

"뭘 찾으세요?"

아담한 자태의 노부인이 나오기에 물어봤다.

"오래전에, 이 근처에 구멍가게가 있었는데 혹시 아세요?"

"그럼요. 그치만 30년도 전 일인데요. 외국분으로 보이는데 그런 옛날 일을 어떻게 아세요? 아, 일본에서 오셨다구요. 에? 소비에트 학교를 다녔어요? 1960년에서 64년까지? 우리들이 여기로 이사 온 것이 1958년이니 뵌 적이 있었겠네요. 먼 길을 오셨으니 차라도 한 잔 하고 가시죠."

페트리코어라고 자기소개를 한 노부인이 안내해준 곳은, 학교 뒤에 있는 아파트 3층이었다. 2DK(방 둘에 거실 겸 부엌이 딸린 구조—옮긴이) 크기의 집으로, 아이들은 모두 독립했고 남편과 함께 연금으로 생활하고 있단다. 거실에서 보니 학교 건물과 뒷마당이 고스란히 내려다보였다.

"저 학교 여선생님들 모두가 미인에 멋쟁이라 매일 옷도 바꿔 입으셨죠? 이 근처에선 아주 유명했답니다. 게다가 스쿨버스에서 내리는 아이들도 하나같이 있는 집 자식 티가 났죠."

말끝에 묻어나오는 어감으로, 특권층을 위한 특별한 학교처럼 보여지고 있었다는 것을 이때 처음 알게 된 나는 크게 충격을 받았다. 하지만 더 충격적인 사실이 기다리고 있었다. 1968년 8월 21일부터 반년 동안, 교사가 소련군의 주둔처로 쓰였다고 노부인이 알려주었기 때문이다.

"마침 여름방학이었고, 기숙사에 남아 있던 몇몇 아이들은 모두 어디론가 보내졌죠. 하룻밤 사이에 학교는 기지가 되어버렸어요.

학교 담 안 네 귀퉁이엔 대포가 설치되어 종일토록 헌병이 보초를 서더군요."

"그래서 학교는 폐쇄된 채로 폐교가 되었나요?"

"아니요. 반년 후쯤 되었을까요, 병사들이 나가고 나서 다시 학교 문을 열었지요. 하지만 10년도 채 안되어 다른 장소로 옮겨갔어요. 그로부터 어찌되었는지는 모르지만요."

○ ○ ○

소비에트 학교(소베츠카 슈콜라)를 프라하 사람들은 고집스러울 만큼 러시아 학교(루스카 슈콜라)로 불렀다. 속국이 된 사람들의 어떤 껄끄러움을 그 단어 하나로도 느낄 수 있었다. 그리고 소비에트 연방이 붕괴된 지금, 프라하의 다른 장소로 옮겨간 구 소비에트 학교는 명실공히 '러시아 학교'가 되었다. 러시아를 비롯해 미국, 중국 등의 많은 대사관들이 들어선 틈에 끼어 어울리지 않을 만큼 조촐한 학교 건물이었다. 규모는 내가 다닐 적의 크기에 비해 3분의 1쯤 될까. 인테리어나 설비도 빈약해, 지금의 체코에서 러시아가 어떻게 보여지고 있는지를 여실히 반영하고 있는 듯했다.

"흠, 일부러 그 먼 일본에서 오셨다고요? 그래서 그리스인 친구를 찾고 싶단 말씀이죠? 이 학교는 옛날에는 꽤나 국제적인 학교였다는데 지금은 러시아인 외에는 구 소련 시절의 아이들이나 몇 다닐 뿐이라오. 그것도 매년 줄고 있고. 이제부터는 러시아어보다 영어를 배우는 게 장래에 유리하다고 생각하는지 아메리칸 스쿨에 가는 아이들이 늘었소. 하지만 뭐, 거기는 돈이 많이 든다고 어쩔 수 없이 여기에 오는 아이들도 있지만."

약간 비만형에 사람 좋아보이는 교장선생은 입을 열자마자 자조적으로 이렇게 말했다.

"그때의 졸업생 명부라고? 그런 건 없소. 뭐? 어디에 있냐고? 하, 나 원 참. 아무튼 여긴 없다는 것만은 분명하구먼. 있다면, 여기를 관할하는 모스크바의 외교부가 되겠죠. 매년 학년이 바뀔 때마다 모든 기록을 그리로 보내니까. 그게 말이오, 소련이 넘어가도 중앙정권 하나는 튼튼하게 생겨먹었거든."

일부러 시간 내주신 데 대한 고마움을 표한 후 일어서 나가려고 내가 문고리를 막 잡았을 때, "아아, 생각났다" 하며 교장선생이 발길을 막았다.

"민단民團이야, 민단."

"예?"

"그리스인 민단 말이오. 체코에는 그리스인이 꽤 많이 살고 있소. 그들은 공동체를 이루고 있으니 그리로 한번 알아보면 어떻겠소?"

"하지만 어떻게……?"

"그리스 아이들이 다니는 학교라 해야 하나 학원이라 하나, 프라하에도 뭐 그런 데가 있을 거요. 요전에 체코공화국 내 외국인 학교끼리 교류가 있었다오. 잠시 기다려보구려."

교장선생은 책상 서랍을 한참 뒤적였다.

"아, 있네, 있어. 여기 주소와 전화번호가 있구먼. 이거나 적어 가시구랴."

그리스인 학교는 '흰 백조(빌라 플라치)' 라는 유명한 백화점 근처에 있었다. 시내 최고 번화가에 위치하는 셈이다. 학교는 멋쟁이 옷가게와 분위기 있는 카페 사이에 끼어 있었다. 걸음을 재촉하는 관광객이라면 그냥 지나쳐버릴 것이다. 쥐색 페인트칠이 여기저기 벗겨진 철문에 간판이 붙어 있었다. 자세히 들여다보니 확실히 그리스 문자로 보이는 글자 밑에 체코어로 '그리스 학교' 라 씌어 있다. 문은 녹이 슬어 밀고 들어가자니 삑삑 하는 문소리가 귀에 거슬렸다. 갑자기 딴 세상에 온 듯했다. 양쪽 건물을 허문 벽의 벽돌이 그대로 들여다보였고, 폭이 1미터밖에 안되는 통로는 밖의 번화함이 거짓말처럼 여겨질 정도로 어두컴컴하고 삭막했다. 통로를 지나 정면 문을 밀어보니 계단이 나왔다. 거기는 더 어두웠다. 그리스 학교 주소는 확실히 이 건물 2층으로 되어 있다. 발을 헛디디지 않도록 조심하며 위층으로 올라갔다. 2층 층계참을 면한 문이 3개나 있었지만 아무런 표식이 없었다. 마침 뒤에서 따라 올라오던 어떤 여자에게 물어보니 오른쪽 문을 열어주면서 안내해주었다. 거기는 2미터 정도 폭의 현관홀이었고 어디선지 피아노 소리가 들려왔다.

"어머나, 이건 리차가 즐겨 부르던 그 멜로디 아냐!"

나도 모르게 외쳤다. 아마도 〈아테네의 어린이〉란 곡이었던가. 리차는 그리스 노래 한번 불러보라고 하면 정해놓고 늘 이 곡이었다.

"실례지만 무슨 용건으로 오셨어요?"

아까 안내해준 여자였다. 사정을 말하니 여기서 그리스어 자원봉사 교원으로 일한다는 그녀는 "그럼 이쪽으로" 하면서 작은 교실로 재촉했다.

"어머!"

나는 또 외치고 말았다. 벽면 가득히 그리스 관광 포스터가 붙어 있었다.

"그건 말야, 정말 쨍하고 깨질 듯이 파래. 단 한 점의 구름도 없는 새파란 하늘이, 또 새파란 바다에 비쳐서 한도 끝도 없이 펼쳐지는 거야. 파도는 방금 빨아 넌 냅킨처럼 하얀 물보라를 일으키고. 정말이지 마리한테도 보여주고 싶어."

자랑스러워하는 리차의 목소리가 들려오는 것 같았다. 정말 포스터에는 리차가 말한 대로 새파란 하늘 아래, 파도가 암벽에 부딪히며 새하얀 물거품을 만들고 있었다.

"포스터가 무척 마음에 드시나보죠?"

"아, 예. 리차가 언제나 자랑하던 그리스의 파란 하늘이 이럴 거라 생각했어요. 아마 리차는 이 푸른 하늘 아래로 돌아갔겠죠? 그런데 그리스로 귀국해서는 어디로 갔을까, 여기에 어떤 발자취라도 남겼을까 해서 와봤습니다."

"제가 프라하에 온 게 80년대 후반이에요. 지금 무용 레슨을 하고 계시는 엘레나 선생님은 70년대에 오셨으니 혹시 아시려나. 10분 후면 레슨이 끝나니까 조금만 기다리시겠어요?"

이 학교는 프라하에 사는 그리스 교포들이 자제들의 그리스인 다움을 지키기 위해 기금을 마련해 창설한 것으로, 어린이들은 체코 학교 수업이 다 끝난 후 여기에 와서 그리스어와 그리스 문헌을 접하거나 음악과 무용 같은 레슨을 받는단다. 무용 레슨을 견학해도 되냐고 물어보자 엘레나 선생의 허가를 받아주었다.

예상대로 리차가 자주 흥얼거리던 그 노랫가락이 흘러나오는 방이었다. 15명 정도의 소년소녀들이, 자그마한 몸집의 연세가 들어보이는 선생님 지도 아래 윤무를 추고 있었다. 그 방 벽면에도 그리스의 깨질 듯한 창공이 붙어 있었다. 언뜻 어느 소년의 모습을 발견하고 내 시선이 못박혀버렸다. 미체스와 너무도 닮았기 때문이다.

"자, 오늘은 여기까지. 그럼 교실을 정리하세요."

학생들이 교실 한구석에 몰아놓은 의자와 책상을 제자리로 정리하고 있는 동안, 엘레나 선생은 내게 말을 걸어왔다.

"저기, 파파도풀로스 씨를 찾으신다구요?"

"아십니까?"

"파파도풀로스라는 성은 꽤 흔하거든요, 그리스에선요. 어떤 파파도풀로스 씨?"

"혹시 저 소년이 파파도풀로스 아닙니까? 제가 찾고 있는 리차, 그의 오빠 미체스와 너무 많이 닮아서 놀라워요."

"아뇨, 그냥 엇비슷한 거겠죠. 저 소년은 타마나키스라고 하죠. 엄마 친정 성은 미초타키구요."

상당히 실망했지만, 정신을 가다듬고 리차 오누이에 관해 생각나는 것은 모두 꺼내놓았다. 아버지는 《평화와 사회주의 제문제》 편집국에 근무하셨고, 어머니는 검은 눈 검은 머리의 시원시원한 미인이셨다는 점, 외삼촌도 굉장한 미남이며, 확인되진 않았지만 두 오누이는 카렐 대학 의학부에 들어갔다는 소문이 있다는 점, 1968년의 사건이 일어나기 얼마 전부터 소식이 끊겨버렸다는 점……. 그리고 가지고 온 앨범에서 오누이의 사진을 보여드렸다.

"글쎄요……."

엘레나 선생은 머리를 갸우뚱하시며 생각에 잠기었다.

"제가 프라하에 온 것이 1972년이니, 그전 일이 되는군요."

"그리스인 민단에서 혹시 만나신 일이 있으신가 해서요."

"맞다! 파파도풀로스 교수님께 여쭈어보면 되겠네."

"그분은 혹시 친척이실까요?"

"그야 알 수 없지만 동성인 것은 분명하잖아요. 아무튼 교수님은 프라하 그리스 민단에서 최고 장로님이시니까요. 어디 보자, 여기 있네. 전화번호도 있으니 전화를 하시든 찾아가보시든 해보세요."

"예, 꼭 그렇게 하죠."

"행운을 빌어요!"

"감사합니다."

그 자리에서 일어나려니 누가 내 팔을 붙잡았다.

"죄송합니다만, 리차 파파도풀로스를 찾으신다구요."

목소리의 주인공은 이목이 뚜렷하고 몸집이 큰 부인이었다.

"일부러 엿들은 건 아니지만, 딸을 마중 왔다가 이야기 소리가 들려서요."

"리차를 아십니까?"

"카렐 대학 기숙사의 같은 그리스 출신 중에 리차 파파도풀로스라는 아이가 있었어요."

"학부는?"

"의학부죠. 예습 복습이 힘들다고 늘 푸념이었죠. 학업이 너무 힘들다고 많이 고민했는데, 의학부에 오는 게 아니었다고 후회하더군요."

리차답다. 하지만 석연치 않다.

"리차는 부모님과 함께 프라하에 살고 있었어요. 기숙사에 들어가는 사람은 집이 프라하에 없는 학생이잖아요."

"예, 그렇죠. 어떤 사정이 있었는지 모르지만 리차는 확실히 같은 기숙사에 있었어요."

"그 리차는 머릿결이 곱슬?"

"맞아요, 맞아. 새둥지 같았죠."

"이 사진 중에 그 리차를 찾을 수 있겠어요?"

"아, 여기 있네. 이 아이, 틀림없어요."

"리차는 지금 어디 있어요?"

"그건 모르죠."

"모르신다구요? 이런……."

"미안해요. 하지만 리차와 기숙사에서 같이 지낸 건 입학한 후 딱 1년밖에 안돼요. 전 문학부였고 리차는 의학부였으니 그후에는 전혀 관계할 일이 없어서요."

"아니요. 저야말로 죄송합니다. 아무튼 30년도 전에 헤어졌으니까요. 찾아낸다는 자체가 무리한 일일지 모르죠."

"그렇게 낙담 말아요. 포기하면 안돼요."

"예. 그런데 졸업은 했을까요?"

"글쎄요."

"미체스라는 이름의 오빠도 같은 의학부에 들어갔다는 말을 들었는데, 혹시 모르세요?"

"아니요. 오빠는 공과대학에 다닌다는 말을 들은 적이 있는 것 같은데 기억력에는 자신이 없어서."

"그리스로 돌아갔을까요?"

"글쎄요……. 아참, 의학부 사무실에 가서 졸업생 명부를 보시면 어때요? 참, 졸업을 못했을 가능성도 있겠군요. 하지만 입학생 명부는 있을 테니 아무튼 찾아가볼 가치는 있을 것 같아요."

마리아 안드레아스라고 자기소개를 한 그녀의 충고대로 그 길로 카렐 대학 의학부 사무실로 향했지만 문이 잠겨 있었다. 이미 주위가 어두컴컴해져 있었던 것을 그제야 알았다. 시계를 보니 오후 7시. 평정심을 잃고 있던 스스로에게 기가 찼다. 호텔로 돌아와 엘레나 선생이 가르쳐준 전화번호대로 파파도풀로스 교수에게 전화를 걸었다. 전화는 금방 연결되었고, 느릿한 어감의 교수는 내 설명을 듣고 나더니 간 떨어질 만한 말을 들려주셨다.

"혹시 테오도로스 파파도풀로스가 아닐까? 그는 10년 전에 죽었지 아마."

"뭐라구요? 왜요? 어디서요?"

"그게…… 유고슬라비아 아니면 헝가리 근처에서 자동차 사고를 당했지. 그 이상은 잘 모르지만."

"딸 리차나 아들 미체스의 소식은요?"

"음, 미안하구먼. 전혀 모르오."

"테오도로스 파파도풀로스 씨는 자동차 사고를 당했을 때, 어디서 살고 계셨나요?"

"도움이 돼주지 못해 미안하구려. 참 에반겔로스라면 더 많이 알겠구먼. 한번 찾아가보구려. 주소를 말해줄 테니 받아 적어봐요. 에반겔로스는 인정 많은 남자로 체코의 그리스 민단에서는 꽤 신용 있는 사람이지. 나보다 체코에 먼저 살았고, 꽤 많은 사람들을 파악하고 있을 테니. 응? 전화번호? 어디 써뒀을 텐데……. 프라하 교외의 T라는 철도역 근처에서 선술집을 하고 있는데 그 집 이름이 뭐더라? 깜박했네. 나이 들면 가야지, 원."

다음날 아침, 우선 카렐 대학 의학부 사무실을 찾았다. 어제는 어두워 몰랐지만 사무실은 구시가지의 유서 있는 건물에 둘러싸인 곳에 있었다. 최근에 지어진 건물이지만 건축가가 공들인 덕에 주위의 풍경과 위화감 없이 조화되어 있었다.

사정을 말하니 의외로 쉽게 자료 열람을 허가받았다. 마당을 몇 군데나 거쳐 다다른 자료관은 벽이 두텁고 천장이 낮은, 판에 박은 중세 건물이다. 나선 계단을 올라간 2층에 입학자 관계 자료실이 있었다. 키가 큰 남자 담당자에게 찾고 있는 이름과 입학연도를 말했다.

"리차 파파도풀로스. 여자. 아마도 1968년도 입학이라고 생각됩니다만."

"잠깐만 기다리시오."

담당자는 책장 뒤로 사라지더니 검은 표지의 파일을 가져왔다.

"1969년 의학부 리스트에 소틸리아 파파도풀로스라는 여성이 있습니다. 그리스인이구요. 하지만 리차라는 이름은 없는데요."

"제가 확인해도 괜찮을까요?"

"그렇게 하시죠."

파일에는 1965년부터 75년까지의 각 학년별로 입학자 리스트가 정리되어 있었다. 하지만 리차 파파도풀로스도 미체스 파파도풀로스도 보이지 않았다. 파파도풀로스라는 이름은 이 소틸리아라는 이름의 여자뿐이었다. 1950년 10월 21일생. 이건 리차 생일하고 같다. 아버지 이름은 테오도로스. 리차라는 것은 소틸리아의 애칭이었을까. 하지만 리차로부터 한번도 그런 말을 들은 적이 없었다. 게다가 부모님 주소도 서독 하나우 시로 되어 있다.

담당자에게 졸업생 리스트와 재학중의 성적에 관한 자료를 물으니 3층에 있으니 따라오란다. 다시 나선 계단을 올라가니 거대한 서고가 나왔다.

"여기는 15세기부터의 자료가 정리되어 있지요."

자랑스러운 듯 말했다. 쌓인 먼지도 15세기 이래의 것으로 보였다. 담당자는 왼편 서고 마지막 끝에 열람용 책상이 있다고 기다리라 하고는, 거대한 파일을 가져다 내 앞에 펼쳐놓아 주었다. 소틸리아가 몇 번이나 재시험과 추가시험을 본 것을 알 수 있었다.

낙제도 두 번이나 했구나. 이건 완전한 리차다. 마리아 안드레아스 씨의 말과도 부합된다. 역시 리차는 소틸리아인가. 소틸리아는 그래도 1978년에는 졸업했다. 이렇게 해서 의사가 되었다고 생각하니 그의 환자들이 조금 걱정스럽다. 졸업 후의 취직처나 주소에 관한 자료까지는 대학에 없단다.

자료실을 나와서 전화번호 안내를 통해, 에반겔로스 씨의 주소로 전화번호를 알아보니 등록되어 있지 않다고 했다. T역까지 가 보는 수밖에 없겠다. 택시 운전사는 2시간이면 갈 수 있단다.

자동차는 프라하 시 경계선을 넘어 전원지대로 들어가더니 자그마한 분지가 펼쳐진 마을을 내려다보는 어느 철도역에 닿았다. 역이름은 T. 선로 반대편에 역 건물과 연결된 식당 겸 선술집이 있었다. 때는 오후 3시. 약속을 잡지도 않았으니 에반겔로스 씨가 있을지 없을지 모르지만 가게는 열려 있는 것 같다. 테이블 위에 의자가 뒤집혀 얹혀 있었고, 여자 한 사람이 막대걸레로 바닥을 닦고 있었다. 아무리 그래도 이건 너무 살풍경한 가게다.

"에반겔로스 씨 계세요?"

여자는 걸레질을 멈추지 않고 턱으로 가게 안을 가리켰다. 게임기 3대 중 한 곳에 정신을 팔고 있는 손님 뒤, 맥주 컵을 들고 앉아 있는 남자를 가리키는 건가? 내 인기척에 뒤를 돌아본 남자는 초로라는 말을 해도 될 법하나 나도 모르게 한 발자국 뒷걸음칠 만큼 미남이었다. 이곳은 영화 세트요, 그는 대중식당의 주인을 연기하는 배우라고 착각할 만큼 압도적인 미남이었다. 게다가 어디서 만난 듯한 느낌도 들었지만 똑바로 보기가 두려워 눈을 내리깔고 더듬더듬 말했다.

"파파도풀로스 교수님 소개로 왔습니다. 체코에 사는 그리스인에 대해 많이 아신다고 들었어요. 갑자기 와서 죄송합니다. 30년 전에 헤어진 친구를 찾고 있어요."

"이름은?"

"리차. 리차 파파도풀로스. 오빠 이름은 미체스였어요."

"내 조카야."

"예에?"

"소틸리아는 누나 딸이고, 드미트리오스는 아들이란 말이야."

그 순간 내 기억의 회로가 이어져 나도 모르게 외쳤다.

"그러고 보니 리차 어머니랑 똑같아요!"

외친 채로 한동안 말이 나오지 않았다. 머릿속이 부글부글 끓고 있었다. 리차에 관한 단편적인 기억들, 리차를 찾는 동안 주워들은 여러 정보가 뒤엉켜 끓는점에 달해, 여기저기로 튀고 있는 중이었던 것이다. 그것도 물어봐야지 이것도 알아봐야지 하던 의문이나 수수께끼가 뒤범벅이 되어 기껏 물어본다는 소리가 멍청하게도 "리차는 소틸리아였군요"였다.

"그렇지. 리차는 소틸리아의 애칭이고 미체스는 드미트리오스의 애칭이지."

"그럼 카렐 대학 의학부 졸업생 명부에 있던 소틸리아 파파도풀로스는 역시 리차가 맞네요."

내가 생각해도 덜떨어진 소리라 답답했다.

"음, 틀림없어. 그보다 좀 앉지 그러우?"

에반겔로스 씨는 옆의 의자를 당겨 날 앉히더니 자신도 비스듬히 마주앉았다.

"그 명부에 아버지 주소가 서독의 하나우 시로 적혀 있었어요."

"그건, 아, 그땐 누나 부부가 서독으로 이민 간 지 얼마 되지 않을 때지. 맨 처음 자리잡은 곳이 하나우 시였어. 하나우는 우리 고모가 사는 곳이었거든. 거기서 있는 돈 없는 돈 탈탈 긁어서 음식점을 냈지만 1년도 버티지 못했지."

"예? 왜 그런……?"

그 학자 타입의 리차 아버지가 장사에 손을 댔으리라고는 생각지도 못했다.

"프라하에선 살 수 없게 됐거든."

"……."

"자형에게 정치적으로 문제가 생겼어."

"정치적인 문제라뇨?"

"바르샤바 조약기구 군대의 체코 침공을 결사반대한다는 논설을 폈거든. 그것도 하필이면 공산당 앞잡이 기관 같은 데서 말야."

"《평화와 사회주의 제문제》의 편집위원회 석상에서 말입니까?"

"그렇다네. 바보도 큰 바보지, 자형은 참. 그 다음 회의에서 자기비판에 서명하라는 것이 마지막 통첩이었어. 물론 거부할 게 뻔하니 그 자리에서 당장 모가지. 갈 곳이라도 있으면 좋지. 맞아 일본 대표처럼 말이야. 망명자요, 소련의 속국인 이 나라의 동정으로 살고 있는 자신의 신분을 자형은 잘 알고 있다고 생각했는데 말야. 결과는 금방 나왔지. 소련에 반기를 들고도 잘 먹고 잘살 수 있을 것 같아?"

"……."

"왜 그래? 갑자기 아무 말 않고?"

부끄러웠다. 한순간이나마 리차가 아버지 빽으로 카렐 대학 의학부에 입학했을지 모른다고 생각한 나의 천박한 생각이 부끄러워 참을 수가 없었다. 리차가 얼마나 힘들게 입학했을까. 그렇게도 공부를 싫어하고 특히 이과계는 쳐다보기조차 싫어해 의사가 될 마음은 눈곱만큼도 없고 또 의사처럼 자기에게 안 어울리는 직업도 없다던 리차, 그녀가 넘어야 했을 장벽을 생각하니 현기증이 났다. 그래도 갑자기 변해버린 자신의 처지를 생각해서 열심히 공부하는 모습은 도저히 상상할 수가 없었다.

"미안하지만, 지금부터 볼일이 있어 나가봐야 하거든. 이건 리차 전화번호란다."

에반겔로스 씨는 가슴 포켓에서 수첩을 꺼내더니 메모 용지에 숫자를 옮겨 적어주었다.

"이건 프라하 시내 전화번호가 아니네요."

"서독이지. 아냐, 이젠 독일이 하나가 되었으니 옛 서독 지역이지. 프랑크푸르트 근교. 룻셀밤이었나 룩셀베르크였나. 요 5년간 가보지 못했어. 맞아, 그 마을에 오펠이라는 자동차 회사가 있지."

가게 입구에는 이미 에반겔로스 씨를 맞으러 온 듯한 몇몇 남자가 서 있었다.

"죄송합니다. 마지막으로 한 가지만 더. 그래서 리차 아버님이 돌아가셨다는 건 사실입니까?"

"사실이네. 1985년 9월의 일이지."

"혹시 암살당한 건 아닌지요?"

"아니, 단순히 자동차 사고라고 생각하오, 자 그럼."

"고맙습니다."

에반겔로스 씨는 일어서면서 내가 내민 손을 되잡아주더니 기다리고 있던 남자들 쪽으로 향했다.

"당신, 또 늦게 들어오기만 해봐. 그 노름 좀 작작 하면 안되나."

가게 청소를 하던 부인이 갑자기 핏대를 세웠다. 에반겔로스 씨는 민망함을 감추듯 이쪽에 윙크해주며 도망치듯 가게를 나가버렸다. 부인은 화나 죽겠다는 듯 막대걸레를 바닥에 내동댕이쳤다. 게임에 열중하던 손님이 가게의 이상한 분위기를 느꼈는지 주섬주섬 짐을 챙겨 밖으로 나가버렸다. 한산한 가게에 여자 둘만 남아버렸다.

"폐 끼쳤습니다."

"못 볼 걸 보여드렸군요. 그보다 당장 걸어보시죠, 전화."

"예?"

"전화, 여기요."

아까 받은 메모의 번호를 하나하나 누를 때마다 내 숨이 격해지고 있다는 것을 느꼈다. 신호음이 울렸다. 하지만 계속 울리기만 했다. 숨이 막힐 지경. 하지만 결국 전화 저편에서는 아무도 받아주지 않았다. 전화번호가 틀린 건 아닐까 걱정이 되어 다시 한번 꼼꼼하게 확인해가며 눌렀다. 역시 착신음만 울렸다.

"아직 일에서 안 돌아온 거로군. 지금 커피를 끓일 테니 한 잔 마시고 가요."

부인의 얼굴은 주름이 눈에 띄긴 하나, 잘 보니 이목구비가 반듯한 미인이었다. 젊었을 때는 상당한 미인이었으리라.

"어? 이 커피 터키풍이네요."

"그리스풍이라 해줘요."

처음 보는 부인의 매력적인 웃음에 나도 모르게 외쳤다.

"갈리나 마슈크!"

리차가 옛날에 미남 외삼촌과 사귀던 배우라고 자랑하던 체코 영화배우 이름을 말한 순간 부인의 얼굴에 핏기가 싹 없어졌다.

"그래. 그년만 없었으면 내가 이 고생을 안해도 됐는데. 영화 주역 자리를 갈리나하고 경쟁하다가 진 나는 갈리나 남자를 뺏는 걸로 원수 갚았다 싶었지. 근데 그게 갈리나가 남자를 버릴 때 쓰는 상투적인 방법이었다는 걸 알게 된 것은 3년도 지나지 않아서야. 갈리나와 경쟁한 상대들은 죄다 갈리나가 놀다 버린 헌 남자를 줍게 되는 거지. 기똥찬 여자지? 아, 덕분에 인생 좋났어."

"아줌마, 소시지에 흑맥주 세트 5인분이오."

"여기요, 감자 크레이프에 배추초절임 2인분."

어느새 가게는 귀갓길에 오른 사람들로 붐비기 시작했다.

"일에 방해가 되었네요. 폐 많이 끼쳤습니다. 이만 일어서겠습니다."

"그럴라우? 그럼 잘 가요. 리차 만나면 안부 전해주고. 저이랑 같은 피가 흐른다고는 상상이 안될 정도로 된사람이야, 걔는."

부인은 일어서서 주방으로 향했다. 조금 전 자기의 운명을 저주하던 불쌍한 낙오자의 표정은 사라지고, 기세 좋게 씩씩한 모습이 되어 아름다웠다. 또다시 이 가게가 영화 세트가 된 것 같은 착각이 들었다.

버스를 갈아타가며 숙소로 돌아오니 저녁 8시였다. 당장에 전화통을 붙들었다. 수신음 단 한번에 저편에서 수화기를 들어주었다. 남자 목소리였다. 독어로 "여보세요"라고 하는 듯했다.

"닥터, 소틸리아 파파도풀로스, 비테."

아는 독어 단어를 있는 대로 긁어모아 늘어놓았다.

"아인 모멘트" 하더니만 곧이어 "알로" 하고 그리운 목소리가 들려왔다.

"리차, 리차 맞아?"

"어머, 러시아어 아냐? 누구세요, 갑작스레?"

"나, 마리야. 일본인 마리."

"어머머, 정말? 맞네, 마리 목소리 맞다. 지금 어디야? 도쿄?"

"아니, 프라하. 널 찾고 있었어. 오늘 외삼촌을 만나 뵙고 겨우 네 전화번호 알게 된 거야. 내일 그리로 가도 되니?"

"물론이지. 일이 겹치면 마중 나가지 못하지만 프랑크푸르트 공항에서는 아주 가까워. 주소 부를 테니까, 메모 준비해봐."

리차의 주소는 외삼촌이 말해준 롯셀밤도 아니고 룩셀베르크도 아니고 나우하임이라는 곳이었다. 하지만 근무하는 병원은 옆 동네 뤼셀하임이라는 오펠 본사가 있는 곳이란다.

"진찰 시간은 오후 5시면 끝나니까, 그 이후와 다음날 토요일, 일요일은 오로지 마리를 위해 바칠게. 그런데 내일은 일이 손에 안 잡힐 것 같아. 환자들에게는 재난이네. 그것보다 숙소는 어떻게 할래? 우리 집에 와. 사양할 것 없어."

"사양은 아니지만 네 남편분과는 초면이 될 텐데 좀 그렇잖아."

"그래? 그럼 우리 집 가까이에 좋은 호텔이 있으니까, 예약해줄게. 자동차 전시회가 있으면 끔찍하게 비싸지만 지금은 비수기라서 꽤 싸게 묵을 수 있어."

호텔 이름과 주소, 전화번호를 받아 적었다. "그리고……" 하고는 리차도 나도 입을 다물었다. 말하고 싶고 듣고 싶은 게 산더미 같은데 지금 말문을 열면 봇물처럼 터져나와 밤새고 또 밤새도 다 못할 것이 뻔했다. 전화 요금만 해도 천문학적인 숫자가 될 거고. 조금만 참으면 되니까, 그래 참자, 참아. 그런 제동이 걸린 것이리라.

"그럼……."

같은 말이 리차 입에서도 나왔다. 매일 만날 때 하던 그대로의 인사. 보통은 금방 다시 만날 사람들끼리 나누는 인사.

"그럼……."

멋대가리 없이 간단한 이 한마디에 솟구쳐오르는 천만 가지 감정을 대신해 수화기를 놓았다. 당장에 루프트한자 비행사 예약 데스크에 전화를 걸어 오후 1시편으로 잡았다. 차편과 시간을 수첩에 적고 나니 온몸에서 힘이 쭉 빠져나갔다. 망연자실한 상태로 얼마나 그러고 있었을까. 한참 그러고 있자니 이번에는 온몸의 피가 부글부글 끓어오르는 듯했다. 오늘밤 자긴 다 글렀다.

○ ○ ○

프랑크푸르트 공항에서 호텔이 내준 셔틀버스를 타니 나우하임 시는 고속도로로 한 시간도 채 안되는 거리였다. 호텔 프런트에는 리차가 남긴 메시지가 있었다.

"일을 빨리 끝낼 거니까 아무튼 도착하면 연락 줘."

메시지 카드에 쓰인 번호대로 전화를 해보니 리차가 받았다. 한 30분이면 일이 끝날 것 같다고 하니, 내 쪽에서 리차의 근무처로 찾아가기로 했다. 택시로 15분도 걸리지 않았다. 주소는 주택가의 자그마한 맨션 1층이었다. 문패에는 '파파도풀로스 박사 진료소'로 되어 있다. 여긴 리차의 근무처라기보다는 리차가 경영하는 진료소로 보였다.

약속시간보다 빨리 도착한 나는 앞서는 마음을 가눌 길이 없어, 그 근처를 서성거렸다. 집들이나 거리 모습은 안정된 색상이며 모양새가 체코와 많이 닮았다. 하지만 숨 막힐 정도로 깨끗하다. 집들은 어디 한 군데 손 안 닿은 곳이 없다. 칠이 벗겨진 곳도, 타일 하나 이 빠진 것이 없다. 어느 집에나 예쁜 커튼이 달려 있고, 마치 자로 잰 듯이 모두가 같은 각도로 묶여 있다. 길바닥에 깔린 부석敷石 하나도 귀퉁이가 깨진 것 없이 질서 정연하게 박혀 있다. 포플러 가로수에 매달린 몇몇 잎사귀만 바람에 대롱거리고 있다. 그런데도 어쩐 일인지 길에 떨어져 있어야 할 낙엽은 눈에 띄지 않는다.

가로수 길 막다른 곳에는 작은 공터가 있었다. 그 한가운데에는 보리수가 떡하니 팔을 벌리고 늠름하게 서 있다. 보리수를 올려다보았다. 잎이 떨어져나간 나뭇가지 사이로 하늘이 보였다. 하늘은 프라하와 마찬가지로 육중한 무게로 가슴을 짓눌렀다.

맞다. 어째서 리차는 그리스의 푸른 하늘 아래로 돌아가지 않았을까.

"정말 쨍하고 깨질 것 같다니까……."

리차의 그 환한 얼굴. 얼마나 자랑스러워했고 얼마나 사무치게 그리워한 고국의 하늘인데, 도대체 무슨 일이 있었을까. 이것만은 꼭 물어봐야지, 걸어온 길을 되돌아가면서 생각했다.

진료실 문을 밀고 들어가니 간호사 같은 사람이 뭐라고 독어로 물어왔다. 그 뒤에 리차 아버지의 얼굴이 보였다. 돌아가셨다는 것은 헛소문이었나? 많이 뚱뚱했고 백의를 입고 있다.

"마리."

그 비만형 백의가 소리치며 내게 안겼다. 이 목소리는 분명 리차 거다.

"리차."

"미안해, 마리. 환자가 또 늘어났어. 아마 한 시간은 더 걸릴 거 같은데 어쩌지? 근데 접수 시간은 끝났으니까 이보다 더 늘지는 않을 거야."

"야, 잘되고 있네. 그럼 대기실에서 기다릴게."

길 쪽으로 창문이 나 있는 5평 정도 크기의 대기실에는 빈자리가 없었다.

"구텐 타크."

초급 독어 교과서를 생각해내가면서 빈자리를 찾으니 오렌지색 스카프를 목에 두른 부인이 손짓해준다.

"당케 쉔."

감사를 표하니 생긋 웃으며 말을 붙여주지만 무슨 말인지 하나도 모르겠다. 겨우 "이히 니히트 슈프레헨 도이체(전 독어를 못합니다—옮긴이)" 하니 잠자코 있는 듯하다, 또 알아듣지 못할 말로 하지만 독어가 아닌 언어로 말을 시켰다. 고개를 흔드니까 이번엔 앞좌석에 앉은 빼빼 마른 콧수염 아저씨가 말을 건네왔다. 그 언어도 무슨 말인지 모르겠다. 하지만 스카프 아줌마도 콧수염 아저씨도 다른 환자들도 독일인으로 보이지는 않았다. 영어는 안 통하려나?

"전, 파파도풀로스 선생님과 옛날에 체코 학교에서 같은 반 친구였어요. 오늘 31년 만에 재회하는 거랍니다."

영어를 알아듣는 듯한 젊은 여자가 내 말을 다른 환자가 알아듣도록 독어로 통역하고 있는 것 같았다.

"호오, 그려. 파파도풀로스 선생님은 참 좋은 의사선생님이라우. 우리들이 이렇게 안심하고 일할 수 있는 것도 다 파파도풀로스 선생님이 계시기 때문이구려."

아마 이런 뜻이리라. 그을린 얼굴의 젊은이가 독어 같은 영어랄까, 아니 영어스러운 독어로 말해주었다. 손짓 발짓으로 얘기하다 보니 그들이 터키나 그리스, 동유럽에서 온 일용 노동자와 그 가족이란 것을 알게 되었다. 오펠에서 일하고 있는 사람들과 프랑크푸르트 공항 관계 기업에서 일하는 사람이 반반 정도 되나보다.

이국 땅에서 병들면 얼마나 불안할까. 그들에게 모국어로 자기 병 증세를 말할 수 있는 의사선생님은 구세주처럼 보일 것이다. 리차는 그리스어는 물론, 러시아어와 체코어가 되니까 동구 슬라브어권의 사람들 말도 거의 알아들을 수 있을 것이다. 독어도 알아듣는 것 같았는데, 아마 터키어까지 되나보다.

"게다가 독일 의사는 뭐랄까, 우리들 동구나 남구 사람들을 어쩐지 깔보는 느낌이 들거든. 그저 느낌만 그럴지 모르지만서두. 그에 비해 우리 파파도풀로스 선생님은 서글서글하고 늘 친절하게 대해주신단 말야."

수다를 떨고 있는 동안, 대기실의 환자 수가 하나둘씩 줄어갔다. 마지막 한 사람 차례가 되어 이제 끝나나 싶을 때, 갑자기 몸집 큰 신사가 다섯 살배기쯤 되는 소년의 손을 잡고 나타났다. 낙담을 했더니, "처음 뵙겠습니다. 리차 남편입니다" 하고 내게 인사하는 것이 아닌가.

듣기 쉬운 영어였다. 나도 모르게 그 사람 이에 눈이 가버렸다. 확실히 치열이 가지런한 남자다. 리차가 늘 하던 소리를 생각해내고 히죽거리고 있었더니 리차 남편은 이상한 눈으로 쳐다봤다.

"왜 그러시죠……?"

"아, 아뇨. 이쪽은 자제분이신가요?"

왕방울만한 검은 눈, 곱슬곱슬 말려 올라간 새둥지 같은 머리는 미체스랑 쏙 빼닮았다. 소년은 잠시도 가만히 못 있고 이리저리

다니다가, 대기실 의자 등받침 위에 올라가려 하더니 그만 미끄러져 떨어져버렸다. 나도 모르게 웃음이 났다.

"그럼 가실까요?"

뒤에서 리차 목소리가 들렸다. 뒤를 돌아보니 백의의 비만체가 볼을 대왔다. 기억 속의 리차의 이미지와 지금 눈앞에 있는 리차가 좀처럼 겹치지 않아 애를 먹었다.

"리차는 아버지랑 점점 닮아가네."

"젊었을 때는 추남 아버지와 닮으면 어쩌나 하고 두려웠는데 지금은 아버지랑 닮았다는 말을 들으면 굉장히 기뻐."

리차의 남편이 운전하고 아들은 조수석에, 우리 둘은 뒷좌석에 나란히 앉았다. 차가 움직이자마자 리차는 중얼거렸다.

"마리는 약속을 어겼어."

"응?"

"우리가 헤어질 때, 내 '추억의 노트'에 '리차 결혼식에 꼭 참석하겠습니다' 하고 썼던 거 기억 안 나?"

"정말? 그런 말을 썼었나? 하나도 생각이 안 나는데. 근데 리차야말로 그리도 싫다던 의사가 됐잖아. 여배우가 된다더니."

그리고 목소리를 죽여 덧붙였다.

"남자들 줄 세워놓고 사귈 거랬잖아."

"아하하하하, 그랬었나? 사실은 얼마나 겁쟁이였는데. 서른이 넘어 저이랑 만날 때까지 남자는 한 사람도 몰랐으니까 말야. 아, 그리고 우리 아들은 러시아어를 못 알아들으니까 무슨 말을 해도 괜찮아."

"정말? 리차는 섹스에 관해서도 반에서 제일가는 권위자였잖아. 모두들에게 얼마나 존경받았는데."

"아하하하, 아는 척만 한 거라니까."

"그럼 남편 만날 때, 우선 이부터 봤어?"

"그게 무슨 소리야?"

"리차가 그랬잖아. 남자 고를 때는 우선 이부터 보라고."

"으잉? 그런 엉터리 말을 내가 했다고? 이빨로 어떻게 남자를 알아볼 수 있다고. 저이는 오펠에서 일하는 노동자야. 솜씨 있는 숙련공이지. 원래는 내 환자였어. 그리스 출신의 노동자 이민 2세야. 잘 웃고, 또 웃는 모습이 좋아. 스포츠맨이고 말하고 있으면 참 즐거워. 교양 있고 머리도 좋은 사람이라고 생각해. 온화한 성품이 좋아서 결혼했어. 엄마는 한사코 반대하셨지. 의사가 대학도 안 나온 노동자와 결혼하는 건 아깝다나 뭐라나. 그래서 한바탕 소동이 있었어. 아닌 게 아니라 독일에서도 그런 일은 드물대. 독일은 의사라 하면 자타가 공인하는 특권 계층인가봐. 사는 지역이며 드나드는 가게, 레스토랑, 애들 학교까지 서민들과는 획을 긋는 경향이 있어. 웃기지? 체코에서는 의사가 별스레 특별한 직업이 아니잖아. 교사나 숙련공, 기술공, 요리사와 다를 게 뭐 있겠어. 그렇게 생각하는 편이 난 편해. 아, 다 왔다."

리차 말대로 특별히 호화스럽지도 그렇다고 조촐하지도 않은 그냥 보통 집으로 14층 건물의 12층, 방 4개짜리 맨션이었다. 살림도구도 결코 사치스럽지 않았다. 거실 소파 뒤의 벽면에는 아름다운 부인이 그려진 큰 초상화가 걸려 있었다. 어제 만난 리차의 외삼촌 에반겔로스 씨와 많이 닮았다.

“리차 어머니는 정말 아름다우시네. 독일에 살고 계시니?”

“아니, 미체스와 함께 그리스에 살고 계셔. 우리 집 가까이 살았으면 했지만. 그 년 때문이야 모든 게!”

리차는 기대고 있던 소파에서 갑자기 거구를 일으키며 흥분했다.

“그 나쁜 년과 미체스가 결혼한다고 할 때, 아버지는 골치를 앓으셨지. 미체스의 인생은 저주를 받았다시며 속상해하셨어. 어머니도 물론 맹반대였지. 미체스에게 악마가 들러붙었다고 말야. 하지만 그 여자에게 미친 미체스는 우리 말이 들릴 리가 없지. 마리도 알고 있지? 미체스가 슬라브계 여자들에게 인기가 있었던 거. 그런 미체스가 태어나서 처음으로 사랑을 한 거야. 그야, 정말 믿을 수 없을 정도로 미인이었어. 체코에 바르샤바 조약기구 군이 침공했던 바로 그 무렵, 바츨라프 광장에 청년들 집회가 매일처럼 열렸거든. 그때, 미체스가 그 여자를 보고는 한눈에 홀딱 반해버린 거야.”

“그런 시기에 그런 집회에 나가다니 용감한 여자 아냐?”

“어림 천만. 그냥 심심풀이로 나간 어중이떠중이들이 얼마나 많았는데. 공부도 안하고 그렇다고 취직도 않고, 가끔 모델로 용돈 정도나 버는 여자였어. 결국 아버지 예언대로 되고 말았지. 미체스는 그 여자 때문에 독일에 입국할 수 없는 신세가 됐지 뭐야.”

“미체스는 지금 뭘 하고 지내니? 카렐 대학이 아니라 공과대학에 갔다는 말을 들었는데.”

“누가 그런 소릴 해?”

"너랑 카렐 대학 기숙사에 같이 지낸 적이 있다는 그리스 부인이. 우연히 그리스 민단 학교에서 만났거든. 이름이 뭐랬더라?"

핸드백에서 메모를 뒤적였다.

"아, 있다 있다. 마리아……."

"훙, 마리아 안드레아스지?"

"그래 맞아. 리차를 만나면 안부 전해달랬어. 그야말로 그립다는 듯이 말야."

"웃기시네. 입에 침도 안 바르고 그런 말이 어쩜 그렇게 쉽게 터지니?"

깜짝 놀랄 만큼 말에 가시가 들어 있었다.

"우리 식구에 대한 배척운동에 선봉을 잡았던 여자야."

체코슬로바키아 그리스 민단은 '프라하의 봄' 이래, 소련군 침공을 두고 분열되었다. 소련군 환영파와 내색은 못하지만 내심은 반대파로. 리차 아버지가 공공연하게 이의를 제의하여 체코를 떠난 것은 이민 사회에서는 대사건이었다. 속시원하게 잘 말해줬다고 마음으로나마 박수를 쳐준 사람이 있는가 하면 가뜩이나 불안정한 그리스 이민 사회를 뒤흔드는 배신자라고 손가락질하는 사람도 있었다. 마리아 안드레아스는 그저 단순히 소련 신봉자였단다.

"사회주의의 반역자 딸이 사회주의 국가의 혜택을 받는 것은 이상해. 받고 싶으면 자기 아버지를 비판한 다음이라야지" 하고 대학교와 기숙사에 불고 다니며 집요하게 대학당국에 이의를 제기했다. 당시 레지스탕스에 관여한 교수들도 대거 해고를 당했을 무렵이지만, 그래도 대학 교직원과 학우들은 리차 아버지에 대해 무언의 존경과 호의를 품고 있었다. 그러니 마리아 안드레아스가 휘젓고 다녀본들 적당히 얼버무려주었던 것이다. 그랬더니 안드레아스는 이번에는 당 조직에까지 일러바쳐 일을 점점 더 크게 벌였다. 그 결과 리차는 학업은 계속할 수 있었으나 기숙사에는 더 있을 수 없게 되었고 장학금도 끊겨버렸다.

"그래도 아버지가 독일에서 송금해주셨어."

"망명한 곳에서?"

"아버지는 독일에 망명하신 건 아니었어. 단지 편집국을 그만두신 것뿐 국외 추방당하신 건 아니야. 다만 어디서도 써주지 않았지. 그래서 서독으로 가신 거야. 아버지를 자를 수는 있었지만 사무직원인 어머니까지 해고하진 못했지. 그래서 아버지가 잘리고도 어머니는 1년이나 더 직장을 다니셨어. 어머니가 아버지께 가신 것은 1년 후인 1969년이지."

"근데 외삼촌은 체코에 더 있을 수 없어서라고 말씀하시던데."

"그래 맞아. 아무데서도 써주지 않으니까 실질적으로 출국할 수밖에 없었지 뭐. 내가 기숙사를 나와야 했고 장학금이 끊긴 건 형식상으로는 아버지의 정치적 입장 때문이 아니라, 아버지가 체코가 아니라 서독 거주자이기 때문이었어. 마리아 안드레아스가 떠벌리고 다니는 바람에 아버지가 서독으로 이주한 걸 더 숨길 수 없어서."

"큰일을 치렀네. 고생 많이 했구나."

"큰일은 큰일이었지. 근데 고생한 건 학문 쪽이었지. 경제적으로는 그렇게 고생하지 않았어. 봐봐, 학비는 무료였잖아. 여기 와서 안 사실이지만, 의학부 수업료는 천문학적이야. 정말 부자 아니면 의대에 갈 수도 없어. 나처럼 머리도 안 좋은 가난뱅이가 그만한 교육을 받을 수 있었던 것도 다 사회주의 체제 덕인지도 몰라. 생활비도 쌌고. 아무튼 마음은 편했어. 주위에는 아버지를 따르는 사람들이 많아서 든든했어. 소비에트 학교의 러시아인 동급생들만 해도 그래. 라리사와 이라를 기억해? 무서워서 대놓고는 말 못해도 얼마나 날 위해줬는데."

"그래서 미체스는?"

"체육 대학을 지망했는데 아버지가 반대하셔서 말야. 나보다 공부를 더 싫어했잖아. 그런데도 공대에 들어가긴 했는데, 곧 바로 '프라하의 봄' 이 됐잖아. 바츨라프 광장에서 그넌한테 혼이 나간 다음엔 공부랑 아예 담을 쌓았으니 당연히 퇴학이지 뭐. 있을 곳이 없어서, 1970년에 부모님이 계신 하나우로 이주하긴 했는데, 그넌도 따라온 거야. 마침 그때가 어머니가 운영하던 그리스 음식점이 잘 안될 때야. 어머니 요리 솜씨는 꽤 평판이 좋아서 가게는 늘 붐볐거든. 그런데도 이상하게 돈이 안 벌리는 거야. 아니 점점 줄어들었지."

"리차 부모님에게 장사는 무리야. 특히 아버님은 겉보기에도 학자풍이시잖아."

"맞아, 완고하시고. '프라하의 봄' 전후로 편집국에서 매일처럼 밤늦게까지 회의가 있었어. 아버지는 바르샤바 조약기구 군의 체코 침입에 반대한다고 여기저기에서 했던 발언이 문제가 돼서 자기비판을 당했지만 결코 당신의 소신을 굽히지 않으셨지. 그래서 서독에 입국하자마자 여러 기관에서 아버지께 접촉해왔어. 우선, 반공 간판을 건 어디 연구소에서 고용하겠다고 해온 거야. 매달 8만 마르크를 주겠다면서. 1970년 당시 노동자 평균 월급이 700 마르크였으니 얼마나 큰돈인지 알겠지? 게다가 망명 러시아인 방송국도 출연 의뢰를 해왔고. 1회 출연료가 5천 마르크. 함부르크 대학교수 자리도 준비해줬지. 그런데 아버지는 모두 거절하셨어. 군의 체코 침공을 반대했고, 그래서 공산당에서 제명당하긴 했지만 당신의 마음은 공산주의에 바쳤다고. 자신의 신조를 버릴 수는 없다시면서. 그러니 어떡해. 할 수 없이 어머니가 음식점을 내셨지. 그런데 그것도 1년을 못 넘긴 거야. 그 다음에 아버지가 생각하신 게 '셔틀업' 이지."

"셔틀이라니, 왕복운동을 한다는 말이야?"

"체코나 폴란드에서 싼 모피를 사와서 그걸 유고슬라비아까지 가지고 가서는 그리스에서 온 상인들에게 넘기는 거야. 그들에게선 그리스 물품을 받아서 체코, 폴란드, 독일에다 팔고. 뭐, 일종의 보따리 장사지."

몸집은 크지만 그 고상한 철학자 같은 풍모를 한 리차 아버지가 보따리 장사를 하셨다는 것은 상상이 안 갔다.

"근데, 이게 된 거야. 그런 장사는 결국 신용이 제일이잖아. 그 무렵 아버지 주변 장사꾼들 사이에서 나도 몇 번이나 들었어. "리차, 너희 아버님은 백 년에 한 명 나올까 말까 한 정직한 사람이야"라고 그들은 말했지. 아버지가 우직스럽게도 정직하니 상대 업자들이 다 잘해줬어. 보통은 다리 붙들고 늘어져 물귀신처럼 구는

라이벌 업자조차도 존경했으니까. 천 년에 한 명 나올까 말까 한 정직한 사람이라나. 그래서 그런지 아버지 장례식 때는 믿을 수 없을 정도로 많은 사람들이 와줬어. 다 큰 어른들이 엉엉 하고 소리를 내서 우는 거야."

"자동차 사고였다고?"

"응, 1985년 9월 23일, 유고슬라비아의 노비사드 시 교외. 꼭 36년 전에 미체스가 태어난 동네야. 어머니는 그때 운전했던 조수를 아직도 용서 못하시겠다셔. 아 그 못된 년도 말야. 아버지가 그 연세가 되도록 그렇게 힘든 셔틀업에서 발을 못 빼고 계셨던 건 다 미체스의 그년 때문이야……."

리차는 목이 메더니 곧 마음을 가다듬고 말을 계속했다.

"조수가 운전하다 한눈을 파는 바람에 차가 밭으로 미끄러지면서 서너 번 굴러 떨어졌대. 아버지는 척추를 다쳐 움직일 수가 없게 돼 근처 병원으로 옮겨졌지만 40도를 넘는 고열에 닷새나 시달리다가 숨을 거두셨어. 어머니는 그리스에서 찾아와 임종을 지키셨지만, 난 두 시간 늦었지. 운전했던 젊은 남자는 그저 찰과상 정도로 멀쩡했으니까 얼마나 미워. 결국 그는 테오도로스 파파도풀로스를 죽인 놈이라는 딱지가 붙어 그리스에도 독일에도 발붙일 수가 없어서 오스트리아로 이주했대."

"미체스는 못 온 거야?"

"흥!"

"왜 그래? 도대체."

"오려야 올 수가 없었지! 다 그년 때문에."

리차가 점점 흥분되는지 거구를 벌벌 떨었다. 소파에 같이 앉아 있던 내게까지 그 진동이 전해져왔다.

"아아, 못된 년, 빌어먹을 년!"

체코어였다. 오랫동안 쓰지 않던 러시아어로는 이런 욕은 녹슬어 나오지 않나보다. 그래도 성이 안 풀리는지 그리스어로 퍼붓기 시작했다. 그 동안에도 남편 안토니스는 자상하게 과자나 초콜릿을 접시에 담아 내놓고 홍차도 끓여 왔다.

"그년이 미체스를 따라 서독 하나우를 찾아왔을 때는, 부모님이 시작한 음식점이 잘 안될 때였어. 아버지가 셔틀업을 시작했다고는 아까 말했지. 미체스는 특별한 재주도 없고 학업도 도중에 내팽개쳤고 독어도 못하니 당연히 취직할 데도 없잖아. 결국 아버지와 같은 보따리 장사로 나선 거야. 웬만큼 벌이는 있었는데 그 똥 같은 년이 악마처럼 씀씀이가 헤퍼서 말야. 원래 사치를 좋아했는데 물품이 귀한 사회주의 나라에서 와보니 눈이 돌아간 거야. 눈에 보이는 것마다 사야 직성이 풀리는 물욕의 화신이 되어버렸지. 미체스가 벌어온 돈은 눈 깜짝할 새에 보석이나 비싼 옷으로 날아가버리고. 그런 주제에 그년은 벌 생각도 안했어. 집안일도 남의 일인 양 대낮에나 일어나 밤늦게까지 쏘다녔지. 쌍판은 예쁘니까 남자들이 줄줄 따라다니거든. 미체스는 그년 심기 건드리지 않으려고 밤낮으로 일했지만, 당연히 집을 비울 때가 많으니까 그년 남자관계에 신경이 가서 안절부절못하는 거야. 그러면 그럴수록 그 미친 년 돈 씀씀이는 점점 헤퍼만 가고. 완전 생지옥이었어."

"그래서?"

"어느 날 그년이 미체스한테 협박을 한 거야. 좀더 비싼 맨션에서 살고 싶고, 좀더 좋은 차를 타고 싶다고. 미체스가 더이상 버는 건 힘들다고 했더니 그럼 헤어지자고 했다는 거야. 어떤 놈한테 프러포즈 받았다면서. 넌 내 마누라잖아 했더니 그러니까 헤어지자는 거지, 라며 달려들더래. 미체스가 쩔쩔매니까 벤츠 같은 최고급 차에 지금 현물로 나와 있는 고급 맨션을 사준다면 기다려보겠다고 했다나. 돈 아낄 줄 모르니까 돈이 모이질 않는다고 되받았더니 그러니까 해방시켜주겠다지 않냐고 날뛰었대. 그래서 오히려 미체스가 빌었다지 뭐야, 기가 차서. 그러곤 그년을 위해서는 뭐라도 다 하겠다는 약속을 했다나. 그랬더니 그년이 아는 사람을 소개시켜주더래. 돈벌이 거리가 있다면서. 그래서 결국 마약 밀거래에 손대기 시작한 거지. 우리 가족들은 미체스가 체포당할 때까지 몰랐어. 어쩐지 이상하다 싶은 점은 있긴 있었지. 믿을 수 없을 정도로 돈을 펑펑 써대더라니. 그래도 우리는 미체스가 장사 재간이 있나보다 했지. 아무튼 난 1978년까지 프라하에서 학교를 다녔고, 80년까지는 인턴이었잖아. 미체스 부부는 뒤셀도르프 근교의 마을로 이사 가버렸고, 부모님은 78년에 군정이 막을 내리자 쏜살같이 그리스로 돌아가버리는 바람에, 우리들은 뿔뿔이 흩어져 지냈거든."

"리차 아버님이 돌아가셨을 땐, 미체스는 달려오고 싶어도 올 수가 없었던 게로구나. 감옥에 가 있느라고."

"맞아. 2년 후 1987년에 석방된 다음에는 독일에서 추방당해 두번 다시 독일 땅을 밟을 수가 없는 몸이 되어버렸지. 그 못된 년은 미체스가 체포당하자마자 다른 놈과 눈 맞아서 미국으로 튀어 버렸어. 그게 너무 충격이었던지 미체스는 넋이 나가버렸어. 지금도 거의 폐인이야. 그래서 엄마가 돌보고 계셔."

"그렇게도 여자들에게 인기가 있더니만, 여자에게 고통을 당하다니 이게 웬 아이러니야."

"어? 마리 말이 맞네. 벌받아도 싸지. 얼마나 여자들을 울렸게."

"근데 그게 정말이야? 미체스가 수학 갈리나와 잤다는 말. 리차가 꾸민 얘기가 아니고?"

"아냐, 아냐. 진짜라니까. 미체스는 낙제할 것 같으니까, 서둘러 담임이던 갈리나를 유혹했어. 갈리나가 갖은 아양을 써 보내온 연애편지를 나도 봤다니까. 갈리나는 참 바보야. 그 연애편지로 미체스는 갈리나를 협박해선 수학 외의 과목도 성적을 바꿔 적게 했어. 그래서 미체스는 간신히 졸업한 거야. 그런데 갈리나는 울린 축에도 안 들어. 얼마나 많은 여자들을 울렸는데. 내가 아는 것만도 자살 미수가 2건이야."

"나도 알고 있는 여자니?"

"응, 그중 한 사람은 폴란드 대사 딸로 안젤리카라는 애. 알지?"

미체스와 같은 학년에 안젤리카라는 훌쭉하고 눈이 예쁜 미소녀가 있었다.

"미체스가 헤어지자니까, 그걸 말리려고 미체스 눈앞에서 자기 허벅지에 미체스 이름을 칼로 새기겠다고 덤빈 거야. 정말 허벅지를 찌르는 바람에 출혈 과다로 병원에 실려 갔어. 구급차가 제시간에 안 왔으면 자살미수가 아니라 진짜 자살이 될 뻔했어."

"그게 언제 일인데?"

"1967년. 네가 귀국하고 3년 뒤에."

"그래서 지금 미체스는 아테네에 있는 거야?"

"아니, 어머니 고향인 골고피 마을. 테살로니키 근교."

"경치 좋은 곳이겠지?"

"마리, 고마워."

"왜 그래? 갑자기."

"지금까지 미체스랑 결혼한 그녀만 원망했었거든. 너랑 얘기하다 보니 조금 맘이 편해졌어. 그녀는 아마 미체스가 지금까지 농락한 여자들, 울린 여자들이 품은 원한의 결정체가 아닌가 싶은 생각이 들어서."

"그래서 '그년'이 아니라 '그녀'가 된 거구나."

"후후후, 혹시 신이 미체스를 혼내주려고 보낸 사자가 아닐까?"

"아하하하, 리얼리스트 리차답지 않은 말씀."

"어머 얘 좀 봐, 테오도로스! 어머, 어머머. 여보, 여보오, 얘 좀 어떻게 해줘요!"

갑자기 리차는 금속성 목소리를 냈다. 아들이 크리스털 화병을 머리 위로 쳐들곤 당장이라도 바닥에 내동댕이칠 자세였다. 안토니스는 당황하지도 서둘지도 않고 한 손으론 화병을 빼어놓고, 다른 한 손으로는 아들을 번쩍 안아 어깨 위에 올렸다. 아들은 아빠 무등을 타나 싶더니 주르르 내려와 팔뚝에 매달리곤 하며 깍깍 좋아라 했다.

"테오도로스라니, 할아버지 이름이네."

리차가 끄덕이며 뭔가 말하려던 순간, 안토니스가 리차에게 뭐라고 속삭였다.

"그럼 전 잠깐 자리를 비우겠습니다만, 곧 돌아오겠습니다. 편히 계세요."

안토니스는 예의바르고 깍듯하게 인사하더니 아들을 데리고 밖으로 나갔다.

"정말 느낌 좋은 사람이네."

리차는 갑자기 정색을 했다.

"마리, 사실 난 아들이 하나 더 있어. 그이는 지금 개를 데리러 나간 거야. 테오도로스의 형이지. 양호학교에 다니고 있어. 지금 열한 살인데 지능은 테오도로스 이하야. 늦게 낳아서 그런지, 다운증후군이래."

갑자기 뭉클해져 리차를 꼭 껴안았다.

"리차, 얼마나 고생 많이 했니."

"아니, 전혀 아냐, 마리. 스트마티오스는 보통 애들 몇 배나 우리들에게 행복을 준단다. 마음이 얼마나 깨끗한지 몰라. 사람들을 의심하거나 남을 골탕 먹인다던가, 이런 게 전혀 없어. 천사 같은 마음을 가진 아이란다. 걱정스러운 건, 우리들이 개보다 일찍 죽으면 어떻게 하나 싶은 것밖에. 하지만 이런 애들은 오래 못 산다니까, 그게 그나마 위안이야……. 아, 홍차가 식었네. 다시 데워 올게."

포트를 들고 부엌으로 뛰어들어간 리차는 한참이나 돌아오지 않았다.

"미안 미안, 물이 금방 안 데워지네."

그렇게 말하며 포트를 테이블 위에 놓는 리차 눈이 빨갰다. 머쓱했는지 눈을 깔고 시선이 마주치는 것을 피하는 듯했다. 화제를 바꿔야겠다.

"참, 리차. 뭐 하나 물어도 돼? 너 왜 그리스로 돌아가지 않았어? 그리스도 민주화되어서 언제라도 돌아갈 수 있잖아. 얼마나 푸른 하늘을 자랑했니. 난 그런 네가 그리스에 살 거라고 믿어 의심치 않았는데."

"그래, 네 말대로야 마리. 군정이 넘어간 게 1978년, 당장이라도 날아가고 싶었는데 비자가 안 나와서, 겨우 가게 된 게 81년이었어. 꿈에서까지 본 그리스 창공은 정말 아름다웠어. 눈이 짓무르도록 우러러 보고 또 봐도 질리지 않더라. 그런데 마리, 그리스에서 아름다운 건 푸른 하늘밖에 없었어. 가장 참을 수 없었던 건, 여자를 사람 취급 안한다는 거야. 또 아이들을 무지막지 귀여워하는 건 좋은데, 개와 고양이 같은 동물을 학대하는 건 못 보겠어. 게다가 화장실의 그 불결함은 정말 견딜 수 없었지. 결국 난 유럽 문명에서 태어나 자란 인간이란 걸 깨달았어."

"그래서, 독일인이나 독일 생활은 만족해?"

"아니 전혀. 물론 결벽증인가 싶을 정도로 청결한 공공시설은 기분 좋게 쓰지만. 여긴 돈이 만능인 사회야. 문화가 없어. 체코에서 살 때는 사흘에 한 번은 연극이나 오페라, 콘서트에 갔었잖아. 주말이면 미술관이나 박물관, 전람회에 가는 게 당연했고. 일용품도 쌌지. 보통 사람들의 일상에도 공기처럼 문화가 숨 쉬고 있었어. 그런데 여기선 그런 건 사치야. 최근에 소련이 붕괴되고 경제가 악화된 것도 있고 해서 독일계 사람들이 속속 귀국해 들어오고 있거든. 우리 진료소에도 그런 환자들이 있는데, 3년도 안돼서 되돌아가고 싶대. 경제는 좋지만 문화가 없다면서. 애들 생각하면 돌아가야겠다는 거야. 물론, 독일인도 좋은 면이 많아. 예를 들어 환자로서는 더할 나위 없지. 하라는 대로 충실히 지켜주니까. 그런 점에서 그리스인은 뻗대기만 하고 의사 말 안 듣는 최악의 환자야. 게다가 독일인은 그리스인과는 반대로 개와 고양이를 무척 위해. 그건 좋아. 근데, 애들 다루는 것도 개와 고양이 대하는 것과 별반 다르지 않아. 이래선 또 곤란하지. 나도 여기서 벌 만큼 벌어서 슬로바키아에 가서 살까봐. 슬로바키아인은 맘이 따뜻하고 배려심 있는 사람들이 많아. 결혼 상대는 슬로바키아인이 으뜸이야."

"어쭈. 자기는 그리스인하고 결혼해놓고는."

"그이는 독일에서 큰 그리스인이니까, 독일인의 좋은 점과 그리스인의 좋은 점이 이상적으로 혼합됐거든."

"흠, 체코인보다 슬로바키아인에게 점수가 후한 이유는 뭔데?"

"체코인은 지적이고 품사위가 차분한 것은 쳐주겠는데 인간관계까지도 계산하는 듯해 맘이 안 가는 거 있지. 집에 찾아가도 결코 안으로 들어오란 소리를 안해. 러시아인 같았으면 집에 들여놓고 밥 먹고 가라, 자고 가라 난리잖아. 음, 체코인은 반이 독일인, 슬로바키아인은 반이 러시아인이랄까."

"애 좀 봐, 러시아인을 높이 사네."

"그야 당연하지. 인품으로 보자면 러시아인이 최고 아닐까. 마음 따스하고 사람 좋고 멍청할 만큼 친절하고."

"그치만 이상적인 신랑감은 아니라 이거지?"

"그야, 술독 끌어안고 있는 꼴을 어떻게 보라구."

"하하하하, 리차는 옛날이랑 하나도 안 변했구나."

"후후, 그런가."

둘이서 깔깔대고 있는데 벨이 울리더니 리차의 남편과 아이들이 돌아왔다. 한눈에 다운증후군임을 알 수 있는 스트마티오스는 리차에게 달려가 키스를 받다가 날 보곤 뒷걸음을 쳤다.

"안녕, 스트마티오스."

내가 웃으며 말을 건네니 내 곁으로 와 앉았다. 나도 모르게 꼭 껴안으며 볼을 비비니, 내게 자기 몸을 착 붙여왔다.

"정말 귀엽네."

"응, 섬세하고 정말 착한 아이야"라며 리차는 실눈을 떴다.

"자, 식사합시다. 가깝게 사는 시고모님 솜씨야. 지금 안토니스가 오는 길에 들러서 가지고 왔어. 전자레인지로 데울 동안 가서 손 씻고 식탁으로 와."

식탁 위에 놓여 있는 음식은 샐러드며 스프며 빵, 양고기요리까지 모두가 그리스 요리였다. 언젠가 어디 레스토랑에서 엇비슷한 걸 먹은 기억이 났다.

어느새 리차는 텔레비전을 쳐다보며 뭐라고 막 핏대를 올렸다.

"왜 그래?"

"아, 미안. 나도 모르게 그리스어가 나왔네. 저 인간, 진짜 용서 못해! 저 멍청한 얼굴 좀 봐. 하여튼 미운 짓만 골라서 한다니까. 나라 말아먹을 일 있어? 아, 열불 나. 이번 선거 어떻게 되나 한번 보라지. 꼴사납게 납작 엎드려서 한 표 달라고 빌지나 말라 그래."

화면에 나온 사람은 파판드레우 그리스 수상이 아닌가. 귀 기울여 듣고 있자니 흘러나오는 말은 독어가 아니라 그리스어다.

"리차, 이거 혹시 그리스 본국 방송 아냐?"

"응, 맞아. 집에서나 진료소에서나 그리스 방송만 봐."

"어머나, 전파가 닿아?"

"발코니에 한번 나가보렴."

커다란 유리문을 열고 거실에서 나왔다. 밖은 이미 어두웠다. 하지만 하늘엔 별 하나 반짝이지 않았다. 대신, 발밑으로 펼쳐진 동네의 가로등이며 집에서 새어나온 불빛이 즐거운 듯 빛나고 있었다.

발코니는 꽤 넓었다. 그 왼쪽 반을, 지름이 내 키의 한 배 반이나 될 듯한 거대한 안테나가 차지하고 있었다. 안테나의 오목면은 그리스 하늘 쪽을 가리키고 있었다. 리차가 사무치게 그리던, 그리스 하늘 쪽으로.

거짓말쟁이 아냐의 새빨간 진실

동양인인 마리는 알아보기 쉬울 테니까, 네 쪽에서 날 찾아봐.
꾹 참고 아는 척 안할 거니까 날 빨리 찾아내야 돼.

"하하하하, 자하레이도가 뛴다, 뛰어."

스쿨버스 운전사 아저씨는 아냐의 자하레스쿠라는 성을 왜 그런지 자하레이도라고 희한하게 어미변화를 시켜서 불렀다. 스쿨버스는 매일 아침 우리들의 아파트가 있는 10월 혁명 광장에 선다. 《평화와 사회주의 제문제》 편집국에 근무하는 직원들과 그 가족이 사는 아파트 두 동이 이 광장에 면하고 있고, 그 자녀들 대부분이 소비에트 학교에 다니는지라, 편집국에서 버스를 내준 것이다. 아냐 아버지인 발브 자하레스쿠 씨도 루마니아 공산당을 대표해 편집국에 근무하고 있었지만, 웬일인지 스쿨버스 정류장에서 걸어서 20분 정도 거리에 살고 있었다. 그래서 아냐는 출발시간에 늦을 때가 많다. 마지막까지 기다려보다가 그 때문에 모두가 수업에 늦을 수는 없어 할 수 없이 출발하려 하면, 딱 그때 헐레벌떡 달려오는 일이 자주 있었다. 오늘도 그랬던 것이다.

"하하하하, 어찌 저리도 굼뜨냐. 일부러 노력해도 저렇게는 못 뛰겠다."

사실 아냐가 뒤뚱거리며 뛰는 모습에는 열 살배기 소녀의 경쾌함이 없었다. 무용교사도 아냐의 춤에는 언제나 골치를 앓아야 했다.

"아아, 이래서는 함박눈이 아니라 진눈깨비가 돼버리잖아."

지금 뛰는 모습도 어딘지 모르게 우스꽝스러웠다. 남자아이들도 일제히 창문으로 얼굴을 내밀고 아냐를 부추겼다.

"열심히 뛰어라, 자하레이도. 힘내. 금방 따라잡을 수 있어."

아냐가 겨우 버스를 따라잡을 것 같으면 운전사 아저씨는 버스 속도를 살짝 높여본다. 골탕 먹이려는 것보다 장난 쪽에 가깝다. 그런 장난을 한 다섯 번쯤 되풀이한다. 그새 10월 혁명 광장을 두 바퀴나 돌았다.

"하하하, 마치 암소같이 굼뜨네."

운전사의 비유가 희한하리만큼 딱 들어맞다 보니 버스 안은 온통 난리다.

"음메, 음메에. 야 암소라니, 이거 진짜 걸작인데."

아냐에겐 미안했지만, 단짝인 나까지 저도 모르게 웃음보가 터질 지경이었다. 이렇게 해서 아냐의 별명은 당장에 암소가 되어버렸다. 이제 겨우 버스를 타게 된 아냐가 숨을 헉헉거리며 올라오자, 악동들은 일제히 외쳤다.

"자하레이도, 열심히 우유를 많이 생산해야 미국을 따라잡지!"

이렇게 '아냐 → 암소 → 우유생산으로 미국 따라잡기'라는 조건반사가 성립되었다. 남자아이들은 아냐를 보기만 하면 마치 인사를 하듯 되풀이했다.

"자하레이도, 우유 생산으로 미국을 따라잡자꾸나!"

아냐는 약간 통통했지만 결코 비만형은 아니었고, 얼굴도 상당히 예뻤는데 왜 그런지 모르게 뚱뚱하다는 인상을 주었다. 아마도 그건 몸놀림이 완만해서 언제나 육중한 몸을 놀리는 듯이 보였기 때문이리라. 하지만 내가 5년 동안 다닌 소비에트 학교를 편들어서가 아니라, 육체적인 특징을 꼬집어 별명을 짓는 경우는 없다고 해도 좋을 정도로 희귀한 일이었다. 그런 짓은 해서는 안될 야비한 행동이라는 것을 누가 가르치지 않아도 알고 있어서 그랬는지도 모른다. 아니, 그런 것을 의식하게 된 것은 귀국해서였다.

귀국한 뒤, 집 근처 중학교로 전학한 직후 나는 큰 충격을 받았다. 반 아이들이나 선생님들에 대해 뚱보, 대머리, 땅딸보, 덧니, 마당이마 등 본인 인간성과 무관하며 본인의 의지로도 어떻게 하지 못할 것을 끄집어내 너무나도 쉽게 놀림감으로 삼는 것이었다. 더구나 본인의 면전에서조차 아무런 거리낌 없이 말했고, 또 당사자도 그걸 용납했다. 그것도 너무나 흔한 광경이라 나무라고 말고 할 것도 없었다. 나는 무신경하고 야만스러운 집단 속에 내동댕이쳐진 느낌이 들어 참담하리만큼 우울했던 기억이 있다.

그런 만큼 소비에트 학교에서 아냐를 두고 용모를 꼬집어 암소에 빗댄 것은 정말 드문 일이었다. 아니, 한 사람 더 있었다. '두더지' 라는 별명을 가진 남자아이였는데, 마치 방금 떨어진 밤송이처럼 머리카락을 빳빳이 치켜세웠기 때문에 그런 별명이 붙은 것이다. 그 별명이 용모를 두고 놀리는 것 같지만, 스스로 다른 헤어스타일을 다 놔두고 하필 그걸 택했으니, 엄밀한 의미에서 용모를 비웃는 것은 아니다. 그러니 아냐를 '암소'라고 부른 것은 정말 예외 중의 예외였던 것이다.

오랫동안 그런 줄로만 알았는데, 지금 생각해보니 그 별명은 역시 아냐의 용모나 행동거지를 두고 조소했다기보다는, 아냐의 성격을 놀려주자는 심보가 나타난 거라는 생각이 든다. 사실 그 누구도 아냐에게 직접 암소라고 부른 적은 없었기 때문이다. 언제나 "자하레이도, 우유 생산으로 미국을 따라잡자꾸나!"라는 슬로건으로 말했을 뿐이다. 아냐를 보고 있노라면 왜 그런지 그런 말을 하고 싶어 참을 수 없어지는 악동들의 심리도 수긍이 간다. 아니, 악동이 아니더라도 평소 아냐의 언동을 보고 있노라면 질리게 만드는 구석이 많기 때문이다. 스쿨버스 운전사 아저씨가 아냐를 좀 골탕 먹이고 싶은 마음이 없지 않아 있었던 것도 같은 이유 때문이리라.

보통 다른 아이들의 경우 운전사 아저씨를 부를 때면 체코어로 '미스터'라는 뜻인 '판'이라는 단어를 붙여서 "안녕하세요, 판 야들세크" 하고 부르건만, 유독 아냐만은 "소우드루흐 야들셰크"라고 부른다. 소우드루흐란, 러시아어의 '타바리쉬'에 해당하는 말로 '동지'라는 뜻이다. 그러니까 혁명가들끼리 서로를 부르는 말이다. 이미 10월 혁명이 반세기가 지난 당시 소련에서 타바리쉬라는 말은 상당히 일상용어로 자리 잡고 있었기에, 아이들도 처음에는 그 연장선상에서 운전사 아저씨를 "소우드루흐 야들셰크"라고 불렀다. 그러던 어느 날 그가, "얘들아, 니들 그 소우드루흐라는 거 좀 때려치울 수 없니? 온몸에 두드러기 날 것 같다"라고 말한 이래, 판 야들셰크로 바뀐 것이다. 그런데도 아냐만은, "어머, 판은 '양반' 이란 뜻이잖아요. 남의 노동을 착취해서 사는 창피스런 지배계급 인간을 일컫는 말인데, 그런 존칭을 쓰다니오. 그거야말로 실례가 되잖아요. 노동자계급에 대한 자부심을 가졌으면 해요"라고 말대꾸를 하며 꼭 소우드루흐라고 붙여 썼다.

하지만 나치스 독일을 쫓아준답시고 은근슬쩍 들어온 소련이 체코를 '꿀꺽' 한 걸로 느끼고 있는 체코 시민들이 보자면, 타바리쉬의 직역체 같은 소우드루흐로 불리는 것 자체가 소름이 끼칠 정도로 싫지 않았을까? 게다가 만약 판 야들셰크가 공산당원이라 쳐도, 이런 꼬마아이에게 '동지' 라고 불리고 싶었을까? 아무튼 판 야들셰크는 대놓고 싫은 얼굴을 했지만, 아냐는 그러거나 말거나 고집스럽게 소우드루흐라고 불렀다.

아냐의 명예를 위해 말해두지만, 아냐는 별스레 악의가 있어 그렇게 불렀던 것이 결코 아니다. 그녀로서는 가장 알맞은 어법이라는 신념을 가지고 있었을 뿐이었다. 공산주의야말로 인류 최고의 목적이자 수단이니, 공산주의와 연관을 짓는 것이야말로 상대방에 대한 최대의 경의를 표명한 것이라고 생각한 것이다. 그러니 누구에게나 남자면 '소우드루흐', 여자면 '소우드루슈카' 로 부르는 바람에 여기저기서 빈축을 샀다.

초면인 여자아이에게 갑자기 '동지' 라고 불린 학교 청소부 아주머니, 영화관 매표소 아가씨, 이발사 점원들 모두 허를 찔린 얼굴로 멍해져서 뒷걸음친다. 그런 장면을 수없이 봐온 나였기에, 그 결과가 어찌될지는 뻔히 보였다. '이제 픽 웃은 다음 아냐를 보면서 얘 머리 어떻게 된 거 아냐? 싶은 얼굴이 되겠지. 그 다음은 동정의 눈으로 불쌍하다는 듯한 시선을 보낼 거고' 하면서 보고 있으면 과연 내 예상대로 전개되곤 했다.

학교 정문 현관에서 50미터쯤 거리에 작은 과자집이 있는데, 사흘에 한 번은 방과 후 귀가 버스를 타기 전에 거기로 뛰어가서 과자를 사곤 했다. 물론 아냐는 거기서도 자기 방식을 앞세웠다.

"소우드루슈카, 터키 사탕 200그램 주세요."

차분하고 아담한 몸집의 가게 아줌마는 언제나 상냥한 표정으로 아이들 주문에 응해주었지만 그날만큼은 표정이 굳어졌다.

"너, 소우드루슈카라고 자꾸 그러면 터키 사탕 안 팔 거야. '파니(부인)' 라고 고쳐 부르지 않을 거면 당장 여기서 나가줘."

이 박력에는 아무리 아냐라도 어쩔 수가 없었다. 그 일 이후로 아냐는 그 가게에 가지 않았다. 파니라는 단어를 결코 쓰고 싶지 않았던 것이다. 그러니 할 수 없이 우리들이 아냐 몫까지 사다주곤 했다.

하지만 좀 과장된 혁명적 표현을 즐기는 결점만 빼면, 아냐는 참으로 정서가 안정된 착하고 심성이 바른 아이였다. 심술궂은 데는 찾으려야 찾을 수 없었고 말도 재미있게 했다. 아무튼 아냐랑 같이 있으면 지루한 줄 몰라, 반 아이들은 아냐를 따돌리거나 하는 일은 없었다. 우리들은 아냐의 과장된 말버릇까지 포함해서 사랑했는지도 모른다.

당시 자하레스쿠 일가는 10월 혁명 광장을 두고 우리 집과 마주 보는, 방 3개짜리 맨션으로 이사해 왔다. 방 3개짜리라곤 하지만 천장 높이는 3미터, 총 면적은 100평이나 되니 가족 넷이 살기는 충분하고도 남는다. 설비며 가구도 훌륭했다.

프라하로 이주한 지 2년째 되는 8월의 어느 날, 벨이 울려서 현관문을 열어주니 덩치도 키도 나랑 비슷해보이는 여자아이가 서 있었다. 젖은 듯한 밤색을 띤 커다란 눈동자에 나도 모르게 빨려 드는 듯한 느낌을 받았다. 어딘가에서 만난 느낌도 든다. 소녀가 씩 하고 붙임성 있는 미소를 지으니, 볼록한 장밋빛 볼에 보조개가 생겼다.

"맞은편 플랫으로 이사 온 아냐 자하레스쿠라고 해. 잘 부탁한다."

체코어에 불어에 영어에 러시아어, 또 무슨 언어인지 모를 말로 인사말을 반복했다. 어쩐지 느긋하고 애교스러운 말투였다. 특히 러시아어가 너무나도 완벽했던 터라 "소련 어디서 왔니?" 하고 러시아어로 물었다.

"아니, 부쿠레슈티. 난 루마니아인이거든. 근데 태어난 곳은 인도의 델리야. 세 살 반까지 거기 있었대. 영어를 잘했다고 엄마가 그랬는데 지금은 다 까먹었어. 자란 곳은 베이징이야. 아빠가 외교관이셨거든. 다섯 살 때, 마오쩌둥이 날 안아줬대."

"엉, 정말?"

"국경일 축하행진 때, 텐안먼 광장 귀빈석에는 중국 고관들이 늘어서고, 바로 그 옆에 각국 외교관이 앉거든. 아빠가 날 데리고 가셔서 마오쩌둥에게 인사할 때 내가 꽃다발을 내밀었대. 그랬더니 날 안아서 축하행진을 할 동안 계속 위대한 수령의 무릎 위에 앉혔던 거야. 그날 내가 입고 있던 팬티를 엄마는 빨지 않고 아직도 잘 보관하고 있대나. 어디까지 얘기했지? 아 그래, 그거. 베이징에 있는 소비에트 학교에 다녔어. 귀국해서도 학업에 지장을 주지 않으려고 부쿠레슈티에서도 소비에트 학교를 다녔거든. 그래서 러시아어는 절반은 모국어 같아."

"그럼 아까 말한 것은 중국어?"

"그래, 근데 베이징어는 인사 정도밖에 못해. 그럼 넌 베이징어권이 아닌 모양인데, 어디서 왔니? 광둥?"

"난 중국인이 아니라 일본인이야. 마리라고 해. 소비에트 학교에 다니고 있어. 이번 9월에 4학년이 돼."

"와, 그럼 동급생?"

"이 학교는 한 학년에 반이 하나밖에 없으니까, 우리는 같은 반 친구가 되겠네! 집에서도 학교에서도 같이 있을 수 있어."

"아니, 너무 미안한데, 곧 딴 곳으로 이사 갈 것 같아. 아빠도 엄마도 여기서는 도저히 못 살 것 같다고 해서 지금 다른 곳을 찾고 있어. 적당한 곳을 찾는 즉시 그리로 이사 갈 것 같아. 아, 맞다. 오늘 이렇게 찾아온 건, 골방 전깃불 스위치가 어디 있는지 가르쳐줬으면 해서. 너희 집은 우리 집하고 방 배치가 똑같을 것 같아서."

우리 가족이 만족해하며 살고 있는 이 집을 도저히 못 살 것 같다는 감각은 도저히 이해할 수 없었다. 가끔 일본에서 찾아오는 사람들은 모두가 입을 모아, "야, 여긴 궁전 같은 고급 아파트네" 하고 칭찬을 해줬기 때문이다. 맨션이라는 말이 아직 보급되지 않던 무렵이다. 그런데도 도저히 못 살겠다니.

아냐의 어머니를 뵙기는 좀처럼 힘들었지만, 가끔 뵙는 아냐 아버지는 아냐보다 키가 작았고 다리가 안 좋아 보이셨다. 언제나 지팡이를 짚고 한쪽 다리는 절듯이 걸으신다.

"아빠는 젊으실 때, 그야말로 훤칠하게 키가 크셨대. 그런데 '비합법시대' 때 투옥되어서 고문당하셨지. 치료가 늦어지는 바람에 다리가 썩어서 절단할 수밖에 없었대. 지금 다리는 의족이야. 내 성, 자하레스쿠는 사실 아빠가 지하활동을 할 때의 가명이야. 아빠 본명은 추커만. 독어로 '설탕 사람' 이야. 그걸 루마니아어로 번역한 게 자하레스쿠. 루마니아가 해방되었으니 본명을 써도 될 텐데, 결국 가명이 정식 본명이 됐다, 이거지."

"우리 아버지도 전쟁 전부터 전쟁중에 걸쳐 16년 동안이나 지하활동을 하셨어. 여러 가지 직업과 가명을 써가며. 우리 어머니를 만났을 때 가명은 히로세 테쓰오였대."

"정말? 우리 엄마도 아빠를 만났을 때는 비합법시대였지. 큰오빠를 업고 기저귀 속에 전단을 숨겨 날랐대. 오빠는 지금도 자기 엉덩이가 별스레 민감한 건 다 그 때문이라고 투덜대."

아냐에게 친근감을 느낀 것은 이런 대화를 통해서였던 것 같다. 서로 동떨어진 다른 나라, 다른 지역에 살았던 부모님들이 거의 같은 시기에 공산주의 사상에 이념을 불태우고, 자기 생명조차 내놓고 파란에 찬 나날을 보냈다는 사실이 서로를 특별한 존재로 보이게 했다. 아냐가 혁명적인 수식어를 자주 쓰는 것에는 사실 좀 거부감이 있었지만, 어딘가 그조차 용서할 마음이 생겼던 것이다.

얼마 지나지 않아 아냐 일가는 간신히 만족할 만한 집을 찾았는지, 10월 혁명 광장에서 전차로 두 정거장 정도 떨어진 저택가로 이사해 갔다. 곧이어 아냐의 새 집으로 초대받은 나는 숨이 멎을 것 같은 충격을 받았다. 온통 유리로 된 온실에 접해 있는 거실 천장에는 거대한 샹들리에가 매달려 있었다. 식당 테이블은 세상에나, 24명이나 앉을 수 있을 정도로 큰 것이었다. 현기증이 다 났다.

"엄마는 이것도 좁다고 투정이야. 난로가 싸구려티 난다느니 욕실이 둘밖에 없다느니 그러면서 말야."

아냐는 아무렇지도 않은 듯 말했다. 그때까지도 아냐 집에 가정부가 있다는 사실을 아직 몰랐던 나는, 루마니아라는 나라는 굉장히 풍요롭고 국민 모두가 높은 생활수준을 향유하고 있는 줄로만 생각했다. 사회주의인 이상 그렇게 빈부의 차가 있을 수는 없으니까. 그랬는데 아냐가 "토바러슈 마리에, 빨리 손님께 홍차를 내와요. 과자도 잊지 말고" 하고 외치자 곧 마리에라는 가정부가 나타나는 바람에, 나는 또 충격을 받고 한참 동안 할 말을 잊었다. 토바러슈는 러시아어의 타바리쉬에 해당하는 말이란 것을 금방 알 수 있었다.

일본에 있을 때, 돗도리 현에 있는 친할아버지 댁에 놀러 갈 적마다 우리 집 생활수준과 너무나도 차이가 나서 아연해졌던 것을 기억한다. 셀 수 없을 정도로 방이 많았고 이름도 채 외우지 못할 많은 일꾼들이 머리를 조아리며 돌봐주던 그 쾌적함. 난들 어찌 거부할 수 있을까. 그것이 가능했던 아버지가 얼마나 위대한 사람인지 어린 마음에도 존경심이 일었다. 전쟁 전 공산당이 허락되지 않던 비합법시대, 만인에게 평등이라는 공산주의 사상에 불타던 아버지는, 고액 납세자만이 될 수 있었던 귀족원의원이시던 할아버지의 아늑한 품을 뛰쳐나와 지하생활로 들어갔다. 16년씩이나. 일본이 전쟁에 지고 공산당이 허락됨으로써 다시 친척들과 교류가 가능해진 이후에도 아버지는 물욕과는 무관하게 사셨다. 그러니 내 마음에 새겨진 공산주의자의 이상형은 아버지였고, 같은 공산주의자라도 아냐의 부모와 이렇게도 다르다는 점에 머리가 혼란스러웠다.

"왜 그래, 마리?"

"이게 좁다니, 지금까지 아냐는 어떤 집에서 살았니?"

"인도의 집은 정원이 숲이었어. 호수가 있고 폭포까지 있었단다. 중국의 집은 가운데 정원을 두고 방이 많았어. 몇 개였는지 세어보지 않았을 정도."

"그렇게 호사스러운 생활을 모든 루마니아인이 누릴 수 있니?"

"뭐라구?"

아냐는 내 질문의 의미를 알지 못했는지 커다란 눈을 더욱 크게 떴다.

"공산주의라는 것은, 인간의 법적 · 사회적 평등뿐 아니라, 경제적인 평등을 실현하려는 이념이잖아. 사회주의는 그런 공산주의로 가는 이행단계고. 그러니까 빈부의 차를 최소한으로 줄이려고 노력하려는 거 아니야?"

"그럼, 공산주의는 최고지."

"그래서 묻는 거잖아. 이렇게 사치스러운 집을 대부분의 루마니아인이 누릴 수 있냐고."

"그건 몰라. 지금까지 거의 루마니아에 살지 않았거든."

"그럼 마리에 씨는 어디서 살고 있어?"

"토바러슈 마리에는 우리 집 다락방."

나는 집이 망하자마자 기숙사 다락방으로 쫓겨나게 된『소공녀』의 주인공을 생각해내고는 얼굴이 굳어졌다. 그것을 알아차렸는지 아냐는 필사적으로 변명했다.

"근데 이건 차별이랄까, 빈부의 격차 같은 건 아니야. 분담이라는 거지. 여긴 토바러슈 마리에의 직장이니까. 인도에서도 중국에서도 아빠는 외교관이셨으니까 집은 공저가 되지. 체면을 차리기 위해서 좀 번듯해보일 필요가 있잖아."

"하지만 지금은 외교관이 아니시잖아."

"응, 하지만《평화와 사회주의 제문제》편집위원회 루마니아 대표라는 건, 대사보다 격이 높아. 아빠는 루마니아의 마르크스레닌주의 연구소 소장이시기도 하고."

"……."

"왜 그래, 마리?"

"황건적의 난과 적미군의 반란, 중국사에서 배웠잖아. 그게 갑자기 생각나서."

"그게 왜?"

"응, 왠지 모르게."

빈민들을 모아 압제 정치와 불공정에 대항하고 권력을 타도한 반란자들은, 권력의 자리에 오르자마자 이전의 권력자들과 다름없는 짓을 되풀이했다. 그러니 아무리 반란이 있은들 사회의 구조는 별반 달라질 수 없다. 이런 것을 교과서에서 배운 기억이 났다. 하지만 그걸 차마 아냐에게 말할 마음은 없었다. 내가 아냐와 거리감을 두게 된 것은 이 일이 있고 나서인지도 모르겠다.

어느 날 아냐는 못 보던 모자를 쓰고 등교했다. 노란색 바탕에 빨간색과 초록색 나비가 무수하게 달려 있어 아냐가 움직이면 나비들도 따라서 팔랑거렸다. 남자아이들은 재미를 붙여 모자를 잡아당겼다가 휙 낚아채서는 공처럼 주고받고 하며 놀았다. 아냐는 밤색의 커다란 눈동자를 더욱 크게 뜨고는 남자아이들을 노려보면서 믿기 힘든 말을 내뱉었다.

"창피하지도 않아? 우리 엄마가 피땀 흘려 노동한 대가로 얻은 모자로 뭘 하는 거야!"

이런 과잉반응을 보이니 남자아이들이 더 놀리고 싶어지는 것은 당연했다. 그 무렵에는 나 또한 아냐의 어머니가 굉장한 과거를 가지고 있다는 게 거짓말이란 것을 알았다. 아무리 상상력을 동원한다 해도 피와 땀을 흘리며 노동할 타입으로는 보이지 않는다는 것쯤은 알고 있었다. 아냐 집에 갈 때면 언제나 호화롭게 차려입고 쇼핑을 가신다든가, 오페라나 파티에 나가시거나 돌아오시는 참이라 거의 집에 계시지 않았고, 또 외모를 봐도 직업을 가진 사람으로는 보이지 않았다. 집안일도 루마니아에서 데리고 온 가정부에게 모두 맡기고 있는 듯했다. 아냐 또한 이 마리에라는 가정부에게 무슨 일이든 부탁했다.

"여기요, 토바러슈 마리에. 팬케이크 좀 만들어줘요. 초콜릿 크림을 얹어서."

"토바러슈 마리에, 내 하늘색 리본 어디에 뒀어?"

"토바러슈 마리에, 내 방 전구가 하나 나갔거든. 새로 갈아 끼워 놔요."

마리에의 남편은 자하레스쿠 집에서 같이 사는 전속 운전사였다. 부부가 다락방에서 지내면서 자하레스쿠 집을 떠모시고 있었던 것이다.

"우리 아빠는 아냐 집 운전사가 마치 개 같대."

리차는 자주 그렇게 말했다.

"주인님 말에 꼬리를 흔들며 착하게 모시는 충견 말야."

아냐의 어머니는 학부형들 모임에 참석할 때도, 쇼핑이나 오페라를 보러 갈 때처럼 기사가 운전하는 검정 고급차로 나타났다. 밍크나 은여우털, 아니면 표범가죽 같은 비싸보이는 모피 코트를 걸쳤고, 손가락에는 왕방울만한 보석이 반짝였다. "그럼 나갔다 올 테니 집 잘 봐라" 하며 아냐에게 키스를 하고 나가시면, 아냐는 언제나 나를 보며 이렇게 설명해주었다.

"엄마는 아빠를 도와 노동자 계급을 위해 부르주아계급과 투쟁하고 계신 거야. 오늘도 그 일로 나가신 거구."

'그럴까? 그치만 아냐 어머니 차림새는 부르주아 그 자체 아닐까?' 라는 말이 목구멍에서 삐져나오려는 것을 간신히 참곤 했다. 아냐 어머니의 차림만이 그런 것이 아니다. 아냐 일가의 모든 생활이 부르주아적, 아니 귀족이라고 해도 좋았다. 아냐가 살고 있는 이 저택도 옛날 귀족이 살던 곳이었다. 그러고 보니 같은 편집국에서 일하면서도 자하레스쿠 일가만이 아파트가 아닌 정원 딸린 대저택에 살고 있는 것도 수수께끼였다.

○ ○ ∘

"펜은 검보다 강하다." 언론은 무력으로 짓누를 수 없다는 취지의 이 유명한 말은, 영국 정치가이자 소설가, 극작가였던 조지 부르와 립튼이 그의 희곡 『리슈르』에서 언급해 곧 세상에 퍼져나갔다. 그런데 이 유명한 말을 러시아인에게서는 들은 적이 없다. 아마도 같은 의미로, 예로부터 회자되어온 '러시아제' 관용구가 있기 때문인지 모르겠다.

"펜으로 쓴 것은 도끼로도 파낼 수 없다."

도끼라는 말은 장작 패는 모습을 떠올려주며 생활의 체취를 느끼게 한다. 이 관용구는 '무력에 대한 언론의 우위' 를 의미하는 동시에 "한번 쓴 글은 돌이킬 수 없다"는 의미로 쓰이는 경우가 많다.

프라하의 소비에트 학교에 다니기 시작한 첫날부터 나는 '펜으로 쓴 것' 에 대한 러시아인의 강렬한 감정에 당황했다. 첫날이라 아버지가 통역사와 함께 학교에 같이 와주셨을 때, 담임교사의 이런 말을 전해주었다.

"잘 듣다. 슈학, 단 노트 둘, 검다 노트 하나. 러시아 문법, 단 노트 둘, 검다 노트 하나. 문학, 단 노트 하나, 검다 노트 하나."

"단 노트? 달콤한 노트? 검다 노트?"

"예스. 단 노트 낸다, 선생님 바꾸다. 이거 펜 그리고 잉크 쓰다. 검다 노트 내다 아니다. 단 노트 내다 앞, 검다 노트 쓰다. 검다 노트, 연필 쓰다 좋다."

가뜩이나 겁을 집어먹고 있는데 이런 말을 하니 금방이라도 울 것 같은 내게 아버지가 도움을 주셨다.

"어느 학과도 학생들은 정식 노트 두 권, 막 쓰는 노트 한 권을 반드시 갖추게 되어 있나봐."

정식 노트는 교사가 정기적으로 점검하여 채점의 대상이 되는 것이라서, 두 권을 바꿔가며 교사에게 제출하도록 되어 있다. 그리고 이 정식 노트는 반드시 펜에 잉크를 묻혀 쓰게 되어 있다. 의자와 책상이 붙어 있는 학생용 책상 위에는 아예 펜대를 두는 길고 오목한 홈과, 유리 잉크병이 쏙 들어가도록 옴폭한 구덩이가 패어 있었다. 당번은 책상마다 다니며 잉크병에 잉크를 보충하는 것이 매일 아침 일과였다.

펜대에 펜을 꽂아 잉크를 묻혀 노트에 받아 적는다. 그렇게 적은 것은 지우개로 지울 수 없다. 그러니까 막 쓰는 노트를 거쳐 심사숙고한 다음에야 정서를 하게 되어 있었다. 잉크 자국 하나라도 있으면 감점 대상이 되었고, 한 번 쓴 위로 지움표나 ×표를 하고 다시 쓴다는 것은 자기 생각을 충분히 가다듬지 않고 썼다는 증거로 간주되었다. 그 대신 막 쓰는 노트는 아무리 엉망으로 사용해도 좋았다.

그러니 정식 노트에 연필로 쓴다는 것은 이 학교 선생님들에게는 하늘에 코끼리가 날고, 백곰이 정글에 나타나는 것만큼이나 있을 수 없는 일이었다. 일본 학교의 습성으로 무심코 정식 노트에 연필로 써버린 내게, 수학 선생님도 러시아어 선생님도 타이르셨다.

"마리, 한번 쓴 글은 도끼로도 못 깎아낸단다. 그래서 가치가 있는 거지. 곧 지울 수 있는 연필로 쓴 것을 남의 눈에 띄게 하다니 무례천만이야."

이 정식 노트는 묶여 있는 부분에서 3분의 2쯤 되는 곳에 세로줄을 그어, 그 선 밖으로는 못 쓰도록 되어 있다. 그곳은 선생님이 틀린 곳을 정정하거나 선생님 말씀을 적게 되어 있기 때문이다. 이 세로줄을 러시아어로 '폴레 поле' 라고 하는데, 영어로는 '필드 field' 에 해당하는 말이다. 이 폴레 때문인지, 소비에트제 학생용 노트는 가로세로가 모두 21센티미터로 정사각형이다. 하지만 보통 체코의 문방구에서 파는 노트는 세로 21센티미터 가로 14센티미터의 직사각형이다. 이래서는 폴레를 긋다 보면 학생이 쓸 곳은 폭이 10센티미터도 안 되니, 계속 행을 바꿔야 한다. 학생들, 특히 러시아어가 모국어가 아닌 학생들로서는 큰 골칫거리가 아닐 수 없다. 단어가 길어 2행에 걸쳐 써야 할 때는 어디서 끊어야 할지 고민하게 된다. 행을 바꾸는 것에도 까다로운 규칙이 있어, 틀리면 그것도 감점의 대상이 되기 때문이다.

당연한 결과지만, 소비에트 학교 학생이라면 누구나 폭이 넓은 노트를 원했다. 여름방학에 소련으로 잠시 귀국하는 교사나 학생들은 그 폭 넓은 노트를 대량으로 사와서 다른 나라 아이들에게 나누어주었다. 그러고 보니 당연한 듯이 받기만 했지 돈을 낸 기억이 없으니 그네들의 인심이 워낙 후했나보다. 그래도 학년 중간쯤 되면 노트가 바닥이 난다.

"우리 집 근처 문방구에서 폭 넓은 노트 팔더라."

어느 날 아냐가 이렇게 말하자 마침 딱 노트가 떨어질 때라 모두들 눈을 휘둥그레 뜨고는 "어디 어디?" 하며 흥미를 보였다.

"10월 혁명 광장에서 7번 노면전차를 타고 두번째 정류장에서 내린 다음, 정류장 바로 맞은편에 있는 큰 문방구."

나도 그 가게는 알고 있었다. "하지만 이상하네. 그저께 갔을 때는 안 보이던데" 하고 말하니까 아냐는 가방에서 노란 표지의 노트를 꺼내서는 의기양양하게 보였다.

"이것 보렴. 이거 어제 거기서 샀다니까."

노트는 소련제보다 표지가 매끌매끌하고 두껍고, 칸도 많아 보였다. 하지만 분명히 그건 가로세로 똑같은 정사각형이었다.

"야, 그거 좋다. 나도 있었으면."

"아직 많이 있더라. 이만큼이나 쌓여 있던걸."

방과 후, 반 아이들 모두가 그 문방구에 노트를 사러 가기로 마음먹었다. 《평화와 사회주의 제문제》 편집국에서 내준 직원 자녀용 버스에 반 아이들 모두가 타고 10월 혁명 광장에서 내려서 7번 전차를 타기 위해 정류장으로 향했다.

“어머, 어쩌지? 나 오늘 너네랑 같이 못 가.”

갑자기 그렇게 말하면서 정류장과 반대 방향으로 걷기 시작한 것은 아냐였다.

“미안, 오늘은 무용학원에 가는 날이거든.”

무용시간마다 선생님이 한숨을 내쉬게 만드는 아냐는 그때마다 그까짓 무용이 밥 먹여주니 싶은 얼굴이었지만, 그게 그렇지 않았나보다. 시내에 있는 무용교실에 다닌다는 것을 나는 이미 알고 있었다. 하지만 그건 금요일이 아니던가. 오늘은 아직 수요일. 내가 의심의 눈초리를 보내기도 전에 아냐는 “쉽게 찾을 수 있을 거야, 내가 안 가도. 마리는 그 가게에 몇 번이나 갔었다니까” 하고는 뛰어가버렸다.

문방구는 재고정리일이라는 명목으로 문이 닫혀 있었다. 반 아이들은 그물 셔터가 내려진 커다란 창문 너머 어두컴컴한 가게 안을, 눈을 찡그려가며 들여다보면서 노란 표지의 노트가 어디에 쌓여 있나 하고 두리번거렸다.

“혹시 있다면 저 근처일 텐데.”

내가 손가락으로 가리키는 방향으로 아이들은 일제히 시선을 돌렸지만, 그 노트로 보이는 것은 없었다.

“할 수 없지 뭐. 우리 집이 여기서 가까우니까 내일 내가 다시 와서 가능한 한 많이 사둘게”라는 약속을 해버렸다.

다음날, 10월 혁명 광장 정류장에서 아냐와 함께 7번 전차에 올라탔다. 하지만 두번째 정류장에 도착하자마자 아냐는 “마리, 미안. 오늘은 엄마랑 쇼핑 가기로 한 게 생각났어”라고 말하며 자기 집 쪽으로 뛰어가버렸다. 나는 혼자서 가게 안으로 들어가 노트 매장으로 갔다. 노란 표지의 노트는 한 권도 보이지 않았다. 가게 안을 샅샅이 뒤졌으나 폭 넓은 정사각형 노트는 그 어디에도 없었다. 점원에게 물어보니 이상한 얼굴을 했다.

"내 친구가 그저께 여기서 샀다던데요."

"그럴 리가 있나."

"그치만 그 노트를 제 눈으로 봤는데요."

"여기서 14년이나 일하고 있지만 그렇게 생긴 노트는 한번도 보지 못한걸."

"이상하네, 그럼 이 집이 아닌가?"

"얘야, 체코슬로바키아 어느 문방구를 가봐야 마찬가지란다. 달리 사회주의 계획경제니? 어느 가게나 파는 것은 모두 같은 규격품이잖아. 못 믿겠으면 네가 본 그 노트를 가져와보렴."

"예……."

다음날 학교로 가는 스쿨버스에서 그 얘기를 해주니, 아냐는 밤색 눈동자로 나를 똑바로 보며 갸웃거렸다.

"이상하기도 하지. 난 분명히 그 가게에서 샀는데."

"그러니까 그 노트를 가지고 오늘 방과 후에 그 가게에 같이 가줄래? 그 점원에게 확인시키게."

"그래 좋아. 물론 가주지."

하지만 방과 후 스쿨버스에 올라타서 확인하려고 아냐의 가방을 열었을 때, 있어야 할 노란 노트는 홀연히 사라지고 없었다. 이 시점에서 나를 포함한 반 아이들 모두는 아냐가 거짓말을 하고 있는 것이 아닐까 하는 의구심을 가졌다. 하지만 뭐 때문에? 아무리 생각해도 동기도 이유도 알 수가 없었다. 더구나 아냐는 우리들 한 사람 한 사람의 얼굴을 찬찬히 돌아보며 엿가락처럼 늘여 말했다.

"이상하네. 어디로 없어졌지? 그 노트 못 봤어?"

동그란 눈동자도 차근차근한 말투도 성실하게 느껴져서 모두들 한순간이나마 아냐를 의심한 것에 대해 속으로 미안한 생각이 들었다.

그로부터 1주일 후, 프랑스인 클로진이 전학해왔다. 클로진이 가방을 열고 꺼낸 노트가, 색깔은 달랐지만 크기며 종이질까지 아냐가 가지고 있는 딱 그 노트였다.

"그럼 아냐가 가지고 있는 그 노란 노트는 프랑스제였다는 말이네."

"글쎄, 하지만 내가 산 것은 체코의 가게인걸. 인민의 귀중한 외화를 이깟 노트에 처들일 만큼 체코 정부가 멍청하다고 생각되지는 않아."

그렇게 말하니 딱 한 번밖에 보지 않은 노란 노트에 관한 기억에 확신이 서지 않게 되었다.

어느새 '안개 속의 노란 노트 사건' 이라고 이름지어진 그 일이 일단락된 건 그로부터 1개월 후, 겨울방학이 끝나고 새 학기가 시작되는 1월 12일이었다. 그날 아침 10월 혁명 광장의 버스 정류장에 아냐는 머리 하나는 더 있어보이는 차분한 남자아이와 같이 왔다.

"미르차라고 해. 두 살 위의 우리 작은오빠야. 이쪽은 마리. 어제 말했지? 일본에서 온 반 친구라고."

"처음 뵙겠습니다."

오른손을 내밀자 그는 우물쭈물하더니 뭔가 중얼거리며 힘없이 내 손을 잡았다. 내 시선을 피하는 듯했다.

"부쿠레슈티 학교를 너무 좋아해서 가족과 함께 프라하에 오지도 않고 큰오빠 집에서 다녔는데, 엄마가 떨어져 사는 건 더이상 견디기 힘들다며 강제로 데리고 온 거야. 미르차는 끝까지 버텼지만 엄마 고집을 이길 수는 없었겠지. 그래서 그저께 간신히 프라하에 도착했어. 어떻게든 새 학기에 맞추려고 온 게 말야."

아냐가 수다를 떨고 있는 옆에서 미르차는 한동안 뭔가 불편하다는 기색으로 서 있었다. 외향적이고 사귐성 있는 아냐하고는 성격이나 행동이 전혀 다른가보다. 자세히 보니 얼굴형이나 체구는 아냐랑 많이 비슷했다. 머리칼이며 눈은 아냐와 같은 짙은 밤색. 눈은 덩그러니 크다. 코도 길고 두툼하다. 남자치고는 어깨가 내려왔고 통통했다.

버스가 도착해서 아이들이 버스에 올라탈 때, 다른 아이들은 "안녕하세요, 판 야들셰크"라고 아저씨께 인사하는데, 유독 아냐만은 언제나처럼 "안녕하세요, 소우드루흐 야들셰크"라고 인사했다. 당연히 우리들은 그럼 미르차는 뭐라고 할까 흥미진진했다. 미르차는 뭐라고 웅얼웅얼하더니 운전사 아저씨 옆을 지나갔다. 그래도 쫑긋하고 있던 우리들의 귀에 "판 야들셰크"라고 말한 것은 들렸다. 자리에 앉자 미르차는 당연하다는 듯이 가방을 열었다.

"앗."

나도 모르게 소리치자 미르차는 반사적으로 내 쪽으로 고개를 기울이면서 책을 꺼냈다. 책 제목은 루마니아어인 듯했다. '물리학' 이라는 말은 유럽 공용어라 알 수 있었다. 하지만 내가 신경이 갔던 것은 책이 아니었다.

"잠깐만. 그 노란 표지, 노트죠?"

"어, 이거요? 그런데요."

미르차는 가방에서 노란 노트를 꺼내 보여주었다. 가로세로 같은 크기의 정사각형. 이거다. 이게 틀림없어. 전에 아냐가 보여준 바로 그 노트.

"왜 그래요?"

"이거 어디서 샀어요?"

"아마, 프랑스가 아닐까 싶은데."

"왜 '아마' 죠?"

"……."

"어머, 미안해요. 갑자기 그런 질문을 해서. 이 노트를 사려고 전부터 찾았었거든요. 그렇다면 체코의 문방구에서 산 건 아니로군요?"

미르차는 아니라고 했다. 역시 아냐는 거짓말을 했던 거다. 하지만 왜 그런 희한한 거짓말을 한 거지? 버스 속에서 다른 아이와 수다 떠느라고 미르차와 이런 말이 오가고 있다는 것을 전혀 눈치채지 못한 아냐에게 학교에 도착해서 물어봤다.

"아냐, 잘못 기억한 거지? 그 노란 노트. 가까운 문방구에서 샀다는 거 말야."

"그런 거 아냐. 미르차 노트는 어쨌는지 모르지만 내 노란 노트는 확실히 그 문방구에서 산 거야."

눈에 힘을 주고 내 눈을 들여다보면서 아냐는 자신만만하게 잘라 말했다. 거짓말을 하고 있어보이지는 않았다. 하지만 99.9퍼센트 정도는 거짓말을 하고 있다고 확신했고, 그래서 아냐에게 약간의 실망이 느껴졌다.

그리고 얼마 안 있어 아냐는 심심하면 거짓말을 한다는 것을 나도 반 아이들도 모두 눈치 채기 시작했다. 버릇이랄까, 아니 병이라고 하는 편이 옳겠다. 전부터 뭐든 과장해서 말하는 버릇은 있었다. 무슨 얘기든 드라마틱하게 하려 했다. 루마니아의 옛날얘기를 시키면 아이들뿐 아니라 선생님까지 빨려들게 할 정도로 재미있었다. 그러나 훨씬 뒤에, 내가 대학에 들어가 루마니아 구승문학을 기록한 책을 도서관에서 찾아서 읽어보니, 골격은 그대로였지만 아냐가 얘기해준 만큼 기복 있고 흥분시키는 얘기는 하나도 없었다. 이야기꾼으로서의 창조력에는 과장하는 버릇이 필수불가결한 요소라는 것을 깨닫고는 아냐가 그리워졌었다.

또 언젠가 미르차가 결석했을 때, "지금 폐렴으로 다 죽어가. 열이 40도야"라고 아냐가 말한 것을 곧이곧대로 믿고 선생님도 아이들도 많이 걱정을 했는데, 다음날 바로 등교한 미르차에게 확인하니 가벼운 코감기라 했던 일도 생각난다. 문학담당 갈리나 세묘노브나 선생님도 작문을 평하실 때마다 이런 주의를 주셨다.

"이게 뭐예요. '거룩할 만큼 고귀하고 의젓하며, 그러면서도 가련하게 아름다운 초생달이, 지옥의 어둠보다 더한 칠흑의 밤하늘에 고요하고도 눈부시도록 빛나고 있다' 라니. 아냐 자하레스쿠는 이런 과다한 형용사 사용을 피해야 해요. 과장이 지나치면 우스꽝스러워지니까요."

듣는 쪽이 창피해질 정도로 거창하게 공산주의를 예찬하는 말버릇도 아마 그 연장선이었을 것이다.

"아빠는 수학자였어. 공산주의 운동에 투신하지 않았더라면, 지금쯤 노벨수상자 후보감이 되셨을걸."

이런 정도야 아이들에게 흔히 보는 부모자랑이니, 그러려니 하고 모두들 흘려들었다.

"우리 엄마는 젊은 시절에, 동지들 사이에서 무지하게 인기가 많았대. 집적대는 남자들이 부지기수였다지 뭐야. 그들을 다 뿌리치고 엄마는 아빠를 택한 거고. 근데, 그중에서도 제일 열을 올렸던 사람이 누군지 알아?"

어느 날 아냐가 이렇게 물어왔다.

"글쎄."

아냐는 얼굴을 바싹 붙여대고는 목소리를 죽여 이렇게 말했다.

"마리, 이건 너라서 말해주는 거니까 절대로 남한테 말하면 안돼."

"응."

누가 그딴 것에 관심을 가질까 싶으면서도 적당히 얼버무렸다.

"데지야, 데지."

"데지라니?"

"게오르기우-데지."

아냐는 루마니아 노동당 서기장, 그 나라의 실질적인 최고 권력자 이름을 입에 올렸다. 조금 놀라기는 했지만 보나마나 아냐는 또 나팔을 불고 있는 게지 싶었다. 그런 허영심이나 자만심이 엿보이는 거짓말은 들통 나기 쉽고, 또 수준 낮은 짓이라는 걸 알게 된 것도 모두 아냐 덕이다. 아냐가 떠벌리는 거짓말의 대부분은 죄다 '안개 속의 노란 노트 사건'과 같은 종류로, 왜 그런 거짓말을 하는지조차 알 수 없는 것들이었다. 그래서 몇 번이나 고스란히 당했던 것이다. 그러다가 마침내 우리들은 알아챘다. 아냐가 거짓말을 할 때는 동그란 눈을 말똥말똥 뜨고선 상대방을 똑바로 쳐다본다는 것을.

"쉬, 너네들 조심해. 아냐가 또 말똥거린다."

반 아이들은 눈을 끔적이며 신호해주었다. 하지만 아냐는 자기가 지은 거짓말을 인정하는 일이 결코 없었다. 아니, 한번 한 거짓말은 스스로 그게 진짜라고 믿어버리는 듯이 보였다.

언젠가 아냐의 거짓말하는 버릇에 대해 리차와 대화를 나눈 적이 있었다.

"이상하지? 왜 그따위 거짓말을 하는 거지?"

"왜 있잖아, 이솝이야기였나? 늑대 소년 이야기. 두 번까지는 마을 사람들이 피난했지만, 세번째는 정말이었는데 이번에도 뻥치는 거라고 생각하고 아무도 상대하지 않았잖아. 그래서 늑대에게 잡아먹혔지, 아마? 지금까지 그 소년이 왜 그렇게 싱거운 거짓말을 했는지 이해가 안 갔는데, 아냐를 보고 있자니 혹시 그 소년은 아냐 같은 성격이 아니었나 싶어져."

"그럴까? 하지만 늑대 소년의 거짓말은 주목받으려고 그런 거잖아. 아냐도 때때로 그런 거짓말을 하지만, 대부분의 거짓말은 그런 이유조차 없었잖아?"

"그래 맞아. 아냐는 마치 숨 쉬듯 자연스레 거짓말이 나오는 것 같아."

"맞아, 거짓말을 안하면 숨 막혀 죽어버릴지 몰라."

"그렇기야 하겠냐만, 거짓말을 안하는 아냐도 상상하기 힘들지 않니? 아냐가 더이상 아냐가 아닐 것 같아."

하지만 거짓말쟁이 아냐는 그런 거짓말 버릇까지 포함해서 우리들의 사랑을 받았던 것 같다. 그건 아냐가 상냥한 데다 친구를 위하는 아이였기 때문이다. 겨울방학 때, 야외학습에서 리차가 스키를 타다가 발을 삐었을 때, 아냐는 리차를 업고 2킬로미터나 되는 거리를 내려와줬다고 했다. 하지만 생색은커녕 당연한 일을 가지고 뭘 그러냐는 태도였단다. 나 또한 아냐와 프라하 시내를 구경하고 다닐 때, 때때로 철없는 개구쟁이들이 놀려댈 때가 있었다.

"얼레리꼴레리, 치낭카(중국인) 보래요."

이럴 때 아냐는 당장에 달려가 상대방이 몇이든 혼내주었다. 그러곤 걱정스러운 듯이 내 얼굴을 들여다보며 위로해주었다.

"마리, 이런 일 따위에 신경 쓰지 마. 인종차별처럼 비열한 감정도 없으니까."

아무튼 곤란할 때나 슬플 때, 아냐는 의지할 만한 친구였다. 여자아이로서는 드물게 정서가 안정됐고, 그것 때문인지 듬직했다.

그런 아냐가 단 한번, 별것도 아닌 것을 가지고 불같이 화를 냈던 적이 있다. 그것은 리차의 말 한마디 때문이었다. 봄방학 합숙 때, 수도관이 터지는 바람에 며칠이나 욕조도 샤워도 쓰지 못한 적이 있었다.

"러시아어는 참 재미있네. '치스타야' 라는 단어 말야. 그리스어랑 달리, 순수하다거나 순결, 토종이라는 뜻으로도 쓰이고 청결하다는 의미로도 쓰이네. 즉 치스타야는 불순함이나 혼혈과 반대어로도 쓰이고, 더럽다거나 불결하다는 말의 반대도 된다, 이 말씀이지. 하하하. 아냐, 너 '치스타야' 루마니아인 맞아?"

리차는 분명히 장난을 치고 있는데, 아냐는 갑자기 제정신이 아닌 듯 반응했다. 얼굴이 새빨갛게 상기되면서 불같이 화를 내는 것이었다.

"리차, 무슨 말을 하는 거야. 당연하잖아."

리차는 아냐가 화내고 있다는 것을 아직 눈치 채지 못했다.

"아니야. 결코 넌 '치스타야' 루마니아인이 아냐."

"리차, 네가 이렇게 예의 없는 앤 줄 몰랐어. 용서 못해!"

리차는 그제야 분위기가 이상하다는 것을 알아챘다.

"너 갑자기 왜 그래? 아냐 너, 1주일이나 목욕을 안했잖아. 당연히 치스타야가 아닌 루마니아인이 맞는 거지. 불결하다구. 난 불결한 그리스인이고, 마리는 불결한 일본인이잖아."

그래도 아냐는 좀처럼 화를 거둘 줄 몰랐다. 아니 더욱 흥분했다. 목소리가 벌벌 떨렸고, 양 눈썹이 닿을 듯 찡그리며 눈을 치켜뜨니 염라대왕이 따로 없었다. 그로부터 35년이 지난 지금도 그때 일이 선명히 떠오른다. 그만큼이나 내게도 충격적인 일이었다. 충격과 함께 아냐가 왜 그리도 화를 냈을까 싶은 의문이 일었다. 그 후에도 아냐를 떠올릴 때마다 그 광경과 함께 왜 그랬는지 궁금해졌다.

아냐는 원래 조국 루마니아 대한 마음이 깊었다. 프라하의 소비에트 학교에는 50여 개국 아이들이 모여 있었지만, 고국을 떠나온 탓인지 어느 아이 할 것 없이 모두들 내로라하는 애국자였다.

고국에 대한 애착은 고국을 떠나 있는 시간과 거리에 비례하나보다. 이 거리는 지리적이라기보다 정치적, 문화적 의미가 더 컸다. 예를 들어 망명자의 자녀로 태어나 부모의 고국에 가본 적도 없는 아이일수록 조국 자랑에 침이 마른다. 부모의 정치적 입장에 반기를 든 고국 정부라 해도.

군사독재정권의 탄압을 피해 동유럽 각지를 전전하며 살아온 부모를 둔 리차가, 루마니아에서 태어나 프라하에서 자란 주제에 한번도 가본 적 없는 그리스의 푸른 하늘을 그리도 뽐냈던 것처럼, 아버지가 스페인 인민전선 전사 출신이며 본인은 모스크바에서 태어난 리나는 한번도 가본 적 없는 마요르카섬 해안이 얼마나 아름다운지 눈에 삼삼하다는 듯이 들려주곤 했다.

"해변의 모래사장이 말야, 그건 정말 비단 같은 감촉이야."

나 또한 애국심의 싹이라 할까, 그런 묘한 감정을 처음 느끼게 된 것도 이 소비에트 학교에 다니고 나서다. 지리 교과서에서 '일본은 몬순 기후대 소재'라는 기술을 보고 나도 모르게 빙그레해졌다. 바다에서 멀고 연간 강우량이 적은 체코에 비해, 고온 다습한 조국이 그리워졌다. 공기중에 수분이 많아, 호흡기도 피부도 머릿결도 촉촉한 감각을 생각해내곤 갑자기 그리워져서 온몸이 오싹해왔던 것이다. 지금 이 글을 쓰면서 생각하니 그깟 별일도 아닌 걸 가지고!

그래도 이때의 내셔널리즘 체험은 내게 이런 걸 가르쳐주었다. 다른 나라, 다른 문화, 다른 나라 사람을 접하고서야 사람은 자기를 자기답게 하고, 타인과 다른 것이 무엇인지 알아보려고 애를 쓴다는 사실. 자신과 관련된 조상, 문화를 이끈 자연조건, 그밖에 다른 여러 가지 것에 갑자기 친근감을 품게 된다고. 이것은 식욕이나 성욕과도 같은 줄에 세울 만한, 일종의 자기보전 본능이랄까 자기긍정 본능이 아닐까.

이 애국심, 혹은 애향심이라 할 만한 희한한 감정을 누구나 똑같이 가슴속에 품고 있으리라는 공통인식 같은 것이 소비에트 학교 교사에게도 학생들에게도 있어, 각자가 별것도 아닌 걸 가지고 나라 자랑을 늘어놓아도 네 맘 내가 알지, 하며 귀 기울여 들어주는 분위기가 있었다. 아니, 조국과 자기 민족을 자랑스러워하지 않는 사람은 인간쓰레기라는 인식조차 있었던 것 같다.

"그딴 자식은 결국 세계 어느 나라를 가나 그 어느 민족도 사랑하지 못해."

아냐는 가슴 깊은 곳에서 우러나온 말을 내뱉듯이 이런 말을 자주 했다. 그 말투는 정말 경멸스럽다는 듯한 마음이 엿보여 두려울 정도였다. 아냐는 인도에서 태어나 중국에서 유년시절을 보냈고 지금 프라하에서 살고 있다. 태어나서 거의 외국에서 살다 보니 저리도 애국심이 고무되었나 싶기도 했다.

아냐의 애국심은 다른 망명자 자녀들을 앞서갈 만큼 강렬했다. 자기 나라 자랑을 떠벌리는 것을 너그럽게 들어주는 소비에트 학교 아이들도, 아냐의 야단스런 나라 자랑 연출에는 그 누구도 짜증날 만했으니, 악동들이 놀리고 싶어지는 것도 당연하다. 어느 날 러시아인 볼로자가 이런 말로 아냐를 자극했다.

"야, 자하레이도. 빨리 루마니아도 우유생산으로 미국을 따라잡아야지? 농업이 뒤떨어져 있으니까. 루마니아 농민들은 형제 사회주의 나라에서도 제일 가난하다며? 아직도 짚신 신고 옥수수밖에 못 먹는다지, 아마."

이 말을 들은 아냐는 흥분해서 호흡이 거칠어지기 시작했다. 안간힘을 써가며, '머멀리거' 라는 옥수수죽이 얼마나 맛있고 건강에 좋은지, 게다가 루마니아 요리가 얼마나 맛도 영양도 흠잡을 데가 없는지 입가에 거품을 물고 침을 튀겨가며 반박했다.

결국 그것을 납득시키기 위해서 반 아이들 모두를 자기 집으로 데려가 음식을 맛보여주었을 정도였다. 물론 요리를 준비해준 사람은 같이 사는 가정부 마리에 씨다. 마리에 씨의 요리는 정말 맛있었고 우리 모두 루마니아 요리에 매혹됐다. 머멀리거와 함께, 신맛이 약간 도는 양배추말이도 정말 일품이었으니 아냐를 놀려대던 볼로자도 떫은 얼굴로 두 손을 들고 말았다. 하지만 아냐는 결코 잊지 않고 있다는 듯이 짚신 얘기도 덧붙였다. 루마니아 농민 모두가 가죽구두를 사 신을 만한 경제력이 있다는 것을 통계

숫자를 구사해가며 증명하려 했다. 듣는 쪽은 분명 식상해 있었으나 아냐는 아랑곳없었다.

"그러니까 루마니아 농민이 아직도 짚신을 신고 있다는 건 완전히 인신공격일 뿐이라구. 루마니아와 소련 양국 인민의 우호에 금이 가게 하는 악질 반공 캠페인이야. 덧붙이자면, 루마니아의 전통적인 짚신은 러시아의 짚신보다 재질이며 구조면에서 훨씬 뛰어났어. 우선 짚이 되는 벼는……" 어쩌고저쩌고하며 또 한참이나 설명을 시작했다.

난 짜증이 나면서도 이렇게나 조국을 위하는 아냐의 정열에 감동을 받았다. 나 같았으면, 누가 날 앞에 두고 일본이나 일본 사람에 대해 욕을 하면 슬퍼서 눈물이 흘러내려 실어증이 될 텐데. 이렇게도 논리정연하게 반론하는 아냐는 훌륭하다 싶었다.

누구나 훌륭한 애국자였던 소비에트 학교에 다니다 보니, 큰 나라보다 작은 나라, 강한 나라보다 약한 나라에서 온 아이들이 고국을 사랑하는 마음이 더 강하다는 것을 알았다. 미국에서 온 아이보다 푸에르토리코 쪽이 자기 나라에 대한 모욕에 민감했다. 아니, 자기야말로 조국을 대표하고 있다는 비장함마저 엿보였다.

나라가 작은 만큼 그 나라에서 자신이 차지하는 비중이 크고, 자기의 존재에 의해 조국의 운명이 크게 좌우된다고 생각해서 그런 것일까. 이것은 마치 도회지에서 태어나 자란 아이가 자기에겐 고향이 없다고 느끼는 데 비해, 시골의 조그만 마을 출신이 언제나 가슴속에 고향의 풍경을 품고 있는 것과도 일맥상통한다. 그리고 프랑스나 러시아에 비해 소국인 루마니아에 대한 아냐의 애국심의 크기도 그런 것과 연관이 있다고 생각했다.

프라하 생활에서 내가 확인하고 얻게 된 애국심을 고무하는 또 하나의 요인이 있다. 그것은 고국이 불행하면 할수록 망향의 한은 더욱 커진다는 점이다. 프랑스 식민지였던 알제리 출신의 알렉스는 매일처럼 무선 라디오에 귀 기울이며 독립전쟁이 어찌되는가에 따라 울고 웃었다. 그러더니 독립을 전후해 부모님과 함께 아직 정세가 불안정한 고국에 돌아가면서는 백년지기 연인을 만나러 가는 듯했다.

내전이 계속되는 남미 베네수엘라에서 온 소년 호세가 한 말은 아직도 잊혀지지 않는다.

"귀국하면 아버지와 우리 가족은 총살당할지 몰라. 그래도 돌아가고 싶어."

그로부터 1개월도 채 안되어 호세 일가는 프라하를 떠났다. 밀입국한 호세 일가 4명 모두가 처형당했다는 뉴스를 접한 것은 그로부터 3개월이 지나서였다.

아냐의 말을 듣고 있으면 루마니아는 지상낙원 같은 나라였으니, 남보다 야단스러운 애국심은 조국이 불행하기 때문에 더 증폭된 것은 아닌 것 같았다. 아무튼 아냐는 루마니아를 너무나 사랑했다. 그러니까 순종 루마니아인이 아니라는 말로 해석될 수도 있는 "치스타야가 아닌 루마니아인"이라는 리차의 말에 그렇게도 화를 냈던 것이고.

처음엔 그렇게 생각했다. 그후 아냐가 그 자리를 뜨고 우리 둘만 남게 되자 리차가, "마리, 이상하지 않아? 아냐가 저렇게 불같이 화내는 거 말야. 혹시 아냐는 정말 순종 루마니아인이 아닐 수도 있지 않을까?"라고 했을 때도 별로 마음에 두지 않았다. 그럴 리가 없다고 생각했으니까. 아니, 마음 한구석에 0.1퍼센트 정도는 의구심이 있었지만, 그런 것을 아냐에게 물어볼 수는 없었으니 나도 모르게 덮어두자 싶었나보다.

이 일이 있고 나서 얼마쯤 지나, 아냐는 그토록 사랑해 마지않던 루마니아로 돌아가게 되었다. 그녀의 아버지는 변함없이《평화와 사회주의 제문제》편집위원의 루마니아 대표와 루마니아 마르크스레닌주의 연구소 소장을 겸하고 있지만, 지금까지는 프라하에서 가족과 함께 살며 부쿠레슈티행이 출장 형식을 취했던 것이 이제 거꾸로 된 것이다.

"엄마가 말야, 당이 제공해주는 부쿠레슈티의 새 집이 무지하게 맘에 들어버렸어. 그래서 하루빨리 부쿠레슈티에서 살고 싶다고 아빠한테 졸라서 아빠가 꺾인 거야."

아냐는 그렇게 말하면서 한편으로 이제야 루마니아에서 살게 된 것을 마음으로부터 기뻐했다. 우리들과 헤어지는 슬픔보다 고국에서 살게 된 것을 더 반기는 것 같았다.

"이제야 루마니아어로 수업을 받을 수 있는 진짜 루마니아 학교에 다니게 됐어. 전에 베이징에서 프라하로 오기 전에 부쿠레슈티에서 반년 살았을 때, 학업을 계속하기 위해서라는 명목으로 엄마는 날 부쿠레슈티에 있는 소비에트 학교에 넣었거든. 그야 무지하게 싫었지. 자기 나라에 살면서 외국인 학교에 다닌다는 것이 말야. 게다가 여기서도 그렇지만 소련인이 텃세하는 거 있잖아. 루마니아의 소비에트 학교는 그게 훨씬 노골적이었어. 프라하랑 달라서 부쿠레슈티는 소련인 아닌 외국인이 별로 없었거든. 그게 아마 내가 루마니아인이라서 더 그렇게 느꼈는지도 모르지만서두. 루마니아인인 주제에 루마니아 학교에 안 다니고 소비에트 학교에 다니는 것에 대해 반 아이들이 비웃은 것도 어떤 의미로는 당연한지 모르지. 중국에서 베이징에 있는 소비에트 학교에 다닐 때 같이 다니던 중국인에 대해 내가 품은 감정이 그랬거든……."

그러고 보니 같은 반의 체코인 밀레나에 대한 내 감정이 어쩐지 어색한 것이 이 때문이었나 싶은 생각이 들었다. 다른 반 친구들도 밀레나에 대해 어쩐지 냉랭하게 대하고 있다는 데 생각이 미쳤다. "루마니아와 소련, 두 나라 인민의 연대와 우호"라는 입에 발린 공식 견해를 지금까지 우직스러울 만큼 곧이곧대로 믿고 있는 듯 보였던 아냐가 "소련인이 텃세한다"는 표현을 쓴 것이 신선했다. 아냐는 계속했다.

"고국과 고국의 문화, 자기 나라 말을 소중하게 여길 줄 모르는 인간은 경멸받아도 싸. 그러니까 왕따를 당하지. 칠판에 '오늘도 아냐 자하레스쿠는 팬티를 입지 않았습니다' 라고 씌어 있곤 했어. 얼마나 억울했는지 알아. 이번에 귀국하면 두번 다시 아빠 따라 외국에 나가지 않을 거야. 나도 이젠 어른이잖아. 태어나서 지금까지 루마니아에서 못 산 한을 갚을 거야. 지금부터 진짜 루마니아인이 될 거구."

그랬구나. "치스타야가 아닌 루마니아인"이라는 리차의 말에 과잉반응을 보인 아냐를 이해할 수 있을 것 같았다.

"난 루마니아인으로서 반쪽이야."

지금까지 자기의 대부분의 인생을 외국에서 보내느라 외국어로 교육을 받아온 아냐는 매일 이런 콤플렉스에 시달려온 게로구나. 리차의 지나가는 말도 그런 콤플렉스에 염장을 지른 거고. 아냐가 처음으로 말해준 고통스러운 경험담을 듣고 있자니 그런 마음이 들었다.

"근데 말야, 그렇게도 프라하에 오기 싫어하던 미르차가, 어쩐 일인지 이 학교를 졸업한 후가 아니면 귀국하지 않겠다는 거야 글쎄."

아냐는 두 살 위의 오빠 얘기를 꺼냈다.

"물리학 나탈리아 알렉산드로브나 선생님에게 완전히 뿅 간 거야. 그렇게 훌륭한 선생님은 태어나서 처음이래. 그의 수업을 못 받게 된다는 것은 인생의 큰 손실이라는 거야. 방과 후에도 남아 밤늦게까지 실험하고 오잖아, 요새."

나탈리아 알렉산드로브나 선생님은 확실히 프라하 소비에트 학교에서 제일 재미있게 가르치는 선생님 중의 한 분이요, 훌륭한 교사에게 수여되는 인민교사 칭호를 가진 교내 유일한 선생님이다. 소비에트 국가가 훌륭한 업적을 인정한 증표로 예술가에게는 '인민예술가' 라는 칭호를 주는 것은 널리 알려져 있다. 이것은 인간국보에 필적하는 권위 있는 칭호였으니, 훌륭한 교사에게도 역시 '인민' 이라는 이름을 붙였다.

나탈리아 알렉산드로브나 선생님 수업은 이 칭호가 그저 장식에 불과한 것이 아니라는 것을 증명할 만큼 빨려들어가도록 재미있고 인상 깊었다. 지금도 나는 이 선생님의 수업을 흉내내보일 자신이 있다. 실험진행이며 아이들이 생각하도록 이끄는 방법 모두, 단어 하나하나가 명쾌해져 기억에 선명하게 남게 해준다. 그렇게 면밀하게 짜이고 연출된 수업은 전무했고, 그로부터 35년이 지난 지금에 이르러서도 후무하다. 무엇보다 물리학을 너무나도 사랑하는 열정이 선생님의 말끝마다 우러나왔다. 알렉산드로브나 선생님은 물리학 서클 담당교사이기도 하셔서 미르차는 그 서클의 '독실한' 멤버였다.

"미르차는 원래부터 물리와 수학에는 남다른 관심이 있었지만, 알렉산드로브나 선생님을 만나고 나서는 물리학 이외의 자신의 장래는 상상할 수도 없다지 뭐야. 엄마는 미르차를 프라하로 억지로 끌고 온 만큼, 이번에는 세게 나올 수가 없어서 결국 미르차는 프라하에 혼자 남게 생겼어. 학교 부속 기숙사가 있잖아. 거기서 지내기로 했대. 근데 난 하루빨리 루마니아로 돌아가고 싶어! 루마니아 학교에서 루마니아 말로 수업을 받고 싶어!"

그렇게 말하며 아냐는 의기양양하게 고국으로 돌아갔다. 귀국 후 처음 보내온 편지에는 자기 나라에 살게 된 기쁨이 솔직하게 적혀 있었다.

마리, 얼마나 꿈꿔왔는지 몰라. 우리나라 말로 생활하며 공부하는 걸 말야. 이렇게 흥분되고 마음 설렐 줄은 상상도 못했어. 루마니아 말로 친구들과 수다 떨고 숙제하고, 수업시간에 호명돼서 대답하고, 이런 게 좋고 기뻐서 어쩔 줄 모르겠단다.

몇 달 후 나 역시 일본으로 돌아가서 거의 같은 감정을 맛보았을 때, 당장에 아냐에게 편지로 보고했다. 하지만 아냐와 편지가 오간 것은 그후 서너 번뿐이었다. 나도 아냐도 익숙지 않은 모국 생활에 적응하느라 빠듯하여, 몸과 마음에서 서로가 차지하는 비중이 급속히 줄어들었기 때문이다.

아냐와 내가 헤어진 것은 1964년 여름이다. 그후 1969년 여름, 아버지께서 루마니아로 출장을 가실 일이 생겼다. 일본 공산당과 소련 공산당이 사이가 나쁠 때였다. 당시 차우셰스쿠가 서기장으로 막 당선되었을 무렵, 루마니아의 노동당은 소련과 거리를 두기 시작했다. 앞서 1968년에 생긴 바르샤바 조약기구의 군대에 의한 체코슬로바키아 침공과 '프라하의 봄' 탄압 행위에, 동유럽 중에서 루마니아만은 참가하지 않았다. 알바니아도 바르샤바 조약기구 군의 만행을 공공연히 비판했지만 완전히 중공 편이 되어버린 지라 일본 공산당과는 절교 상태였다. 소련과 중공 양쪽 다 사이가 안 좋다 보니, 동유럽 여러 형제당 중에서 그나마 루마니아 노동당이 단 하나의 사귈 곳이라 갑자기 서로에게 다가서게 된 것이다. 아버지가 루마니아로 출장 가시게 된 경위에는 이런 배경이 있었다. 나는 아냐에게 보내려고 요즘 상황을 적은 긴 편지와 함께, 가족과 나의 최근 스냅 사진을 몇 장 동봉해 아버지께 부탁하며 아냐의 주소와 연락처를 적어드렸다.

2주일 후에 일본으로 돌아오신 아버지는 아냐의 편지와 사진을 가지고 오셨다.

"자하레스쿠 댁에 초대받아 다녀왔단다. 굉장한 저택이던걸. 그보다, 아냐는 성숙해지고 참 예뻐졌더라."

사진 속의 아냐는 오렌지색 롱드레스를 입고 있었다. 늘씬하고 여인다운 향기가 물씬 풍기는 미인이었다. 맵시도 자태도 세련되어보였다. 멋쟁이 어머니와는 달리 입는 것에는 거의 무관심하던 아냐도 역시 꽃다운 나이가 된 거로구나. '방년' 이라는 말이 있던가, 하면서 두번째 사진을 본 나는 깜짝 놀라고 말았다.

"어머!"

아냐는 환한 웃음을 지으며 어떤 젊은 남자와 사이좋게 껴안고 있었다. 둘은 소파에 앉아 있는 듯했다. 흰 드레스에 부케.

"이건 신부 모습이잖아!"

"그래, 편지를 한번 읽어봐라. 아냐는 결혼한 모양이야. 그 청년하고."

대학 입시에 실패하고 재수중인 나와는 너무나 다른 별천지 인생이 전개된 것에 깜짝 놀라면서 사진을 자세히 들여다봤다. 청년은 결코 핸섬하지 않았다. 추남까지는 아니더라도 보잘것없었다.

소비에트 학교에 다닐 무렵, 아냐는 아무에게나 쉽게 반했다. 그러곤 나나 다른 여자아이들은 누굴 좋아하게 되면 창피해서 절대로 밝히지 않았는데, 아냐만큼은 공공연히 아무나 붙잡고 "누구누구가 좋아서 죽겠어" 하고 떠벌리고 다녔다. 옆에서 보기에 민망할 정도였지만 또 그게 차라리 솔직해서 귀엽기도 했다. 그런데 그땐 모두가 기찬 미남들만 골라서 반했었다. 그렇게 얼굴을 밝혔는데 정작 결혼상대자로는 정반대 타입을 고른 것도 놀라웠지만, 편지를 읽어보니 더 놀랄 일이 기다리고 있었다.

내 소중한 친구 마리,

이번에 마침 귀국중일 때 마리 아버님을 뵙게 돼서 얼마나 다행인지 몰라. 마리는 내 마음속을 자주 다녀간단다. 그런데도 생활에 쫓기느라 답장 한번 제대로 못해 미안해. 이런 나를 잊지 않고 챙겨주다니 정말 고마워. 마리의 근황, 흥미롭게 읽었어. 대학 수험 힘내.

난 이번 여름에 결혼했단다. 그이는 영국인이야. 사실 난 지금 런던대학에서 고전문학을 배우고 있어. 런던에서 그이와 만나서 서로가 끌린 거야…….

그리도 루마니아에서 살고 싶다고 노래를 하던 아냐가 영국에 유학을 가서 거기서 영국인과 결혼을 하다니. 아마도 죽고 못 사는 대연애를 했나보다. 잘생긴 남자 밝히는 것도 접고, 또 더할 나위 없는 애국자였던 아냐로 하여금 나라까지 버리게 했을 정도의 대연애. 문자 그대로 잿빛 수험생활을 보내고 있던 나로서는 부러운 걸 넘어 별천지의 일처럼 느껴졌다.

그런데 내가 충격을 받았던 것은 아냐가 결혼한 것도, 그 상대가 외국인이었던 것도 아니다. 너무나 믿을 수 없어서 몇 번이고 되풀이해 읽어본 것은 아냐의 러시아어가 너무나도 엉망이 되어버린 탓이다. 소비에트 학교에 다니던 러시아인이 아닌 아이들 중에서도 러시아인을 능가할 만큼 문법도 발음도 완벽하다고 교사들로부터 찬사를 받던 아냐가 아니었나. 그것이 보기에도 무참하게 돼버린 것이다.

예뻐진 아냐가 부드러운 웃음을 짓고 있는 사진을 보면서 조금 외로워졌다. 어딘가 촌스러우면서도 상냥한, 내가 알고 있던 아냐는 온데간데없이 사라져버린 느낌이었다. 애벌레가 나비가 된 것이다. 그런데 사진 속의 아냐를 보고 있자니, "어? 이 얼굴 어디서 많이 본 거 같은데……" 하는 의문이 고개를 들었다. 그러고 보니 아냐를 처음 봤을 때도, 단 한순간이었지만 같은 생각이 들었던 것이 떠올랐다. 누군가와 꼭 닮았다. 그 누군가를.

그후, 한두 번 편지가 오가나 싶더니 또다시 아냐와의 편지왕래가 뚝 끊겨버렸다. 나는 대학에 들어갔고 그후 대학원에 진학했다. 아냐를 회상하는 시간은 점점 줄어만 갔다. 아냐가 불같이 성낸 것을 돌이키게 된 것은 대학원에서 같이 공부하던 S로부터 어느 연구 테마에 관련된 내용을 들었을 때였다. 자타가 공인하는 유대인뿐 아니라 그것을 창작의 주요 테마로 삼는 작가, 그리고 유대계 출신 작가에 이르기까지를 연구 대상으로 삼고 있다고 했다. "제각기 살던 나라로 귀화한 유대인 작가가 유대인이란 걸 어떻게 알 수 있어? 간혹 성이 '무슨무슨 스키'로 끝나는 이름에 유대인이 많다는 건 들은 적이 있지만……" 하고 나는 S에게 물었다.

"러시아, 동유럽 등으로 이주해 거기서 귀화한 유대인들의 성은 거의가 독일어 기원이야."

이 말을 듣는 순간, 아냐가 생각났다. 아버지의 원래 성은 추커만이라 하지 않았나. 비합법시대에 가명으로 자하레스쿠로 바꿨다지. 해방 후에는 그 가명이 본명이 되어버렸다고 했다. 그럼 아냐가 "치스타야가 아닌 루마니아인"이라는 말에 그리도 화를 낸 것도 순수한 루마니아 피가 아니기 때문이었나. 아버지가 유대인이라서?

"맞다! 그거다."

갑자기 내 눈앞에 어느 사진이 떠올랐다. 몇 번이고 읽고 또 읽은 『안네 프랑크의 일기』에 실려 있던 여자아이의 사진이다. 안네를 좀더 통통하게 하면 아냐와 똑같아질 것이다. 눈도 눈썹도 코 모양도 자매처럼 닮았다.

○ ○ ○

매스컴에서 전해주는 해외 소식 중 압도적인 양은 미국에 관한 것이요, 그 다음이 여러 강대국들, 그 다음이 인근 국가들이다. 무슨 일이라도 생기지 않는 한 루마니아 관한 뉴스는 접하려야 접할 수도 없다. 그러니 루마니아 보통 사람들의 생활상은 상상에 맡길 수밖에 없었다. 그래서 루마니아에 유학을 다녀왔다거나 일로 부임한 적이 있는 사람을 만나면 끈질기게 소식을 묻고 다녔다.

1969년, 아버지가 루마니아의 아냐 집을 방문했을 때 통역을 해준 O씨로부터 아냐 집은 보통 루마니아인과는 동떨어진 사치스러운 살림이었다는 말을 들었다.

"소련과 등진 뒤, 루마니아의 독립노선이 각광받게 되면서 국내에서는 국수주의적 배타주의가 심해지기 시작했어요. 보통 시민들은 외국인과 결혼은커녕 연애조차 생각할 수 없지요. 우선 그렇게 간단히 외국에 나갈 수도 없고, 외국인과 접할 수 있는 기회도 극히 제한되어 있었으니까요. 요네하라 씨의 친구분은 외국 유학도 할 수 있었고 외국사람과 결혼까지 했다니, 특권층 중에서도 특권층일 겁니다. 아버지가 차우셰스쿠 정권의 간부라서 가능했던 일이 아닐까요?"

아버지의 부임으로 5년간 부쿠레슈티에 살면서 현지 학교에 다녔다는 소녀의 말을 들을 기회가 있었다.

"학교 현관홀에는 차우셰스쿠 동상이 있었어요. 교실마다 정면에는 차우셰스쿠와 그의 부인 사진이 걸려 있었죠. 사진 앞을 지날 때마다 경례를 해야 했어요. 어쩌다 잊어버리면 야단맞거나 감점당했답니다. 웃기지도 않죠? 완전 컬트 집단 같았어요. 그런 걸 두고 개인숭배라고 하지 않나요?"

회사 발령으로 장기체류한 사람에게서는 이런 말도 들었다.

"차우셰스쿠는 부인뿐 아니라 망나니 아들도 나라의 높은 자리에 앉혔다더군. 그 아들은 병적인 자동차 마니아에다 색광이었대. 게다가 몇 번이나 음주운전으로 뺑소니를 쳤다는 거야. 물론 뒤처리야 어련했겠어. 다들 알아서 흔적 없이 말끔하게 닦아줬겠지."

들려오는 말로 판단하건대, 루마니아라는 나라는 결코 행복한 곳으로 여겨지지 않았다. 아냐는 예외적인 특권층이라 행복한 인생을 걸을 수 있었는지 모르지만, 거기에 모순을 느끼지 않았을까? 내가 아는 소녀시절의 아냐는 자기 아버지와 아버지가 속해 있는 루마니아 현 정권에 대해 마음으로부터 신뢰하고 있는 듯했고, 주위에도 그걸 집요하게 주장하고 다녔다. 이미 분별 있을 나이에 이른 지금도 그럴까? 아직도 아무렇지도 않게 특권을 향유할 만큼 둔할까? 그런 아냐를 상상하기가 싫었다. 아냐가 내 마음을 차지하는 범위가 점점 좁아진 것은 생활에 쫓겨서이기도 했지만 이런 사정도 있었기 때문인 것 같다.

다시금 아냐가 궁금해지기 시작한 것은 1989년 12월 16일 이후다. 티미쇼아라 시의 헝가리인 목사에 대한 당국의 퇴거명령에 항의한 시민들의 봉기가 전국으로 확산되어 차우셰스쿠 정권이 붕괴될 때, 차우셰스쿠는 제1부수상이던 부인 엘레나와 헬리콥터로 탈출을 시도했지만 실패했다. 비공개 특별군사법정에서 사형선고를 받아 당장에 차우셰스쿠 부부가 처형당했다는 뉴스는 쇼킹한 영상자료와 함께 텔레비전 화면과 신문지상을 독점했다. 그후 루마니아의 정세는 계속 불안정했고, 빈 의자를 향한 권력투쟁은 점점 심해져갔다.

아냐는 영국인과 결혼했으니 아마도 런던에 살고 있다면 덜 위험하겠지만, 아니 혹시 이혼이라도 해서 루마니아에 돌아갔는지도 모르는 일이잖아? 아냐와 아냐 가족들은 무사할까? 아버지는 체포당하지 않았을까? 특권층 사람들에 대한 민중의 원한의 표적이 되지는 않았을까? 안절부절못하다가 결국 20년 만에 아냐의 런던 주소로 편지를 보냈으나 아무런 답이 없었다.

그러던 참에 차우셰스쿠 일족 외의 구정권 간부들은 무사하다는 정보를 입수했다. 어떻게 그럴 수 있었는지 석연치 않았지만, 그래도 아냐는 무사할 거라는 데 생각이 미쳐선지 아냐를 생각하는 일이 적어졌다. 아니, 생각하려야 생각할 수도 없었다고 하는 편이 옳겠다. 동유럽 사회주의 국가들이 떼지어 무너지더니 급기야 그 파도가 소련까지 삼키는 바람에, 러시아어 통역을 하고 있던 나는 잠잘 시간도 없을 정도로 바빠져버렸던 것이다. 그래도 기억의 저편으로는 소비에트 학교 친구들 얼굴을 떠올리곤 했다.

1995년이 저물어가던 무렵, 예정된 러시아 주요 인사의 일정이 갑자기 취소되어버렸다. 수행 통역을 할 예정이던 나에게 갑작스럽게도 2주일의 자유시간이 허락되었다. 그래서 부쿠레슈티를 찾아가보기로 했다.

자유화 이후 프라하나 부다페스트로 몇 번이나 여행을 했지만, 부쿠레슈티는 초행이었다. 그 옛날 '동구의 파리'라고 불리던 풍취는 하나도 남아 있지 않았다. 황폐한 시가지 모습에 덧붙여 오가는 사람들의 공허한 표정, 무엇인가에 쫓기는 듯이 차분하지 못한 눈동자에 충격을 받았다. 그 눈동자에서는 독재에서 풀려나 자유를 얻은 데 대한 기쁨이나 희망 같은 것을 읽을 수가 없었다. 시가지도 사람들도 아직 차우셰스쿠 충격에서 일어서지 못하고 있는 듯했다.

프랑스 숭배자이던 차우셰스쿠는 구시가지에 살고 있던 사람들을 인정사정없이 쫓아내 건물들을 모조리 파괴한 후, 파리 시가지의 복사판을 만들려 했다. 그 토목공사에는 시민들을 헐벗게 한 대가로 식량을 대량 수출해 번 돈을 처들였다. 그렇게 닦은 그 대로의 이름은 당연히 '샹젤리제'. 그러나 완성도 보지 못한 채 스러진 차우셰스쿠의 운명과 함께, 세기의 토목사업도 좌절되고 말았다. 그것은 이미 6년 전일 텐데, 시가지는 아직도 차우셰스쿠 정권이 붕괴된 순간이 그대로 냉동 보존된 채였다. 무너진 건물더미는 아직도 치워지지 않은 채 그대로였고, 당장이라도 넘어질 듯한 오랜 건물이며, 거대한 철근 콘크리트 건물군이 짓다 만 채로 내동댕이쳐져 있었다.

사람 먹고살기도 빠듯한데 동물 키우는 것은 사치인가. 여기저기서 무리를 지어 다니는 들개들. 하지만 차라리 들개들의 눈빛이 온화하고 행복해보였다. 의구심과 공포로 가득한 시민들의 눈동자와 너무나 대조적이었기에. 무너진 건물 속을 뒤지고 다니는 사람들에게 물어보니, 들개들은 쥐를 잡아서 배를 채운다 했다.

"나 참, 웬 쥐가 이다지도 많은지. 나도 쥐를 먹을 수 있으면 이리도 배를 곯지는 않을 텐데."

"그런데 뭘 그렇게 찾으세요?"

"땔감이 없나 해서. 난방이 안되니 추워서 살 수가 있어야지."

샹젤리제 거리를 차로 지나가자니 암담한 기분이 들었다. 거리 양측은 완벽한 좌우대칭을 이루고 있었고 건물은 완성을 보았으나, 전기와 지하공사가 안 끝났으니 인기척이 없다. 이런 곳에 한 시간만 서 있어도 돌아버릴 것 같았다.

샹젤리제 거리 끝에는 '인민궁전'이라고 이름 지어진 덩그러니 큰 건물이 서 있었다. 파노라마 기능이 있는 카메라로 찍는다 해도 좌우가 다 들어가지 않을 만큼 거대한 이 건조물은 차우셰스쿠가 살던 집이란다. 이곳 대연회홀에서 매일처럼 연회가 열리면 그 조명 때문에 부쿠레슈티 시의 절반이 정전되어버렸단다. 아무리 그래도 이름이 인민궁전이라니. 어딘지 소녀시절 아냐의 언어센스를 닮은 듯해 피식 하는 웃음이 새어나왔다.

이 그로테스크한 폐허가 끝없이 펼쳐진 황야에 드문드문, 마치 신기루처럼 멋쟁이 건물이 점재해 있다. 시장이 개방된 루마니아에 제일 먼저 들어온 다국적 자본의 호텔들이다. 건물 안에 들어가 보니 파리나 뉴욕의 호텔에 온 착각이 들었다. 하루 숙박 요금은 300달러에서 500달러. 여기서 묵자니 하루에도 몇 번씩이나 선진국과 개발도상국 사이를 왕래해야 할 테고, 아무래도 내 신경이 견디지 못할 것 같았다. 그래서 외국자본이 아닌 사회주의시대 때 외국인용으로 지어진, 하루에 100달러짜리 호텔에 들었다.

진분홍 카펫에 보라색 소파가 놓여 있는 로비는 어두컴컴하고 어디선가 마늘 냄새가 났다. 맞다, 루마니아는 드라큘라의 고향이었지. 호텔 방은 그저 겉발림으로만 청소했는지 먼지 냄새가 났다. 그래도 침대보만은 청결해서 여행의 피로를 풀어줄 잠을 청해 보았다.

이튿날 1층에 있는 불결한 식당과 너무나 맛없는 아침식사로 가슴이 메어왔다. 식당 종업원들은 모두가 틱틱거리는 태도였다. 제대로 구워지지 않은 빵이며, 마늘 든 회색 소시지며, 걸쭉한 주스며, 싫고 좋고를 따질 수도 없을 정도로 맛이 없었다. 재료가 빈

약한 것도 있었지만 성의라곤 눈곱만큼도 느낄 수 없는 요리 너머로, 황폐한 사람들의 마음이 엿보였다.

아침식사 후 아냐가 '추억의 노트'에 적어준 주소지를 찾아가 보았다. 자동차로 가다 보니 어느새 동네 모습이 확 바뀌었다. 마치 공원 속을 달리고 있는 듯했다. 마로니에 가로수가 가지를 넓게 벌리고 서 있는 대로 양옆은 폭 넓은 보도가 있고 그 너머 우거진 나무들 사이로 아름다운 건물들이 살며시 보였다.

"여기가 키셀료프 거리랍니다. 그런데 몇 번지더라?"

"저기요, 이 근처에 차를 세우고 걸어서 찾아보지 않을래요?"

"그거 좋죠. 그럼 이쯤에서 내릴까요?"

통역과 가이드를 겸한 운전사 청년은 싹싹하게 응해줬다. 차를 보도 위에 올려 주차했다. 그래도 차는 보도 폭의 3분의 1밖에 차지하지 않았다. 보도를 따라 개성 있으면서도 품위를 잃지 않은 멋진 저택들이 늘어서 있다. 한눈에 고급주택가라는 것을 알 수 있었다. 대사관으로 쓰이고 있는 건물도 많았다.

"여기는 전쟁 전부터 유명한 저택가죠. 그 옛날에는 귀족이나 부르주아들이 살았고, 제2차 세계대전 후 공산혁명 당시에는 노동당의 어르신네들이 옛 주인을 내쫓고 자기들 집으로 삼았죠."

"1989년 차우셰스쿠 정권이 전복된 후, 노동당 간부들은 여기서 쫓겨나지 않았나요?"

"전혀. 지금도 그네들은 당신이 지금부터 방문하실 자하레스쿠와 마찬가지로 옛날과 다름없이 특권을 향유하며 잘 먹고 잘살고 있죠. 그뿐인가, 옛날의 국유재산까지도 그 북새통을 틈타 얼렁뚱

땅 제 것으로 삼고는 시장경제의 파도를 잘 타서 단물을 빨고 있답니다. 단물 빠는 것에 익숙한 자들은 다른 단물에도 민감하죠. 게다가 남의 옆구리 치고 등 밟고 올라서는 것쯤은 장기 중의 장기니까."

"아니 그럼, 차우셰스쿠의 공범자로 취급당하지 않았다는 말이에요?"

"그런 증거를 은폐하려고 그리도 서둘러 차우셰스쿠 부부를 처형했던 거죠. 지금의 일리에스쿠 정권은 차우셰스쿠 부부와 망나니 아들만 빠진 옛 차우셰스쿠 정권 그대로랍니다. 하하하."

가이드 청년은 눈가에 웃음 하나 짓지 않은 채 코웃음을 쳤다. 그의 눈에는 분노와 슬픔, 아니 그 이상의 절망이 있었다. 루마니아에 도착한 이래 마음이 가서 어쩔 줄 몰랐던, 사람들의 거친 표정 중심에 있는 생기 없는 눈동자의 정체를 알 것 같은 느낌이 들었다.

"키세료프 거리 20번지. 아 있네, 여기."

교차점에 면한 광대한 땅이다.

"잠깐!"

문 앞에서 갑자기 총을 멘 군복 입은 남자들에게 둘러싸였다. 두리번거려보니 부지 내에도 몇이나 군복차림의 남자들이 걸어다니고 있다. 왜 이다지도 많은가.

"자하레스쿠 씨를 방문하러 왔어요."

"신분증을 보여주세요."

나와 가이드 청년은 여권을 보였으나 군복차림의 남자는 보내주지 않는다.

"자하레스쿠 씨는 당신네들이 올 거라는 걸 모르고 계십니다. 방문객이 있을 땐 미리 우리에게 연락을 주시거든요."

"그렇다면 일본에서 마리 요네하라가 아냐를 찾아왔다고 전해 주세요."

우리들을 검문하던 남자의 명령으로 부하로 보이는 남자가 건물 쪽으로 뛰어갔다.

"아무리 그래도 이건 너무 엄한 경비 아닌가요?"

"나라의 주요 인사를 경비하는 거니까 당연하죠."

부지 안은 숲처럼 나무가 많았다. 차를 12대쯤은 충분히 주차할 수 있을 정도로 넓었고 테니스 코트도 3군데나 있었다.

"마~리."

소리가 들려오는 쪽으로 돌아보니 건물 안에서 조금 전 들어간 남자를 따라 어깨에 숄을 걸친 노부인이 "마~리" 하고 외치며 달려왔다.

"아냐 어머니!" 하고 나도 달려가 안기며 키스를 했다. 볼에 눈물이 타고 내렸다.

"아냐는요?"

"아냐는 런던에 살아. 그럼 전화를 걸어보자꾸나. 자, 어서 올라와요."

3층으로 된 건물은 계단 양옆으로 한 호씩, 모두 여섯 가구가 사는 맨션 같았다. 정원이 넓어 상대적으로 건물이 작아보이긴 했지만 가까이서 보니 계단도 현관문도 창틀도 모두가 거인을 위해 만들어진 것처럼 컸다. 1층 입구 정면 왼쪽에 가죽을 입힌 거대한 현관문이 있고, 발브 자하레스쿠라고 적힌 금패가 붙어 있었다. 현관홀은 널찍했고 천장도 높았다. 현관홀과 이어진 폭 넓은 복도 양옆으로는 방문이 몇 개나 있었다.

"맨끝방으로 가요"라는 아냐 어머니의 말대로 복도를 따라가니 정면 문이 열리며 가운을 입은 자그마한 노인이 나타났다. 지팡이를 짚고 한쪽 다리를 절고 있다. 기억 속의 아냐 아버지보다 훨씬 작아보였다. 하지만 눈동자를 굴리는 버릇이며 커다란 매부리코는 그대로다. 달려가 볼을 비비며 인사했다.

"무고하신지요?"

"이제 아흔 살이란다."

프라하에서처럼 러시아어로 인사를 했더니, "아아, 마리는 아름다운 러시아어를 구사하는구나. 아냐는 완전히 잊어버렸어. 영국인이지 싶을 정도로 완벽한 영어를 구사하는 대신 말이지" 하신다.

아냐의 어머니와 함께 가정부로 보이는 사람도 같이 들어와 홍차를 부어주고 나갔다.

"토바리슈 마리에는 어떻게 지내세요? 건강하신지요?"

"응, 연금생활로 들어갔지만 지금도 일주일에 한 번은 다녀간단다."

금테 꽃무늬 마이센 찻잔으로 홍차를 마시면서 새삼 실내 전체로 시선을 보냈다. 크다, 뭐든지 크다. 동서 7미터, 남북 18미터쯤 될까. 일본의 토끼장 같은 맨션은 방 하나에 홀랑 그대로 들어갈 것 같다. 남쪽과 북쪽으로 난 널찍한 베란다는 담쟁이넝쿨이 장식해주고 있다. 다른 벽면에는 붙박이 책장이 있어 장서의 대부분은 마르크스주의 관련 문헌들이 꽂혀 있었다.

"마리, 지금 런던의 아냐 일터로 전화를 해보니 취재를 나가고 없다고 하네. 회사로 돌아오면 당장 전화해달라고 부탁해놨어."

아냐 어머니는 그렇게 말씀하시며 액자에 담긴 사진을 보여주셨다.

"이것 보렴. 이 사람이 아냐 남편이란다. 듬직해보이진 않지? 그래도 꽤 알려진 음악평론가라고 하더라만. 이게 딸애 사진. 예쁘지?"

남편은 26년 전에 아냐가 우리 아버지 편에 보내온 새신랑 사진과 같은 인물이었다. 딸들은 정말 사랑스러웠다.

"아냐는 지금 뭘 하고 지내나요?"

"뭐, 인기 있는 여행잡지 부편집장이니까, 영어는 장사도구지. 갠 완전히 영국인이 되어버렸어."

"의외로군요."

"왜 그렇게 생각하지?"

"아냐는 소비에트 학교 반아이들 사이에서도 유별난 애국자였거든요. 루마니아를 얼마나 열렬히 사랑했는데요."

내가 그렇게 말하자, 이내 어머니도 아버지도 갑자기 말을 끊으셨다.

"어, 홍차가 식었네. 커피라도 끓여올까?"

아냐 어머니가 일어서 나가신 후에도 무거운 공기가 흘렀다. 아냐 아버지는 잠자코만 계셨다.

"그럼 전 이만 실례하고 차에서 기다리겠습니다."

가이드 청년은 일어서며 내게 눈짓을 하고는 방을 나갔다. 하지만 청년이 나간 후에도 아냐 아버지는 밑만 내려다보고 계셨다. 나와 눈을 맞추는 것을 피하는 듯했다. 뭔가 말을 해야지, 그 무엇인가를…… 하면서 초조해하던 나는 나도 모르게 가장 묻기 어려운 질문을 던지고 말았다.

"옛날에 아냐에게 들은 얘긴데요, 자하레스쿠는 가명이고 원래 성은 추커만이라 했던가? 그게 정말입니까?"

"응, 맞아. 그런 것까지 아냐는 자네에게 말했단 말이지?"

"어째서 혁명 후 추커만이라는 이름을 버리고 자하레스쿠라는 이름을 택하셨나요?"

"추커만은 유대인 이름이니까. 들에서 지낼 때는 모두가 한 마음이라 누가 어디 민족이든 아무도 신경을 안 쓰더니, 정권을 쥐자마자 당장에 국수주의로 변해버렸지. 당시의 리더였던 데지가 그러는 거야. 자기는 신경을 안 쓰지만 나라를 다잡아가려면 민족주의는 불가결하다고. 자네와 같이 일하고 싶으니 난 유대인입네 하고 간판 걸고 다니는 이름은 버려줄 수 없겠냐고 말이지. 나 또한 당시는 새나라 건설에 정열을 불태우고 있었으니 망설일 것도 없이 데지의 충고를 따랐고."

"그럼 원래는 유대인이셨나요?"

"그래. 나도 집사람도 유대인 출신이지. 내 부모님은 시나고그에 열심히 나가시는 독실한 유대교도였고, 집에서도 유대어로 말했으니까."

"아냐가 그것을 알게 된 것은 언제였나요?"

"열세 살이었나, 열네 살이었나? 프라하에서 부쿠레슈티로 이사 가기 조금 전이었던 것 같은데."

그 순간, 기억 속의 점과 점이 모두 이어지는 느낌이 들었다. 아냐가 루마니아로 돌아간 것은 1964년 6월. "치스타야가 아닌 루마니아인"이라는 리차의 말에 그리도 화를 낸 것은 그 3개월 전의 봄방학 때 일이다.

"유대인은 루마니아에서 살기 힘든가요?"

"완전히 학문이나 예술에 몸담고 산다면 몰라도 당내에서뿐 아니라, 사회 여기저기서 차별이 있었지. 어느 정도 이상의 출세는 기대할 수도 없었고."

"그래 맞아. 애들 아버지는 유대인 출신자 중에서도 당내 최고 출세감이었지만 기껏해야 중앙위원과 마르크스레닌주의 연구소 소장이 그 끝이었어. 이 사람보다 혁명 공헌도 발밑에 못 미치고 재능도 없는 자들이 출세해가는 꼴이라니. 우리들을 깔보는 듯한 태도도 밥맛없었고. 정말 짜증났었어."

어느새 방으로 되돌아오신 아냐 어머니는 봇물 터지듯 말을 쏟아냈다. 가정부가 커피를 따라주었다. 이번의 찻잔은 헤렌드 사의 로스차일드 버드다. 긴자의 백화점에서 한 세트에 아마도 60만 엔 정도의 가격이 붙어 있었던 것 같다.

"그럼 아냐가 루마니아를 버린 이유도 거기 있다고 보십니까?"

"글쎄, 그 무렵 아냐는 사랑에 눈이 멀어 있었으니 루마니아를 버리고 말고 그런 의식조차 없었을 거야. 하지만 장남 니콜라에가 이 나라를 떠나 이스라엘로 가버린 것은 확실히 그 이유 때문일 거야. 둘째 아들 안드레가 빗나간 것도 따지고 보면 여기에 그 이유가 있는 것 같고."

"미르차는 어떻게 지내나요?"

"그 앤 부쿠레슈티에 살고 있지. 이 집엔 얼씬도 않지만 말야. 어느 물리학 연구소에서 연구원으로 일하고 있어. 연락해줄까?"

"네, 부탁합니다."

아냐 어머니는 옆에 놓인 수화기를 들어 번호를 누른 뒤 루마니아어로 뭐라 하시더니 내게 수화기를 내미셨다.

"미르차가 직접 말하고 싶다고 하네."

수화기 저편에서 들려오는 미르차의 목소리는 인사도 없이 단도직입적으로 말을 꺼냈다.

"마리, 우리 부모님이 말하는 거 그대로 믿으면 안돼. 부모님 없는 데서 꼭 할 말이 있어. 오늘 저녁 시간 돼?"

"에, 예……."

"그럼 6시에 마리가 묵고 있는 호텔 로비로 데리러 갈게. 저녁이라도 같이하며 얘기를 나누자."

내가 묵고 있는 호텔 이름을 듣자 곧바로 전화를 끊어버렸다. 걱정스레 내 쪽을 보고 계시던 어머니는 미르차와 저녁에 만날 약속을 했다고 하니 떫은 표정을 지으셨다.

"걔는 원래부터 완고하고 좀 별다른 데가 있더니만, 요즘 와서 더 심해졌단다. 걔에게 여러 얘기를 듣겠지만 곧이곧대로 받아들이지 말거라."

어떻게 대답해야 할지 망설이다가 왠지 나도 모르게 또 묻기 어려운 질문을 하고야 말았다.

"루마니아를 좀 아는 내 친구나 지인들이 이구동성으로 해준 말인데요, 루마니아인이 외국인과 결혼한다는 것은 어려운 정도가 아니라 불가능에 가깝다면서요? 대학원 때 같이 공부한 제 친구 중에 루마니아로 유학 간 사람이 있었어요. 유학 중에 루마니아 남자와 사랑을 하게 되었죠. 하지만 결혼하기까지 정말 지옥을 봤다는 겁니다. 정부와 당의 갖가지 기관, 또 직장과 사는 곳에서 믿을 수 없을 정도로 못살게 굴어 남편 될 사람은 결국 연구소도 잘리는 바람에 청소부가 될 수밖에 없었다는군요. 그 뒤로도 갖은 수난을 겪은 다음 결혼하기까지는 로미오와 줄리엣도 무색했다고 했어요. 아냐가 영국인과 결혼하기까지 장애는 없었나요?"

아냐의 부모님은 또 잠자코 계셨다.

"보통 루마니아인이 외국인과 연애하는 것은 안되지만 당 간부의 딸이었던 아냐는 예외가 될 수 있었나요?"

두 분은 그래도 입을 열지 않으셨다. 좀 무례했나 싶어 마음속으로 후회하기 시작할 즈음, 아냐의 아버지가 신음하듯 기어드는 소리로 말씀하셨다.

"아니, 왜 큰일이 아니었겠어. 내가 간부로 있었기 때문에 다른 의미로 큰일을 겪었지. 외국인과의 결혼은 법률로 금지되어 있었어. 따라서 도저히 결혼하지 않으면 안되겠다 싶을 때는, 망명하든지 특별한 국가기관에 신청서를 내고 거기서 심사받은 뒤, 필요한 경우에는 당사자를 불러서 속속들이 심문한 다음에야 허가가 났지."

아냐 아버지는 마치 남의 말을 하는 것 같았다. 그 메마른 말투에 조금 부아가 났다. 동시에 친구의 체험을 떠올렸다.

"친구의 경우, 서류를 만들어 신청하기까지 한바탕 큰일을 치렀대요. 음으로 양으로 방해하고 못살게 굴었대요. 본인들뿐만 아니라 부모님과 형제들까지도. 성적이 우수했던 여동생은 대학 합격을 취소당했고, 공장 수석 엔지니어였던 아버지는 평사원으로 격하당했고요. 겉으로는 법을 어기는 자를 키운 가족에 대한 징벌이지만, 실제로는 쇄국정책으로 인해 외국을 향한 동경이 극대화되어 있던 상황에서 외국에 숨구멍을 트게 된 사람들에 대한 질투심이 나타난 거라고 하더군요. 얼마나 못살게 굴었으면, 그런 경우를 당한 대부분의 사람들은 신청하기도 전에 좌절해버린다고……."

거기서 입을 다물었었다.

'그런 상황으로 국민들을 몰아넣은 체제 측에 있던 인간이 자기 가족만은 예외로 다룰 수가 있었는지요?' 라는 말이 목구멍까지 올라왔지만 억지로 누르고 다른 무난한 질문으로 바꿨다.

"그럼 그렇게 신청만 하면 거의 탈 없이 허가가 내립니까?"

"아니, 허가를 받는 경우는 반도 안될 게야."

"아냐의 경우는 금방 허가를 받았나요?"

"아니야. 이이가 그를 찾아가서 머리 숙여 부탁했지."

아냐의 어머니가 말을 잘랐다.

"그라뇨?"

"뻔하잖아. 차우셰스쿠에게."

"아니 그렇지 않아, 여보."

갑자기 아냐의 아버지는 얼굴을 찡그리며 목소리를 높였으나, 곧 종전의 메마른 말투로 돌아왔다.

"아니, 음 그래, 이 사람 말대로야. 아냐는 간부 딸이라고 국가기관에서 심사를 거부했어. 그래서 할 수 없이 차우셰스쿠를 직접 만나 부탁할 수밖에 없었지."

"그래서 허가를 내렸군요."

아냐의 부모는 고개만 끄덕하시곤 그대로 침묵하셨다. 나는 나대로 아, 참 잘됐네요, 라는 말이 나오지 않아 입을 다문 채였다. 뭐라도 해야 할 것 같아 눈앞에 있는 찻잔을 들어 커피를 꿀꺽 들이마셨다. 차는 다 식어 있었고 쓰다. 이럴 때 아냐에게 전화가 오면 이런 공기를 바꿔줄 텐데 하고 생각하던 찰나, 아냐의 어머니도 같은 생각을 하셨나보다.

"참, 아냐는 아직도 취재에서 돌아오지 않은 걸까? 전화가 안 오네. 프라하에서 지낼 때, 학교에서도 쭉 붙어 있었을 텐데 집에 돌아오자마자 지금 막 헤어지고 온 네게 전화하곤 했지. 무슨 일만 있어도 네게 전화했으니까."

"예, 맞아요. 저 또한 무슨 일이든 아냐에게 다 말했던 것 같아요. 아냐는 서글서글하고 마음이 좋아 무슨 일이든 같이 고민해줬어요."

이렇게 말하면서 아냐랑 같이 있으면 어쩐지 마음이 푸근해지던 느낌이 생각났다.

"그래그래, 자식 자랑이 아니라 정말 개는 희한한 힘이 있는 것 같아. 개 옆에 있기만 해도 뭐라 말할 수 없을 행복한 기분이 들거든. 그래서 개만은, 정말 개만은 행복해줬으면 했어."

아냐의 아버지는 밑을 내려다보시면서 쥐어짜듯 말씀하셨다. 그건 변명처럼도 들렸다. 그러고 보니 나는 이 집에 찾아온 이래 계속 심문 투의 대화를 나누고 있는 듯해 너무나 미안해졌다.

31년 만에 갑자기 눈앞에 나타난 딸 친구를 마음으로부터 환대해주시는 아냐 부모님께 지금 나는 무슨 오만불손한 태도를 보이고 있나 싶었다. 온몸의 모든 피가 하강하고 있는 듯이 현기증이 났다. 그러면서도 "아냐만은"이라는 대목이 마음에 걸렸다. 아냐 이외의 가족은 불행하다는 말인가? 그러고 보니 다른 루마니아인들이 보면 궁전 같은 데서 살지만 두 노인은 결코 행복해보이는 얼굴이 아니었다. 하지만 그런 것을 오늘 이 자리에서 물어본다는 것은 나로서는 차마 할 수 없는 일이었다. 적당한 구실을 대고 자리에서 일어나기로 했다.

"결국 마리가 있는 동안 아냐로부터 전화가 걸려오질 않네."

이렇게 말하시면서 아냐의 어머니는 헤어질 때 아냐의 런던 주소와 직장 전화번호를 적은 메모를 건네주셨다. 아냐의 어머니와 볼을 비비며 인사했고 아버지는 허리를 굽혀 안아드렸다. 보기보다 훨씬 자그마해 덧없이 가슴이 메었다.

"여러모로 무례한 질문을 드렸는데 허심탄회하게 답해주셔서 감사합니다."

아냐 아버지는 지팡이를 버리고 내게 쓰러지듯 안기시며 불쑥 이렇게 말씀하셨다.

"후회하고 있단다."

"예?"

"13년 전에 돌아가신 자네 아버지도 그러셨을 걸세."

아냐 아버지의 눈빛이 갑자기 매서워졌다.

'아니에요. 아버지가 꿈꾸신 공산주의와 당신이 실천한 가짜 공산주의를 같이 두지 마세요! 법적·사회적·경제적 불평등에 모순을 느껴, 당신이 가진 혜택을 모조리 내던지신 분이에요! 당신이 지향한 것은 그 반대였잖아요!' 하고 마음속에서는 외치고 있었지만 아흔 노인을 상대로 그런 말은 차마 할 수가 없었다. 아냐 집에서 돌아오는 길 내내 하지 못한 그 말이 내 머릿속을 맴돌았다. 그때 갑자기 이런 생각이 났다. 아냐 아버지도 옛날에는 뭐 하나 부족함 없는 유대 상인 집에서 태어나 컸을 텐데, 사회의 모순에 눈떠 비합법적이던 공산주의 운동에 몸을 던진 것이라고. 투옥되고 고문당해 다리까지 잃었다. 어디서 그의 인생이 뒤틀리기 시작했을까. 권력을 쟁취한 후부터인가. 우리 아버지도 만의 하나, 일본에서 공산당이 정권을 취했다면 아냐 아버지처럼 되셨을까.

"호텔에 도착했습니다. 오후는 어떻게 보내시겠습니까?"

가이드 청년이 물었다.

"이곳은 세계에서 유일한 이디시 극장이 있다고 들었는데, 오늘 공연을 볼 수 있을까요?"

"그럼 있죠. 낮 공연이 2시부터 있어요. 티켓을 사두고 1시에 모시러 오겠습니다."

"부탁드려요."

방에 돌아와서 전화기로 직행했다. 조금 전에 아냐 어머니가 쥐어주신 메모를 보며 번호를 누르니 금방 연결이 됐다.

"마~리, 오 마~리, 정말 마리 맞니?"

모음을 극단적으로 길게 발음하는 버릇이 있는 아냐의 목소리였다. 그런데 이렇게 간단한 대화를 옛날에 나랑 공용어로 쓰던 러시아어가 아니라 영어로 말했다. 그에 끌려 나도 짧은 영어로 응했다.

"아냐, 건강하니? 기뻐. 보고 싶었어. 만나고 싶어, 되도록 빨리. 지금 당장 런던에 가고 싶어."

"마리는 러시아어로 말해도 좋아. 난 말은 못하지만 대강은 알아들으니까. 내 영어도 알아들을 수 있지?"

"응, 네 영어는 발음교사처럼 또박또박하고 분명하네."

"마~리, 나도 보고 싶어. 보고 싶어서 죽겠어. 근데 난 내일부터 엿새 동안 싱가포르 출장을 가야 해. 일주일 후에 마리는 어디에 있을 건데?"

"지금 예정으론 프라하야."

"그럼 프라하에서 만나. 출장 다녀온 후면 나흘간 휴가를 얻을 수 있거든. 스케줄은 괜찮아?"

"당연히 좋지."

"그럼 결정한다. 미안, 지금부터 편집회의에 들어가야 해."

수화기를 놓으니 갑자기 온몸의 근육이 제 있을 곳을 잊은 듯한 느낌이 들었다. 쓰러지듯 침대에 드러누웠다. 그러자 이완된 근육에서 스멀스멀 기쁨이 피어올라왔다. 아냐를 만날 수 있다. 아냐의 언동이며 삶의 방식에 일일이 거부감을 느끼면서도 나는 아냐를 좋아한다고 생각했다.

○ ○ ○

이디시 극장도, 다른 부쿠레슈티 건물과 마찬가지로 언뜻 보기에 폐허로 착각할 정도로 허름했다. 극장 앞 공간은 옛날에는 광장이었겠다 싶은데 지금은 쓰레기 더미로 변해 있었다. 여기도 들개들이 무리를 지어 어슬렁거렸다. 극장 안도 몇 년이나 전혀 손보지 않은 듯했고, 묵은 냄새에 꽤 더러웠다. 그래도 600석이나 있을 법한 객석의 70퍼센트 정도는 차 있다. 개막 직전이 되니 그래도 들뜨고 화사한 분위기가 흘렀다. 내용은 뮤지컬이었다. 조촐한 극장에는 어울리지 않을 만큼 능란한 세 쌍의 배우들이 연기를 하면서 춤과 노래를 보여주었다. 코믹한 장면에서는 객석이 환호해주었다.

놀라웠던 것은 이디시 말이 내 귀를 의심할 정도로 독어랑 닮았다는 점이다. 유대인의 원래 모어인 헤브라이어는 아람어와 친척어로, 두 나라 말을 모르는 사람은 가려 듣기가 불가능할 정도로 닮았다. 그래서 나는 중부 유럽에 살던 유대인이 모어인 헤브라이어에 현지 말을 융합해서 만든 이디시어도 아람어의 흔적을 가지고 있을 거라고 생각했던 것이다. 그러나 실제로 들어보니 이디시

어는 독일 방언이라 해도 좋을 정도였다. 지식으로는 알고 있었지만, 중세기에 유대인을 가장 많이 받아들인 것이 독일 사회라는 사실을 새삼 실감했다. 그후 중부에서 동부 유럽으로 널리 퍼져나간 유대인들의 성 중에서 독어에 어원을 두고 있는 것이 압도적으로 많은 이유도 알 것 같았다. 아냐의 아버지 원래 성이 추커만이었던 이유도.

"이상하네. 유대인을 우대하기는커녕, 음으로 양으로 차별을 했던 차우셰스쿠 정권이 이런 극장의 존재를 용인하다니" 하고 말했더니 가이드 청년은 코웃음을 쳤다.

"크하하하 그런 거죠 뭐, 현실이란 게. 차별을 하면 할수록 그걸 은폐하려 드니까. 세계에서 유일한 이디시 극장이라니 이처럼 알기 쉬운 알리바이가 또 있을까요? 차우셰스쿠는 꽤 영악해요. 이걸 미끼로 이스라엘을 비롯해 세계에 퍼져 있는 유대인들로부터 자금을 낚아올렸거든요. 이건 상당한 성공을 거두었죠."

"당신이 가이드가 되어주어서 정말 다행이에요. 이 나라에 대한 나의 피상적인 견해를 일일이 정정해주시니 말이에요. 이 이상의 안내인이 없을 듯해요. 어쩜 난 이리도 철이 없을까요."

"그만큼 당신은 행복했다는 말이죠."

"확실히, 사회의 변동에 제 운명이 놀아나는 일은 없었어요. 그것을 행복이라고 부른다면 행복은 저처럼 사물에 통찰이 얕은, 남에 대한 상상력이 부족한 인간을 만들기 쉬운가봐요."

"단순히 경험의 차이겠죠. 인간은 자기의 경험을 토대로 상상력을 발휘하니까요. 불행한 경험은 하지 않는 게 좋은 거구요. 아,

도착했군요. 밤에 또 모시러 오겠습니다. 열차는 오후 11시 반에 출발하니까, 10시에 호텔을 떠나면 넉넉할 거예요."

이런 말을 남기고 가이드 청년은 사라졌다. 야간열차로 유고슬라비아 베오그라드에 가기로 되어 있기 때문이다. 시계를 보니 이미 5시. 급히 방으로 돌아가 짐을 꾸렸다.

6시 5분 전에 로비로 내려가보니 조금 전 뮤지컬에 출연한 배우인 듯 보이는 남자가 지금 막 현관문을 열고 들어오는 중이었다. 얼굴의 반은 마르크스나 엥겔스 같은 덥수룩한 수염이 차지하고 있다. 그 수염쟁이 남자가 나와 눈이 맞자, 갑자기 "마~리!" 하며 달려오는 게 아닌가. 나도 모르게 뒷걸음치면서도 나 또한 외쳤다.

"미르차!"

자연스레 부둥켜안으며 볼을 부볐다.

"혹시 오늘 이디시 극장에서 공연했었어요?"

"뭐라고? 하하하하 이 수염 때문이구나. 15년간 이놈을 계속 키웠지."

미르차가 타고 온 소련제 지그리라는 대중차에 올라 레스토랑으로 향했다. 워낙에 고물이라 울퉁불퉁한 도로 상태가 그대로 내 몸에 전해져왔다. 운전하면서 미르차는 오전에 내가 그의 부모님과 나눈 얘기를 물어왔다. 흠흠 하면서 듣기만 하곤 내 말을 가로막지 않았다. 나 혼자서 떠드는 꼴이 되었다. 조금 불안스러워질 무렵, 차는 왁자지껄한 시가지로 들어서더니 어느 골목 귀퉁이에서 멈췄다. 미르차가 재촉하는 대로 한 이탈리아 레스토랑으로 들어갔다. 그 집 단골인지 점원이 살갑게 맞이해주었다. 여긴 잘 안다는 듯 알아서 척척 뭘 주문하더니 미르차는 일방적으로 말을 꺼내기 시작했다.

"우리 부모님은 이 체제에 희망이란 게 없다는 걸 일찌감치 눈치 채셨어. 1960년 후반에 말이지. 그래서 눈에 넣어도 아프지 않은 딸을 밖으로 내보내려 하신 것 같아. 아버지뿐 아니라, 당 간부들 중에서도 인텔리 출신들은 그런 암묵의 양해가 있었던 모양인지 줄지어 그런 수법을 썼지."

"그걸 어떻게 아세요?"

"내게도 아버지가 말했으니까. 외국에 유학 가서 거기서 결혼상대를 찾아 이 나라를 뜨라고."

"그 충고를 왜 받아들이지 않았죠?"

"당연하지. 비열한 아버지를 용서할 수 없었거든."

"그럼 아냐는 순순히 받아들였다는 말인가요?"

"아니, 아냐 앞에서는 아버지도 많이 꾸몄지. 아냐의 아버지에 대한 존경을 해치지 않게 하느라. 내게 한 것과 같은 대사를 아냐에게도 했다고 생각할 수 없으니까. 하지만 아냐의 인생이 그리로 풀리도록 컨트롤했어."

"그게 무슨 말이죠?"

"당 간부 자식들은 보통 아이들이 가는 학교가 아니라 특별한 학교를 다녔지. 아냐도 프라하에서 귀국하자 그 학교에 다녔어. 학생 수는 소인수제로 교사들은 초일류급 학자들로 구성되었지. 본래 직업은 대학교수들이었으니까. 그중에는 아버지가 학생 때부터 사귄 친구도 많았어. 그 친구들을 통해 아냐의 관심이 근대 서구철학으로 향하도록, 루마니아 대학이 아니라 영국 대학으로 가도록 조장했어."

"미르차도 그 학교에 다녔어요?"

"아니. 기억하지? 난 가족들보다 프라하에 온 게 늦었던 거. 베이징에서 귀국한 뒤 아냐는 소비에트 학교에 편입했지만, 난 우연히 그 무렵 어머니 친구가 유니크한 학교를 열어 학생들을 모집한다기에 그곳에 들어갔지. 거긴 보통 루마니아인 아이들도 다니는 학교였어. 난 태어나서 처음으로 우리 집과 걔네들의 생활이 그리도 다른 것에 충격을 받았지. 나와 우리 가족이 누리는 특권이 창피해 죽겠는 거야. 게다가 그때의 반 친구들과 많이 친했어. 모두 좋은 녀석들이라 지금까지도 친형제처럼 지내. 사실은 여기 주인도 그때 멤버야. 난 학교와 친구들이랑 떨어지기 싫어서 프라하로 가기 싫었던 거지. 그런데 할 수 없이 들어간 프라하의 소비에트 학교에서 나탈리아 알렉산드로브나 선생님과 만나게 됐어. 물리학을 내 천직이라 여기게 해준 것은 다 그 선생님 덕이야. 그래서 이번엔 가족들이 부쿠레슈티로 돌아간다 해도, 선생님이 프라하에서 계실 1년 동안은 옆에 있고 싶어서 돌아가지 않고 뒤에 남았어. 그래서 가족들보다 1년 늦게 귀국한 거야. 부모님은 당연하단 듯이 아냐가 다니는 학교에 날 넣으려 하셨지만 난 저항했어. 특권이라면 딱 질색이었거든. 보통학교에 다니면서 대학에 붙고 나서는 집을 나와 기숙사에 들어갔어. 그때부터 집에는 들어가지 않았지 뭐. 창피하잖아. 그딴 집에서 산다는 것이."

"아냐와는 그런 얘기를 나누지 않았어요?"

"프라하에서 귀국한 후, 우리 오누이가 같이 산 건 2년도 안돼. 난 매일 물리 실험에 몰두해 있느라 밤늦게 다녔고. 또 그 나이 때가 되면 여자아이들이 한참 성숙해질 때잖아. 그래서 창피한 것도 있었던 것 같아. 게다가……."

"게다가?"

"지금 돌이켜보니, 나나 우리 부모님들은 공범자인지도 몰라. 이런 죽일 놈의 체제에서 빨리 아냐를 빼내고 싶었는지도 몰라."

"하지만 미르차는 이 나라를 버릴 마음이 없었잖아요."

"내겐 좋은 친구들이 많았거든. 그들을 두고 나만 안전한 곳으로 도망가는 비겁한 짓은 절대로 못했지. 아버지가 이런 빌어먹을 체제의 한쪽 봉을 떠메고 있었으니 더더욱 그랬지. 그런 짓을 했다면 내가 나 자신을 평생 사랑하지도 존경하지도 못할 거라고 생각했어."

"미르차 이외의 두 형님은 아냐처럼 외국으로 나가셨나보죠?"

"큰형 니콜라에는 열성 당원으로 출세주의자였지. 사실 큰형은 우리 어머니가 데려온 아들이야. 니콜라에 친아버지는 비합법시대에 옥중에서 돌아가셨어. 친아들이 아니라, 아니 그래서 더 그랬나봐. 니콜라에는 계부, 즉 우리 아버지의 삶을 충실하게 따르려 했어. 계부 이상으로 당내에서 출세하려고 악을 썼지. 당시의 출세 코스였던 모스크바 대학 법학부에도 유학했고. 고르바초프와 현재 루마니아 대통령 일리에스쿠와도 클래스메이트였대. 아버지는 중앙정보위원회 부속 마르크스레닌주의 연구소 소장이었는데, 니콜라에는 약관 서른에 같은 중앙위원회 부속 당사黨史 연구소의 부소장까지 따낸 거야. 유력자에게 어필하는 거 하나는 잘하니까. 자기에게 유리할 게 없다고 판단하면 대놓고 냉대하는 딱 밥맛없는 녀석이었어. 그런데 그런 녀석일수록 출세는 빠르잖아. 순풍에 돛 달아 어깨로 바람을 가르며 다녔지. 그런데 1980년대에 들자, 나라가 국수주의 경향으로 치닫기 시작해 유대계 사람을 노골적으로 배제하기 시작했지 뭐야. 니콜라에는 부소장에서 더 올라가지 못했지. 자기가 이 이상 출세할 수 없다고 알게 된 순간, 그는 결단한 거야. 미국 출장을 이용해서 이스라엘로 망명해버렸어. 지금은 또 열성 반공주의자가 되어서 그곳의 러시아·동유럽 연구소의 교수가 되어 있어. 그런데 형의 본질은 변한 게 없어."

"둘째 형님은 어머니 말씀대로라면 빗나갔다고……."

"안드레는 빗나간 게 아니야. 그렇게 마음 곱고 자기 양심에 충실한 남자를 빗나갔다고 한마디로 일축해버리는 어머니를 난 불쌍하다고 생각해. 안드레 또한 모스크바 대학에 유학시켰지만, 1956년, 소련군이 헝가리를 침공한 것에 항의하는 집회를 조직해 전단을 돌린 것 때문에 그 즉시 퇴학당해 강제 송환되었지. 아버지가 간부라 강제수용소로 가는 것은 면했어. 면했을 뿐만 아니라 아버지가 부쿠레슈티 대학에 집어넣는 것까지 성공했지. 그런데 거기서도 정부와 당에 대한 비판 연설을 해댔으니, 이번에는 감옥에 갇히게 되었어. 그래도 아버지는 이리저리 손을 써서 안드레를 불기소로 석방시켰어. 게다가 지방 대학에 넣어주기까지 하셨어. 감옥에서 고문당했는지 안드레는 몰라볼 만큼 얌전해졌지. 아버지 말에도 고분고분 따라 어찌어찌 대학은 졸업했어. 그리고 아버지 도움으로 정부 무역부에 취직도 했고. 물론 보통 같아선 형의 경력 가지고는 외국을 자주 나가야 하는 그런 자리에 취직하기는 어림도 없지. 하지만 그후의 형은 당과 나라에 충성하는 모범적인 직원이 되었어. 우선 형제 사회주의 국가로의 출장 정도는 허용되었나봐. 그 뒤에는 완전히 상사들의 신뢰를 얻었는지 처음으로 서방 국가로 출장명령을 얻게 되었어. 이 기회를 놓칠쏘냐, 형은 망명해버린 거야."

"그게 언제 일이죠?"

"1962년 일이지 아마."

"출장 간 곳은 프랑스가 아니었나요?"

"어? 그걸 어떻게 알았어?"

"노란 노트. 가로세로 21센티미터 크기의 노란 프랑스제 노트를 가지고 있었죠? 미르차가 프라하 소비에트 학교에 처음으로 전학 오던 날."

"어떻게 그런 일을 다 외우고 있어! 진짜네. 노란 프랑스제 노트를 갖고 있었어. 루마니아 안기부가 조사한다고 한때 몰수해갔다가 조사 끝난 후에 집으로 부쳐온 거야. 이제 다신 형을 못 볼지 모른다고 유품처럼 한 권씩 나누어가졌지."

아냐가 노란 노트를 가지고 모두에게 한 거짓말의 경위를 미르차에게 들려주었다.

"제 딴에는 형의 망명을 일가의 망신으로 받아들여 아무에게도 알려서는 안된다고 판단했나보네. 그러나 한편으로는 그 노란 노트를 자랑하고 싶어서 누군가에게 보여주고 싶었는지도 모르지."

"그래서 안드레도 이스라엘로 망명했나요?"

"아니, 미국으로 갔어. 합중국 시민권까지 얻었어. 그런데 루마니아 비밀경찰이 집요하게 붙어다녔나봐. 그래서 완전히 정신이 나갔어. 정신병원을 들락거렸으니까. 지금은 취직도 않고 댄서 기둥서방이 돼서 살고 있어."

"안드레는 이미 더이상 사회주의 체제가 아닌 루마니아로 돌아오진 않을까요?"

"아니, 이 나라를 떠난 다음 한번도 돌아온 적이 없어. 비밀경찰에게 꽤 지독하게 당했나봐."

"미르차는 망명을 하지는 않겠지만, 그후에 여행은 하셨나요?"

"프라하에서 귀국한 후론 아냐가 결혼할 때 런던에 단 한번 부모님과 함께 다녀왔을 뿐이지. 아냐 결혼 허가를 받을 때도 그랬지만 그때도 아버지는 차우셰스쿠에게 머리를 숙였지. 그 굴욕은 잊을 수 없어. 두번 다시 외국에 나가나봐라 싶었을 정도야. 그런데도 부모님은 그 굴욕을 견디며 매년 딸 만나러 가는 허가를 받으러 다녔어. 밸도 없나? 그후로 나는 다시는 따라가지 않았어. 일반 루마니아인이 외국여행을 하기란 예전부터 쉽지 않았어. 그러니 나만 외국에 나간다는 것도 염치없는 짓이지. 아니, 한번 더 있다. 나탈리아 알렉산드로브나 선생님이 암에 걸려 여명이 얼마 안 남았다는 아들 편지를 받았을 때, 아버지에게 부탁해서 모스크바행 비자를 얻었지. 1985년의 일이야."

"하지만 이제는 루마니아의 보통사람들도 자유로이 외국을 드나들 수 있게 됐죠?"

"가난한 루마니아의 보통사람이 어디 감히 관광여행을 나설 수 있겠어. 하지만 돈벌이하러는 많이 나가지. 그래서 나도 내달에 겨우 미국으로 출장가기로 했어. 내가 발명한 것을 사겠다는 기업이 나타났거든."

"야, 잘되면 억만장자네."

"난 큰돈은 필요 없어. 부의 편재가 얼마나 사람들을 불행하게 하는지 내 눈으로 똑똑히 보아왔거든. 아이러니하게도 사회주의를 표방하던 나라에서 말이지. 하지만 국립이었던 내 연구소에 정부로부터 받던 지원금이 끊긴 지금으로선 그 때문에라도 돈이 필요해."

정수리까지 머리가 벗겨진, 주인으로 보이는 남자가 와서 미르차 어깨에 손을 얹더니, 날 보며 씽긋 윙크해주며 억양이 어색한 영어로 잘라 말했다.

"식사 안할 거면 나가주쇼, 거 참."

"미안 미안. 얘기하느라 깜빡했네."

미르차는 루마니아어로 아마 그런 대답인 듯한 말을 한 다음 내게 그를 소개했다.

"이 녀석이 아까 말한 내 동급생이자 이 집 주인. 이 녀석 부인이 만든 파스타 요리는 먹어줄 만하다니까. 그전에 전채를 먹어치우자."

"그렇게 나와야지, 그럼. 잠깐 기다리쇼. 아니 그새 카르파초가 다 말라비틀어졌네. 바꿔드리리다."

주인은 그릇을 치우더니 잔에 백포도주를 따라주었다.

"어머나, 맛있어라!"

미르차의 얘기에 빨려들어가느라 와인을 제대로 맛보지 못했다는 걸 깨달았다.

"당연하잖아요. 산지와 직접 계약을 맺어 들여놓은 거랍니다."

그렇게 말하면서 주인은 새 카르파초 그릇을 놓아주었다. 얇게 썬 생고기가 깔끔한 그릇 위에 정갈하게 놓여 있다. 마음이 깃든 정성어린 요리. 부쿠레슈티에 도착한 이래, 호텔이나 레스토랑에서 결코 볼 수 없었던 광경이다. 처음으로 식욕을 느낄 수 있는 가게에 들어온 느낌이었다. 그것을 미르차에게 전하니 자기 일처럼 좋아했다.

"고마워. 저 녀석 고생 많이 했거든. 부인이 이탈리아인이야. 같이 살기까지 7년이나 걸렸어. 이제야 겨우 가게를 차려서 의욕을 보이고 있지."

"미르차는 지금 행복해요?"

"행복하냐고? 어, 그럭저럭 행복한 부류에 들어갈까. 첫 결혼은 실패했지만 일은 순조로워. 지금 마누라하고는 잘하고 있는 편이고. 그런데 마누라가 데리고 온 딸아이가 고등학교를 중퇴해버렸어. 속상해. 지금까지는 더할 나위 없이 착한 아이였는데. 학문이 아니라도 좋으니까 마음 붙일 만한 걸 찾으라고 했는데 시끄럽다고 이젠 집을 나가버렸어. 게다가 카바레에서 일하고 있다나봐. 여러 가지로 낮일을 찾아줬는데 콧방귀야. 어이쿠, 신세한탄이 되었나?"

미르차는 여느 아빠와 다름없는 얼굴이 되어 있다. 그 얼굴을 보고 있노라니 자연스레 이런 질문이 흘러나왔다.

"저기, 1989년 12월 21일 건국기념일 대집회가 차우셰스쿠 정권 타도의 폭동으로 바뀌었을 때, 미르차와 가족들은 어디에 있었어요? 위험하진 않았어요?"

"그 집회에 참석하라고 당국에서 독촉이 왔었지. 하지만 중요한 실험이 있다는 핑계로 안 갔어. 난 당원이 아니란 걸 구실삼아 말이지. 그런데 아내가 돌아오지 않는 거야. 그날 아내는 당국의 등쌀에 참지 못하고 나갔었거든. 밤새 찾아다녔는데 찾지 못했지. 다음날 아내는 머리에 붕대를 매고 집으로 돌아왔어. 날아온 돌에 맞아 정신을 잃었는데 누군가가 도와주고 간병을 해줬대. 그래도 혁명 당초는 기대로 부풀어 있었지. 나도 연구실 동료들도 말이야. 아니 루마니아의 모든 사람들이 후끈 달아 있었어, 그땐. 이제야 제대로 된 나라가 되나보다고 생각했지. 진짜 일이 손에 안 잡히더군. 매일같이 집회나 데모에 나갔더랬어. 하지만 결국 그 열기도 힘도 일리에스쿠 일파의 정권탈취에 이용당한 것뿐이었지. 우리 부모도 그 부스러기를 먹고살지만 말야."

"미르차는 유대계라는 걸로 이 나라에서 천대받은 일은 없어요?"

"그게 말야, 없어. 고등학교에서도 대학교에서도 그걸로 무시당한 일은 없었어. 그후 내가 택한 것도 연구 쪽이라, 워낙 유대인이 많은 분야니까. 게다가 난 출세 같은 덴 관심이 눈곱만큼도 없으니, 출세를 방해받은 체험도 없지 뭐. 아버지나 형처럼 말야."

○ ○ ∘

시부야의 충견 하치 동상 앞처럼, 프라하의 제일 번화가 바츨라프 광장을 가로질러 다 올라간 곳에 버티고 있는 얀 후스 동상 앞은 약속장소로 가장 적합한 곳이다. 저녁 8시가 넘었는데도 많은 사람들이 상대방을 기다리면서 이리저리 거닐고 있다. 11월 한기 속에서 서 있기만 하기엔 춥기 때문이다. 강렬한 라이트가 동상을 비추고 있어 사람들 얼굴이 대낮처럼 잘 보였다.

"31년 만에 만나도 서로를 알아볼까?" 하고 내가 걱정을 했더니 아냐는 "그럼 바츨라프 광장에서 만나" 하고 제안했다.

"거기는 분명 사람들이 북적댈 거 아냐. 동양인인 마리는 알아보기 쉬울 테니까, 네 쪽에서 날 찾아봐. 꾹 참고 아는 척 안할 거니까 날 빨리 찾아내야 돼."

그래서 조금 전부터 동상 주위를 이미 다섯 바퀴나 돌고 있는 중이다. 나랑 비슷한 나이 대에 비슷한 키, 밤색 머리칼을 한 여자를 보기만 하면 가까이 가서 얼굴을 들여다보곤 했으나 아직까지 못 찾고 있다. 아직 안 온 걸까? 아니면 내 기억 속의 아냐를 중년 아줌마로 바꿔 상상한 모습과 실제 모습이 너무나 달라서일까? 굉장히 뚱뚱해졌다든가, 혹은 비쩍 말라버린 걸까? 좋아, 힘을 북돋워 동상 주위를 한번 더 보자 하며 디딤돌을 내려다보고 있던 시선을 든 순간이었다. 광장이라고 불리는 대로로 거무스름한 코트를 휘날리며 뛰어오는 여자의 모습이 눈에 들어왔다.

"하하하하, 자하레이도가 뛴다 뛰어. 어찌 저리도 굼뜨냐, 일부러 흉내도 못 내겠다. 꼭 암소같이 느적거리네."

스쿨버스 운전사 아저씨 판 야들셰크 목소리에 이어, 음메 음메에 하는 악동들의 환성이 들려오는 듯했다.

"뛰어라 헤이, 뛰어라. 버스 따라잡아봐라, 헤이 헤이 헤이. 우유를 많이 생산해야 미국을 따라잡지."

나도 모르게 뛰어오는 여자를 향해 달려갔다.

"아냐, 아냐!"

"마~리."

턱까지 숨이 찬 여자가 내게 안겨왔다. 껴안은 채로 한참 동안 서로의 이름만 불러댔다. 서로의 볼은 눈물로 질퍽했다. 아냐는 키며 몸집이며 옛날과 하나도 변한 게 없다 싶을 때, 아냐가 선수쳤다.

"마리는 옛날보다 50퍼센트 정도 불어보이네."

"그 무렵은 45킬로그램이었고 지금 67킬로그램이니까 정말이다! 50퍼센트 불었네. 딱 알아맞혔어, 굉장하네!"

처음으로 서로의 얼굴을 마주보았다.

"조금 통통해지긴 했지만 꿈에서까지 본 마리의 얼굴이야. 하나도 안 변했어!"

아냐는 양손으로 내 얼굴을 감싸쥐고 볼을 비비며 외쳤다. 밤색 눈에서는 아직도 눈물이 흘러내리고 있다.

"아야, 아퍼! 아냐도 하나도 변하지 않았어!"라고 하면서도 미간과 눈 밑에 자리잡은 골이 너무 깊은 데 내심 당황스러웠다. 생각보다 아냐는 많이 늙어보인다. 밤색 머리칼도 반백이었다.

"지금 나를 꿈에서도 본다고 했지? 그 꿈속에서 내가 어느 나라 말을 했어?"

"그것까지 생각해본 적은 없었는데 음, 역시 영어, 영어 같은 생각이 들어."

"아냐는 다섯 살부터 베이징에서 살았고, 일곱 살부터 아홉 살까지 베이징의 소비에트 학교에 다녔다고 했지? 그 다음 반년은 부쿠레슈티의 소비에트 학교, 그후부터 열네 살까지는 프라하의 소비에트 학교에서 다녔잖아. 인간의 언어습득능력이 정점에 달하는 일곱 살부터 열네 살까지의 7년을 러시아어 학교에서 다닌 셈이라 거의 모국어 같은 거잖아. 그런 러시아어를 홀랑 잊어버렸다니 믿을 수가 없어. 잊으려야 잊을 수 없을 정도로 입에 붙어버렸을 텐데. 도대체 무슨 일이 있었어?"

"글쎄, 나도 몰라. 어느 날 쓰려고 보니 말이 안 나오는 거야. 하지만 마리가 말하는 것은 거의 알아들으니까, 수동적인 러시아어 능력은 남아 있나봐. 말하고 쓰고 하는 쪽은 잃어버렸지만. 아마 열네 살에 루마니아로 돌아가서 필사적으로 루마니아어와 필수 외국어인 프랑스어를 배우느라 러시아어 메모리가 밀려났나보지. 루마니아는 당시 반소 정책이라 러시아어는 필수과목도 아니었고. 그후 영국에 가서는 영어를 배우느라 정신이 없었지. 그러니까 러시아어가 남아 있을 틈이 없었던 게지."

"아냐랑 같이 러시아어 책을 얼마나 많이 읽었는데. 아냐가 좋다는 책은 꼭 읽었고, 아냐도 내가 권하는 책을 읽었잖아. 책을 읽기만 했어도 잊어버리진 않았을 텐데. 러시아어를 쓰지는 않더라도 말야."

"그러고 보니 프라하의 소비에트 학교에서 전학 간 후, 단 한 권도 러시아어 책을 읽지 않았네."

"아까워라! 소비에트 학교에서 본국 애들 제외하면 아냐가 러시아를 제일 잘했잖아!"

"어라, 그건 마리잖아!"

"저어, 엄마. 그만하면 됐잖아?"

아냐 뒤에서 귀여운 목소리가 들렸다.

"어머 맞아. 마리, 우리 큰딸 낸시야. 열여섯 살이구. 학교 수업을 빼먹고 날 따라왔어."

긴 빨강머리를 허리까지 드리운 가냘프고 아담한 소녀. 조금도 아냐를 닮지 않았다.

"아빠 닮았나봐?" 하며 오른손을 내미니, 손을 마주잡으며 안겨와 내 볼에 쪽쪽 뽀뽀를 해준다.

"정답! 머리색이며 골격이며 아빠 축소판이죠. 어? 엄마, 저게 뭐죠?"

낸시의 시선 저편으로 동상 앞에 촛불을 놓고 가는 사람들이 보였다.

"맞다, 오늘이 벨로드 혁명(체코슬로바키아에서 1989년 11월에 일어난 민주화 혁명. 유혈사태가 없었다고 해서 붙여진 이름이다—옮긴이) 기념일 아닌가? 낮에는 기념집회가 있었지 아마."

묵묵히 참고만 있던 사람들이 이 광장에 모여들어 드디어 압정을 무너지게 한 벨로드 혁명에 대해 아냐가 말하기에, 나는 또 하나의 사건을 생각했다.

"아냐, 1968년 '프라하의 봄'이 진압될 때 어떻게 지냈어?"

"부쿠레슈티에서 열린 항의집회나 데모에 참가했어. '소련은 체코에서 물러나라'는 구호를 외치며 말야."

"뭐! 야 대단하네. 난 며칠이나 울고 지냈는데."

다음 순간 그 당시는 정권을 쥔 지 얼마 안되는 차우셰스쿠가 소련에 거리를 두기 시작할 때였던 것이 생각났다. 자유화운동 진압을 위해서 체코로 침공한 바르샤바 조약기구 군을 루마니아 군대는 거들지 않았고 차우셰스쿠 정권은 소련이 한 짓을 공공연히 비난했다.

"그 항의 운동은 누가 조직한 건데?"

"글쎄? 대학 당국과 청년동맹에서 가라고 해서."

"적어도 루마니아 정권과 당에 반기를 든 것은 아니란 말이지?"

"응?"

아냐는 내 질문의 의미를 이해하지 못하겠다는 얼굴을 했다.

"그럼 반체제적인 행위가 아니었던 거지?"

"집회에서는 차우셰스쿠 스스로가 연설한걸."

"어휴, 엄마. 벌써 9시 반이에요."

활달한 낸시가 이끄는 대로 바츨라프 광장을 내려와 왼쪽으로 꺾어 호텔로 향했다. 아냐는 내 어깨를 꼭 안은 채 걸으며 몇 번이나 내 얼굴을 확인하듯 들여다본다.

"마리 맞지? 정말 마리 맞지?"

체크인을 한 다음 아냐는 마치 영원한 이별을 고하듯이 나를 꼭 껴안았다.

"방에서 샤워 좀 하고 여행의 먼지를 벗은 다음 곧 만나자."

"아직도 과장벽은 그대로네. 좋아, 저녁은 내 방에서 룸서비스를 시켜둘 테니 같이 먹기로 해."

다시 나타난 아냐는 날 또 껴안았다.

"이게 꿈은 아니지? 정말 꿈 아니지?"

이상하다. 따뜻하고 포근한 아냐의 가슴에 묻혀 모음을 희한하게 늘이는 애교스러운 아냐의 말을 듣고 있으면 주위의 공기까지도 부드러워지며 심신이 아늑하게 안정된다.

"아냐랑 같이 있으면 행복한 마음이 된다고 아냐 아버지께서도 말씀하셨어."

상냥하게 웃고 있던 아냐의 미간에 갑자기 깊은 골이 새겨졌다.

"아 참, 부쿠레슈티의 친정에 갔었다며. 삼엄했지? 경비가."

"맞아. 맨션 참 좋더라."

"그까짓 게 뭐 대단할 거 있어."

"그래도 평범한 루마니아인이 사는 집과 비교하면 궁전 같잖아. 아직도 차우셰스쿠 시대의 특권이 계속되고 있는 거니?"

"특권은 무슨 특권. 하지만 그 야단스런 경비는 놀랄 만하지. 루마니아의 그런 점이 난 참을 수 없어. 정말 후진국이야. 어느 쪽이냐 하면 유럽이 아니라 터키라고 볼 수 있지, 그 나라는 아직도. 아버지는 그것에 과감히 투쟁해오셨고."

머리가 혼란스러워졌다. '투쟁'이라는 단어는 그런 데 쓰는 것이었던가. 그 체제의 버팀목이면서 자기 자식들만은 외국으로 피

신시키는 것을 투쟁이라고 해도 좋은가. 게다가 국민의 평등을 외치는 한편으로 그리도 빈부의 차가 있다면 경비를 안 하는 게 오히려 더 위험할 거다.

"마리, 왜 그래? 심각한 얼굴로?"

"아냐는 그 후진 체제를 바꿔보려고 투쟁해본 적 있어?"

"그 나라를 떠나는 것이 내겐 투쟁이었어. 물론 나라를 떠난 것은 그이를 만났기 때문이지만 말야."

아냐는 스펜서 백작 가문의 후손인 남편과의 만남을 말해주었다. 그리고 지금 하고 있는 여행잡지사 편집 일이며, 음악평론가인 남편과 두 딸과의 생활에 대해서도. 원래 천천히 말하는 편이지만 영어 실력이 모자라는 나를 위해서 더욱 나른한 말투가 되어주었으니, 지금 생활을 마음으로부터 만족해하고 있다는 것이 단어 틈새로 풍겨났다. 그중에서도 몇 번이나 "어퍼클래스"라는 말을 토했다.

"지금 우리 가족이 누리는 생활은 영국의 전형적인 중류계급의 위쪽에 속하지 않을까 싶어" "남편 수입과 내 수입도 중상 정도쯤 되는 것 같아" "지금은 런던 시에서 차로 30분 정도 거리에 집을 지었거든. 그 주택가도 중상쯤 될까" 이런 식이었다.

마음 좁은 나는 나도 모르게 꼬집고 말았다.

"루마니아 특권층에 속하는 것보다 영국의 중상류에 머무는 편이 더 좋아?"

"특권이라니. 마리는 우리 가족이 특권을 향유했다고 느끼는 모양이지? 그딴 게 무슨 특권이야. 이곳 하류계급이 물질적으로는 더 풍요로워."

"하지만 루마니아의 보통사람들 살림보다는 훨씬 더 풍요로울 수 있잖아."

"글쎄."

"미르차를 만났어."

아냐는 순간 노골적으로 싫은 얼굴을 하더니 이내 아무렇지도 않다는 듯이 미소를 띠었다. 미르차를 만나기로 했다고 말했을 때 아냐 어머니가 보이셨던 표정과 똑같다.

"그 수염 아직도 그러고 있지?"

"응. 난 처음에 이디시 극장에서 본 배우인 줄로만 알았다니까."

"호호호호, 그거 유대인 풍습을 따라하느라 그러는 거야. 자신의 출신에 눈떴다고나 할까."

"미르차는 보통 루마니아인들과 같은 학교에 다니면서 자신들이 특권적인 위치에 있다는 걸 알고 충격을 받았다고 하더라. 넌 특권계급을 위한 특별학교에 다녔다고도."

"마리는 그걸 그대로 믿어? 미르차는 꼬일 대로 꼬여서 무엇이든 비뚤게 본단다."

"그럴까? 마음이 청빈하고 고결한 삶을 살고 있는 것처럼 보였는데, 난."

"미르차의 마음이 비뚤어진 건 첫 결혼에 실패해서 그래. 동창이었는데, 그야 가련한 미인이었지. 근데 상류지향이 무지 강한 여자였어. 부모님은 처음부터 극구 반대하셨지. 루마니아의 지배층에 끼고 싶어서 미르차랑 결혼하려는 걸 알아채셨던 모양이야.

그걸 알고 미르차가 곧 헤어지려고 하자 그 여자는 딱 달라붙어서 놓아주질 않는 거야. 우수한 변호사까지 댔잖아. 그 애 딸린 변호사가 지금의 마누라지. 봤지? 미르차는 남에게 자기의 이상을 밀어붙이려는 데가 있잖아. 게다가 꽉 막혀놔서 그 애한테도 미움을 받고 있잖아."

"그런지 어쩐지는 모르지만 그 딸아이가 밤에 일을 나간다면서 머리를 싸매던데."

"그것 봐. 뭐든 부정적이고 비극적으로 보는 미르차 버릇 그대로잖아. 그 딸아이는 피부에 기병이 있어서 햇빛을 받으면 생명에 지장이 있어. 그러니까 밤일을 택한 거지. 일부러 골라서 어둠을 택한 게 아니라 병 때문에 낮일을 할 수가 없을 뿐이야."

"어머나, 그게 정말이야?"

"응. 그렇게라도 해서 자립해서 살려는 딸을 미르차는 대견하게 봐주지 못하는 거야."

"딸은 그렇다 치더라도, 난 미르차의 사는 방식이 청렴하고 멋있는 것 같아."

"그래?"

아냐는 맥없이 말하더니 일어섰다.

"마리, 오늘 밤 수다 떨면서 밤을 새울 작정이었는데, 자꾸 졸리네. 여기 오기 전에 동남아시아를 다녀온 피로가 몰려오나봐. 미안하지만 그만 자야 할까봐."

미간의 주름이 한층 깊어진 듯 보였다.

"잘 자."

볼을 비비며 방을 나서는 아냐의 뒷모습은 완전히 노파였다. 가슴이 에인다. 내가 미르차를 칭찬하면 할수록 아냐와 아냐 부모님의 삶을 비난하는 꼴이 되니까.

혼자가 된 방에서 결국 난 이튿날 아침까지 잠시도 눈을 붙이지 못했다. 내게 아냐를 비난할 자격 따위가 있을 리 없다. 내가 아냐나 미르차와 같은 처지가 된다면, 아냐가 택한 길을 거부할 수 있었을까. 미르차처럼 행동할 용기가 있었을까.

그래도 나는 미르차 쪽의 삶에 더 공감한다. 그러니 혹여 아냐와 같은 길을 택했더라면 난 나 자신을 사랑하지도 존경하지도 못해 몸부림쳤을 것이다. 그런 자신이 부끄러워 후회와 자책으로 괴로워했을 것이다. 아냐처럼 미르차를 괴짜라고 멸시하지 못했을 것이다……. 아냐는 자기모순 같은 것은 안 느끼는 걸까? 소녀 때 그리도 "인민을 위해서"라느니, "나라를 사랑해 마지않아" 하는 창피할 정도로 촌스런 대사를 읊더니만, 어쩌면 그건 모두 사실은 그렇지 않은 마음이 생겨 마음에서 떨쳐내려고 그런 슬로건 같은 말을 해댔던 것일까 싶기도 하다. 늦둥이로 태어나 부모님의 사랑을 듬뿍 받으며 그 사랑을 저버리는 행동을 할 수 없어 늘 착한 모습만 보여야 했던 아냐. 그녀는 그때그때의 체제에 적응하느라 온몸으로 감당해온 것이다. 그럴 때마다 낡은 주의는 깨끗이 버렸고. 아냐가 러시아어를 잊어버렸다는 것에 놀랐지만 그건 아냐의 습성으로 보면 당연한 귀결이다. 늘 이긴 편에 있기 위한 과잉반응이라는 습성.

아무리 그렇다지만 미르차를 멸시하는 것도 아냐의 본심일까.

그건 믿을 수 없다. 아냐는 미르차의 이름을 말한 순간 그토록 싫은 얼굴을 했다. 내가 미르차를 칭찬할 때마다 필사적으로 저항을 했고. 그만큼이나 신경이 간다는 말이 아닐까. 미르차의 존재는 아냐의 양심을 찌르는 가시일까. 아냐의 미간에 새겨진 골이 눈앞에 어른거려 괴로웠다.

이튿날 이른 아침, 레스토랑에 가서 뜨거운 커피를 위에 쏟아붓고 있으니 아냐가 내려왔다. 눈 밑에는 다크서클이 생겨 있다. 아냐도 마찬가지로 잠을 설친 게지. 미안했다고 말하려는 순간, 아냐가 환한 웃음을 보이며 볼을 비벼오는 바람에 때를 놓치고 말았다.

"안녕? 아, 오랜만에 잠 잘 잤어. 오늘은 뭐 할까? 뭘 하든지 점심은 크네들리키(과일 든 찐빵)로 하자구."

"좋아. 하지만 우선 모교부터 간 다음에. 지금은 중등간호학교가 되어버렸는데 미리 신청해서 견학 허락을 받아뒀어. 크네들리키는 그 다음."

"와! 준비 만점!"

그렇게 말하면서 아냐는 내게 안겨왔다. 아냐의 두툼하고 따뜻한 가슴팍이 느껴져오자 어제의 체증이 거짓말처럼 쑥 내려갔다.

교사는 하나도 바뀐 게 없었다. 대리석 복도 바닥도 계단도. 물론 소련국기도 레닌 흉상도 없었지만 교실 분위기는 옛날 그대로였다. 가운데 축을 중심으로 좌우로 두 개가 나란히 붙어 있는 칠판도 옛날에 쓰던 그대로.

"30년 전 것이 아직도 쓰이고 있다니 꽤 튼튼한 것이었나보네."

그때 마침 벨이 울렸다.

"어머, 벨 소리도 똑같다."

"정말 그렇네."

"그치, 마리. 그땐 너나 나나 정말 천진무구해서 체제를 믿어 의심치 않았지?"

나까지 싸잡지 마, 하고 말하고 싶었지만 노스탤지어에 젖어 있는 아냐의 서정적인 감정을 해치고 싶지 않아 가만히 있었다. 아냐는 말을 이었다.

"그 무렵은 모든 세상일을 흑백으로 나눌 수 있었어. 지금은 뭐가 희고 뭐가 검은지조차 모호해. 현실은 회색이란 걸 터득하긴 했지만."

맞장구칠 수가 없었다. 그런 일반론 뒤에 숨어 아냐가 자신을 합리화시켜가는 것이 싫었다.

"아냐의 애국심은 소비에트 학교에서도 둘째가라면 서러웠잖아. 그것도 흑백의 세계였어? 국적을 바꿀 때 힘들지 않았어?"

"마리, 국적이란 건 말야, 21세기에는 없어질 물건이야. 내 속에서 루마니아는 10퍼센트도 안돼. 난 90퍼센트는 영국인이라고 생각하고 있어."

아냐는 아무렇지도 않게 말했다. 너무나도 충격적이어서 난 할 말을 잊었다. 부쿠레슈티에서 본, 쓰레기를 뒤지던 모자가 생각났다. 생기를 잃은 눈을 한 사람들의 모습이 파도처럼 몰려왔다가 사라졌다.

'정말 그렇게 생각하니? 루마니아인들이 행복하다면 지금의 네 말은 가볍게 흘려버릴 수 있다고 생각해. 하지만 그리도 불행에 짓눌려 있는 루마니아인을 보면서 어떻게 그런 마음이 드는지 난 이해가 안돼. 네가 최고의 교육을 받을 수 있었고 외국까지 나갈 수 있었던 것은 특권을 써서 밑에서 올라온 돈이며 성과를 이용할 수 있었기 때문 아니니? 그런 것에 마음이 아프지도 않아?' 이런 생각이 머릿속을 맴돌았지만 입이 잠기어 말로 나오지 않았다. 아냐는 상기된 얼굴로 연거푸 말을 쏟아냈다.

"그런 거야, 마리. 민족이나 언어라는 건 하찮은 거야. 인간의 본질로 보면 그리 큰 문제가 아닌 거지. 난 지금 영어로 얘기하고 있고 마리는 러시아어로 말해도 서로가 100퍼센트 이해하고 있잖아?"

"비슷한 존재로서의 인류란 말이지."

내 딴에는 잔뜩 비꼬아서 말한 것인데 아냐는 더욱 고조되어 흥분된 어조로 말을 이었다.

"인류는 곧 단 하나의 문명어로 커뮤니케이션하게 될 거야."

"아냐, 우리들의 대화가 성립되는 것은, 정도의 차는 있다 한들 서로 영어와 러시아어를 어느 정도 하니까 가능한 거야. 네가 루마니아어로 내가 일본어로 말했다면 의사소통이 가능했을까? 아니, 추상적인 인류의 일원이라는 건 이 세상에서 단 한 사람도 존재할 수 없어. 모든 사람은 지구상의 구체적인 장소에서 구체적인 시간에 어떤 민족에 속하는 부모에게서 태어나 구체적인 기후조건 아래서 그 나라 언어를 모국어로 삼아 크잖아. 어느 인간에게도 마치 대양의 한 방울처럼 바탕이 되는 문화와 언어가 스며 있어. 또 거기엔 모국의 역사가 얽혀 있고. 그런 것에서 완전히 자유로워진다는 것은 불가능한 일이야. 그런 인간이 있다면 그건 종이쪽처럼 얄팍해보일 거야."

"……."

"좋든 싫든. 아무리 거부하려 해도, 저항하려 해도……."

"마리, 도대체 무슨 말이 하고 싶은 거야?"

'예를 들면 아냐는 지금 10퍼센트의 루마니아인이라고 했지. 하지만 그 마음속에는 나라를 오랫동안 갖지 못한 유대 민족의 역사가 겹쳐 보이는 느낌이 들고, 네 말투는 차우세스쿠와 똑같아' 라는 말이 목에까지 올라왔지만 꿀꺽 삼켰다. 나는 숨을 크게 한 번 쉰 다음 물었다. 목소리가 갈라졌다.

"루마니아인들의 참상에 마음 아프지 않아?"

"그야 마음 아프지. 아프리카에도 아시아에도 남미에도 이보다 훨씬 심한 곳이 많아."

"하지만 루마니아는 네가 자란 곳이잖아."

"그런 좁은 민족주의가 세계를 불행하게 하잖아."

동그란 밤색 눈을 더 크게 떠보이며 내 눈을 똑바로 들여다보는 아냐는 성실 그 자체라는 모습이었다.

하얀도시의 야스나

그림 속에 야스나는 없었지만 야스나의 얼굴은 그림이 없어도 떠올릴 수 있었다. 그런가? 야스나는 내 마음속에 자기 자리가 확고하게 있다고 믿어시 그림에 넣지 않은 건가?

“로마 제국의 영토가 점점 넓어지자, 도나우 강은 그 영토의 북쪽 경계를 맡게 됩니다. 도나우 강을 사이로 로마 제국은 이민족과 맞서게 됩니다. 그 때문에 강을 따라 몇 개나 요새가 축조되어 갔습니다. 도나우 강과 사바 강이 합류하는 지점을 내려다보는 언덕 위에 건설된 것이 신기두늠이라는 요새 도시입니다. 발칸 반도의 교통 전략상의 요충지로서 고대 사회에 널리 알려진 듯하며, 역사의 아버지인 헤로도토스나 헤시오도스가 남긴 문헌에도 그 이름은 등장합니다. 덧붙이자면 헤로도토스는 지금부터 약 2500년 전에 신기두늠을 “끝없이 파괴를 되풀이하는 도시”라고 쓰고 있습니다. 온난한 기후와 비옥한 대지를 두고, 고대로부터 많은 민족이 끝없이 항쟁과 파괴 약탈을 되풀이하는 무대가 되어왔습니다. 켈트인, 로마인에 이어 중세 이후 무대의 주역이 되는 것은 슬라브인, 마자르인, 터키인이죠. 근세에 들어서는 오스트리아인이 보태집니다. 그런데 이 도시의 현재 이름인 베오그라드는 슬라브 민족의 일파인 세르보크로아트어로 '하얀 도시' 라는 뜻입니다만, 이름을 지어준 사람은 의외로 터키인입니다."

여기까지 단숨에 말하자 야스민카는 우리들의 반응을 확인하듯 교실 전체를 둘러보았다. 홀딱 반할 정도로 침착하다. 목소리는 결코 크지 않지만 한마디 한마디가 또박또박하게 듣는 이의 의식 속으로 파고든다.

안나 파블로브나 선생님도 창에 기대어 학생들과 함께 야스민카의 말에 귀 기울이고 계신다. 대학에서 역사학부를 졸업한 후, 오랫동안 흑해 연안에서 스키타이 유적을 발굴해온 안나 파블로브나 선생님은 소비에트 학교 교사들 중에서도 손꼽히는 이야기꾼이었다. 화제가 풍부하여 내용을 생생하게 전해주는 방법이 절묘했다. 그 안나 파블로브나 선생님에게도 지지 않을 정도로 야스민카는 당당하게 말하고 있다.

이 학교는 50여 개국에서 모여든 아이들이 다니고 있으니, 지리와 역사를 담당하는 안나 파블로브나 선생님은 학습 대상이 된 나라 출신이 반에 있을 때는 그 학생에게 자기 나라에 대해서 발표하게 하는 수업방식을 취했다.

지명을 받으면 어느 아이라도 잔뜩 긴장한다. 되도록이면 자기 나라를 잘 보이고 싶어 보통 숙제보다 열 배는 정성을 들여 준비한다. 하지만 잘 알고 있다고 생각한 모국 일인데, 막상 발표하려고 하면 무엇을 빼고 무엇을 강조해야 할지, 무엇부터 말해야 할지 공황상태에 이른다. 그러곤 모두들 앞에서 말을 시작하려 할 때면, 완전히 평정심을 잃고 의욕만이 앞서나가는 바람에 열심히 준비한 원고 내용을 홀랑 잊어버리거나 혀가 꼬여 결국 발표는 엉망이 되고 만다. 아아, 사랑. 과잉 사랑은 이리도 애물인가. 듣고 있는 교사도 반 아이들도, 이런 현상은 다들 겪은 적이 있는지라 동병상련이라는 심정으로 미소를 띠며 버벅거리는 발표를 들어주는 너그러움을 보여준다.

하지만 야스민카는 어떤가. 떨기는커녕 차분한 몸짓과 그 당당함이라니. 너무 힘주지도 않고 천연덕스럽기까지 하다. 그러면서도 자기가 말할 내용뿐 아니라 어떻게 말해야 상대방이 잘 알아들을지까지도 계산해가며 발표하고 있는 것이다.

교실 전체로 시선을 띄운 다음, 야스민카는 늘씬한 몸매를 90도로 휙 하고 돌리더니 칠판에 붙여둔 유고슬라비아 연방의 지도 속에서 베오그라드 시를 가리키며 말을 이었다.

"러시아의 레닌그라드니 스탈린그라드처럼, 슬라브계 언어인 '그라드'라는 말은 '도시'를 뜻하죠. 마치 독어로 잘츠부르크나 함부르크라고 할 때의 '부르크'랑 같은 쓰임입니다. 어원을 찾으면 그라드는 울타리, 부르크 쪽은 둥지라는 뜻까지 거슬러 올라가죠. 그런데 이 도시가 '하얀'이라는 수식어를 얻게 된 무렵에는 그라드도 부르크도 이미 요지나 성새城塞라는 의미로 쓰이는 쪽이 많았습니다. 그러니까 이 도시가 '하얀 도시'라는 명칭을 얻게 된 것은 아마도 성새의 벽이 하얗기 때문에 그런 거라고 생각하기 쉽죠."

야스민카는 교단 위에 둘둘 말아둔 다른 지도를 익숙하게 펼치더니 유고슬라비아 연방 지도 옆에 붙였다.

"이건 베오그라드 시가지도입니다. 도나우 강과 사바 강 사이에 위치한 지구가 구시가지고, 두 강이 합류하여 폭이 넓어진 곳에 큰 삼각주가 있습니다. 신 베오그라드라고 불리는 신시가지입니다. 지금 빠른 속도로 건설이 진행되고 있는 곳이죠. 도나우 강과 사바 강이 겹치는 곳에 위치하고 있습니다. 이것 보세요, 마치 뱃머리 같죠? 이렇게 예각으로 돌출된 곳에 신시가지를 조망할 수 있는 언덕이 있습니다. 현재 칼레메그단이라는 공원이 자리해 있죠. 칼레메그단은 옛날 여기에 있던 성의 이름이랍니다. 공원 강기슭 쪽은 아직도 옛 성새의 일부가 남아 있죠.

그럼 이 성새가 흰가 하면 그것도 아니랍니다. 보통 볼 수 있는 벽돌색이죠. 물론 이 도시를 차지해온 민족들은 그때마다 선주민이 세운 성새를 파괴하여 자기네들의 요새로 바꿔 지었습니다. 파괴하고 다시 짓고. 이런 흔적은 아직도 칼레메그단 공원에 남아 있는 성새에 역력히 드러나 있어요.

그렇다면 14세기, 세르비아 등의 발칸 연합군이 오스만투르크군에 패할 무렵의 성새가 희었던가 하고 생각할 수도 있겠죠. 하지만 칼레메그단 유적에서도, 갖가지 문헌에서도 당시의 성벽이 하얬다는 증명을 할 수가 없답니다. 그럼 왜 터키인은 하얀 요새라는 이름을 지었을까요?"

야스민카는 듣는 이가 알고 싶어하는 곳을 파악하고 있는 듯 딱 거기서 입을 다물었다. 암갈색 눈동자는 짓궂게 반짝이고 있다. 다음 말이 언제 나오나, 교실 안의 모든 사람이 야스민카의 입을 주목하고 있다. 완전히 야스민카의 독무대다.

"그건 오스만투르크 군이 처음 이 도시에 쳐들어왔을 때, 그 요새가 하얗게 보였기 때문입니다."

야스민카는 전학 온 지 1주일도 채 안되는데, 어쩌면 이렇게 논리정연하고 정확하게, 막힘없이 러시아어를 구사할 수 있을까.

세르보크로아트어는 러시아어와 친척 관계에 있는 슬라브어이니, 러시아어를 배우기는 나보다 훨씬 유리하다. 하지만 다른 슬라브어권에서 온 체코인이나 폴란드인, 불가리아인도 최저 2~3개월은 말이 안 통해 고생한다. 야스민카의 모국어 세르보크로아트어는 체코어에 가깝다고 했다. 그러면 러시아어와의 언어적인 거리도 거의 체코어와 같은 정도일 것이다. 그 말의 거리를 야스민카는 가볍게 뛰어넘어버렸다. 이런 것을 천재라고 하지 않을까.

교실 정면의 칠판에 붙인 유고슬라비아 연방과 베오그라드 시지도 앞에 서 있는 야스민카를 바라보고 있던 나는 그저 놀라웠고 감탄스러울 뿐이었다. 내 생각을 알 리 없는 야스민카는 말을 이었다.

"오스만투르크의 군대가 첫 공격을 시작하려 했던 것은 동이 틀까 말까 하던 시각이었습니다. 어둠을 틈타 성새의 맞은편 언덕에 집결하여 성새를 포위하는 진영태세를 이미 마치고 있었죠. 그리고 어서 날이 새어 출격명령이 떨어지기만을 기다리고 있었습니다. 요 시간대가 인간이 가장 깊은 잠을 자는 때거든요.

이제 날이 서서히 밝아옵니다. 때는 한창 가을이라 새벽 기온이 꽤 쌀쌀합니다. 급격히 내려간 기온 때문에 강의 수온과 차이가 생기죠. 그 때문에 강의 수면에서는 우윳빛 안개가 피어올랐습니다. 하얀 안개에 휩싸인 도시는 때마침 밝아온 태양빛을 받아 반짝반짝 빛을 발합니다. 그 아름다움에 터키 병사들은 전의를 잃고 말았죠. 그날의 습격은 중지되었답니다. 이리하여 이 도시는 '하얀 도시'라 불리게 되었어요. 하지만 이 하얀 도시는 결국 터키 군의 손에 함락당하고 말았지요……."

언젠가 아냐가 같은 터키 군에게 국토를 침략당한 역사에 대해 발표할 때, 루마니아인인 그녀는 훨씬 분개했었다. 아는 단어를 몽땅 나열하여 침략자를 욕했고, 정복당한 슬픔을 쏟아냈다. 독일과 러시아에 국토가 지배당한 경위를 말할 때의 폴란드인 소년 조르직도, 일본에게 국토를 침략당한 굴욕을 말할 때의 조선인민공화국의 양수도 떨리는 목소리로 얼굴을 찡그렸다. 타민족에게 유린당한 조국의 역사를 말할 때, 대부분의 아이들은 좀더 분노와 슬픔과 미운 감정을 드러냈었다. 거기에 익숙해져 있던 나에게, 거리를 둔 태도로 담담하고 객관적인 사실만을 발표하는 야스민카는 신선하게 보였다.

그날 이후, 야스민카는 반에서 무게 있는 존재로 급부상되었다. 시간이 지날수록 러시아어뿐 아니라, 수학, 물리, 화학, 음악, 뭐 하나 빠지지 않고 다 잘하는 것이다. 그것도 그다지 노력을 하는 것처럼 보이지 않았으니 워낙 머리가 좋았나보다. 만점을 받아도 당연하다는 얼굴이고 조금도 기뻐보이지 않았다.

"귀여운 구석이라곤 없다니까. 저런 타입 딱 질색이야."

아냐도 리차도 입을 모았다.

"그럴까? 멋있지 않니? 잘난 척하는 것도 아니고. 성적보다 더 가치를 두고 있는 게 있나보지, 아마도. 쟤는 어쩐지 어른 냄새를 풍겨."

"그럼 마리 너나 친구해주렴."

"그렇게 하고 싶지만 다가서기가 어려워서."

"그치? 뭐랄까 남을 다가서지 못하게 하는 차가운 시선을 보내잖아."

"차갑다기보단 객관적인 것이 아닐까? 차가운 사람이 어떻게 그렇게 재미있게 얘기할 수 있으며 저렇게 매력적인 그림을 그릴 수 있겠니?"

체육과 무용을 뺀 모든 과목을 거의 완벽하게 해냈지만 그중에서도 특히 그림 솜씨가 빼어났다. 야스민카가 전학 와서 미술 수업을 처음 받던 날, 그녀의 옆을 지나치던 아나톨리 일리치 선생님은 발을 멈추고, "어? 으음" 하고 신음소리를 냈다. 그러곤 갑자기 교실을 뛰쳐나갔다.

반 아이들은 또 시작했다 하는 눈짓을 보냈다. 이 소비에트 학교 선생님들은 제자의 재능을 발견하면 과장될 정도로 법석을 피우는 버릇이 있다. 너무 좋아서 그 기쁨을 혼자서 감당할 수 없다는 듯이, 동료와 반 아이들을 끌어들이는 것이다. 음악 담당 이바노브나 선생님과 일리치 선생님은 특히 그런 경향이 강했다. 물론 다른 아이들에게도 당장에 이 기쁨이 전염되어 그런 재능 있는 아이와 같이 지낼 수 있다는 것에 마음으로부터 행복해하곤 했다.

다른 이의 재능을 이렇게 사리사욕 없이 축복해주는 넓은 마음, 사람 좋은 성향은 러시아인 특유의 국민성이 아닐까 하고 깨닫게 된 것은 그로부터 4반세기나 지나서다. 러시아어 통역으로 많은 망명 음악가와 무용가를 접했는데 그들은 내게 이런 얘기로 망향의 한을 풀어놓았다.

"서구로 와서 가장 힘들었던 것, 이것만큼은 러시아가 뛰어났다고 절실하게 느낀 게 있어요. 그건 재능에 대한 사고방식의 차이죠. 서구에선 재능이 자기 개인에 속하는 것이지만, 러시아에선 모든 이의 재산이랍니다. 그러니 이곳에선 재능 있는 자를 시기해서 어떻게 하면 끌어내릴까 안달이죠. 러시아에선 재능 있는 자는 무조건 사랑받고 모두가 받쳐주는데……."

하여튼 예상대로 교실을 뛰쳐나간 일리치 선생님은 잠시 후 직원실에 있던 선생님 모두를 데리고 왔다.

"이것 보세요, 이 그림 말이에요. 구도며 색채감각이며, 천재죠? 게다가 이 조형능력. 두려울 정도로 독창적이에요. 전 이것을 보는 순간 온몸의 털이 곤두섰답니다."

상기된 얼굴로 말하는 일리치 선생님 목소리는 흥분으로 갈라졌다. 다른 선생님도 이구동성으로 감탄과 찬사를 보냈다. 하지만 감탄의 대상의 된 야스민카 본인은 뭐 그리 대단할 게 있냐는 투였다.

"저 봐, 아무튼 저렇다니까. 귀여운 데라곤 찾아볼 수가 없어."

이때도 아나와 리차는 이렇게 중얼거렸다.

"맞다, 맞아. 하지만 그림에 박력은 있잖아? 재능은 인정해주지 뭐."

"근데, 저 그림을 보고 있으니 뭔가 그리워지는 마음이 들어."

"엥? 마리는 희한한 감수성이 있네. 저 박력에 어디 그리움을 느낄 데가 있어?"

야스민카의 그림은 좋고 싫고를 떠나서, 보는 이의 발걸음을 멈추게 하는 힘이 있었다. 구상화도 추상화도 아니다. 망설임 없는 선으로 그은 대담한 구도와 아무도 예상치 못할 색감은 보고 있는 자로 하여금 안정감을 잃게 한다. 더구나 야스민카는 모든 그림에 그런 개성을 짙게 반영시켰다. 한눈에 야스민카의 그림이라고 알아볼 스타일이 이미 확립되어 있었다. 아직 열세 살이란 것을 생각하면 경이롭지 않을 수 없다.

그로부터 얼마 후, 인체해부학 시간에도 야스민카의 성격을 말해주는 사건이 있었다. 식물학 · 동물학 · 생물학 · 인체해부학, 이렇게 네 과목을 담당하는 마리아 알렉산드로브나 선생님은 은발을 정수리에 말아올린 예순의 독신 여성으로 성실하고 엄격하신 분이다. 수업은 그녀 특유의 문답 형식을 즐기는 방식이었다.

그날의 수업은 알렉산드로브나 선생님의 이런 질문으로 시작되었다.

"인체의 기관에는, 어떤 조건 아래서는 6배로 팽창하는 곳이 있습니다. 그것은 어떤 이름의 기관이고, 그 조건이란 무엇일까요?"

답해줄 아이를 찾아 교실 내를 둘러보시는 선생님의 매서운 눈매는 마치 서치라이트처럼 보였다. 그러면 우리들은 서치라이트에 비쳐지는 것이 두려운 탈옥수처럼 몸을 움츠렸다. 하지만 그에 상관없이 서치라이트는 조준한다.

"그럼 타냐 모스코프스카야, 답을 들려주세요."

타냐는 선생님이 질문을 시작할 무렵부터 몸을 잔뜩 옴츠리고 있었으니 자업자득일지 모른다. 아버지가 소련 대사관 2등 서기관이던 타냐는 할아버지가 혁명에 공적이 있는 장군이셨다는 것을 늘 뻐기고 다녀 다른 아이들의 미움을 사던 아이였다. 할아버지 별장 옆에 코스이긴 수상 딸이 이사해 왔다느니, 여름방학 때 풀장에서 흐루시초프의 손자와 같이 헤엄쳤다느니 그런 말만 늘어놓으니, 같은 대사관원 자제들은 그래도 들어주는 척이나마 했으나 모두들 그 밉살스러움에 내심 짜증이 나 있었다. 그런 데 신경 쓰지 않아도 좋은 우리 비소련인들은, 또 시작했다 하는 태도로 대하고 있었다.

"왜 그래 타냐? 뭘 그리 옴츠리고 있니?"

타냐는 얼굴이 빨개져 밑을 보고 꾸물거렸다. 괜찮을까?

"이봐요 타냐, 뭐 하는 거야? 똑바로 대답해봐요."

"하지만 선생님, 전 창피해서 답을 할 수가 없어요."

타냐는 더욱 몸을 비틀면서 변명했다.

"우리 부모님은 엄격하세요. 조부님의 이름에 누가 되지 않도록 하라고 늘 말씀하셨거든요. 선생님은 그런 저를 부끄럽게 하시렵니까? 절대로 절대로 답할 수 없어요."

마지막은 거의 항의하는 어투가 되어 말을 마치자 타냐는 일부러 쾅하고 앉았다.

그 순간 타냐가 무엇을 상상하고 그런 대답을 했는지를 알게 되었고 교실은 폭소의 도가니가 되었다. 한참 동안 아무도 의자에 제대로 앉아 있을 수 없을 정도로 웃음바다가 되어버렸다. 웃지 않았던 사람은 멍하니 입을 벌리고 있던 타냐와 어이없어진 알렉산드로브나 선생님, 그리고 주위와는 선을 긋고 초연하게 있는 야스민카뿐이었다.

그러자 선생님은 야스민카를 조준했다.

"좋아. 그럼 야스민카 디즈다레비치, 같은 질문에 답해주세요."

야스민카는 일어나더니 당장에 간결하게 답했다.

"네, 밝은 곳에서 갑자기 어두워졌을 때의 동공입니다."

"맞아요. 야스민카의 답이 정답입니다. 동공은 마치 사진기의 조리개와 같은 역할을 하고 있지요."

마리아 알렉산드로브나 선생님은 만족스러운 얼굴로 야스민카에게 앉으라는 눈짓을 보낸 후, 타냐를 향해 이런 말을 덧붙이셨다.

"모스코프스카야에게 세 가지 해줄 말이 있어요. 첫째, 숙제를 안 해왔죠? 둘째, 엄격한 가정교육을 받아온 모양인데요, 그 머리통 속에 떠오르는 생각이 품위 있다고 할 수 없는 것도 위대한 조부님 덕인가요? 셋째," 하고 말하려는 순간 선생님은 갑자기 부끄러운 듯 입을 다무셨다.

"셋째!?"

아이들은 일제히 몸을 내밀며 입을 모았다.

"선생님, 셋째는 뭐죠?"

선생님은 당황해하며 어쩔 줄 모르셨다.

"아……아무것도 아니에요. 아니, 둘이라고 말하려는 걸 잘못해서 셋이라고 말했을 뿐이에요."

완전히 평정을 잃으셨지만 아닌 척하려고 화제를 바꾸셨다.

"그것보다 오늘 테마는 안구의 구조에 대해서였죠? 안구 각 기관의 역할은 사진기와 비슷하답니다. 아니 인간의 안구를 본떠서 사진기를 제작했다고 봐야죠."

아닌 척하면 할수록 더욱 알고 싶어지는 것이 인간이다.

"그보다 선생님, 아까 하시려던 말씀을 계속해주세요. 셋째는 뭐예요?"

선생님은 아이들의 질문을 무시하고 말을 이었다.

"안구 중에서도 사진기의 제1렌즈, 제2렌즈에 각각 해당하는 역할을 하는 것이 뭐죠? 조르직, 대답해봐요."

조르직은 질문에 대답할 생각은 않고, 앞의 얘기를 물고 늘어졌다.

"선생님, 그전에 아까 하시던 말씀이나 맺어주세요."

교실의 아이들은 완전히 조르직에 가세했다.

"맞아요, 선생님. 셋째를 말씀해주세요."

아이들 재촉에 몰리게 된 알렉산드로브나 선생님은 야스민카에게 도움을 청했다. 야스민카만은 반 아이들에게 가담하지 않고 혼자 덤덤하게 앉아 있었기 때문이다.

"안구에서 제1렌즈, 제2렌즈의 역할을 맡고 있는 것은 무슨 기관이죠, 디즈다레비치?"

야스민카는 곧 일어서서 술술 대답했다.

"예, 제1렌즈의 역할을 하는 것은 각막이고 제2렌즈는 수정체입니다."

"좋아요. 맞습니다."

선생님께 그런 말을 듣고 난 야스민카는 자리에 앉으려다 무슨 생각을 했는지 다시 일어섰다.

"이건 어디까지나 제 상상입니다만, 선생님께서 하시려던 말씀은 이게 아닐까 싶어요."

"엉?"

마리아 알렉산드로브나 선생님도 아이들도 허를 찔린 듯 잠시 침묵이 흘렀다. 그 순간을 놓치지 않고 야스민카는 얼굴색 하나 변하지 않고 말해버렸다.

"셋째, 혹시 타냐가 정말 그렇게 생각했다면 반드시 실망할 날이 올 거라구요."

5, 6초 정도 침묵이 흐른 다음 교실에는 완전히 떠나갈 듯한 웃음이 울려 퍼졌다. 알렉산드로브나 선생님도 얼굴이 빨갛게 되도록 웃으셨다. 정말 그런 말을 하시려 했던 모양이다. 야스민카만은 폭소의 도가니 밖에 있었지만, 그래도 암갈색 눈동자만은 장난기를 머금고 반짝이고 있었다.

"아무튼 뻣뻣하다니까. 근데 재미있는 애지?"

옆에서 리차가 속삭였다.

그리고 이 사건을 계기로 반 아이들과 야스민카와의 거리는 급속히 좁혀졌다. 아니 거리가 좁혀졌다는 말은 정확하지 않을지 모른다. 언제나 객관적이며 누구에 대해서도 어떤 일에 대해서도 깨인 눈으로, 약간 조소하는 듯이 지켜보는 야스민카의 성격은 조금도 변한 게 없었으니까. 하지만 이런 야스민카의 개성 자체를 반 아이들이 더없이 소중한 것으로 받아들이기 시작한 것이다. 하지만 야스민카에게 반하고 있으면서도 아이들은 그 이상의 거리를 좁히지 못하고 있었다. 그러던 어느 날 야스민카가 내게로 다가왔다.

때는 11월 중순쯤, 야스민카가 전학 온 지 달포 정도 지났을까. 작년에 신던 털장화가 작아져서 새것을 사려고 바츨라프 광장 근처의 백화점에서 물건을 고르고 있던 나는 입구 뒤쪽에서, "마리, 마리 맞지?" 하는 소리가 들려 뒤돌아보았다. 야스민카의 숨찬 목소리였다.

"아, 다행이다. 노면전차 정류소에서 널 보고 뛰어온 거야."

"……."

놀라기도 했고 기쁘기도 해서 말이 안 나왔다.

"쇼핑해? 같이 다녀도 돼?"

"무, 물론이지. 부츠를 사려고. 야스민카는 미적 센스가 있으니까 잘됐네, 고르는 거 도와줘."

"야스나라고 불러줘."

"야스나?"

"응, 야스민카의 애칭이야. 난 야스나로 불리는 쪽을 좋아해. 봐봐, 내가 어디로 봐서 재스민 같니?"

"그렇네. '야스나' 하면 밝다거나 분명하다는 의미가 되니까 두뇌 명석한 네겐 딱이다."

"얜, 사람 앞에 세워놓고 무슨 그런 입에 발린 소리를 하니?"

"입에 발린 소리라니. 정말 진심이야."

"뭔가 근지럽네. 그보다 어서 부츠나 보러 가자."

2층 신발가게에 들어간 야스나는 즉석에서 결단을 내렸다.

"이 검은색, 좋지 않니? 마리의 눈과 머리칼이 검으니까. 아무 옷과도 어울리고. 게다가 디자인도 주렁주렁한 게 없고. 뭐, 정하는 건 마리지만."

"와, 진짜 진짜 야스나는 야스나(명쾌)다."

"그보다는 사회주의 계획경제 덕분 아닐까? 뭐 고를 게 있어야 고르고 자시고가 있지."

"히히, 그도 그렇네. 검은색 부츠는 여기선 세 종류밖에 없으니까."

목소리를 높여 웃지는 않았어도 야스나의 암갈색 눈동자에는 예의 그 장난기가 어렸다.

"있잖아 너, 집에 돌아갈 때 우리 집에 들렀다 가지 않을래?"

부츠가 든 봉지를 안고 백화점에서 나올 때 야스나가 조심스레 물었다. 직접 대화를 한 것은 오늘이 처음인데, 쇼핑도 같이 해주었고 자기 집에도 오란다.

"놀라워라. 야스나는 무지하게 어른스러운 아이라는 이미지로 통하는데, 이렇게 사귐성 있는 성격이었다니, 반 애들에게 말하면 아마 아무도 믿어주지 않을걸."

"내가 귀찮게 구는 거니?"

"아니, 그럴 리가. 그 정반대."

"좋아라. 그런데 난 아무나보고 이런 말을 하는 건 아니야."

야스나의 장난기 머금은 암갈색 눈에 갑자기 그늘이 지는 것처럼 보여 조금 당황스러웠다.

"고마워. 사실은 무지 기뻐. 난 처음 야스나가 전학 온 날부터 너와 사귀고 싶었단다. 그치만 왠지 가까이하기가 망설여졌어. 그런데 이렇게 네 쪽에서 말을 걸어와주다니 정말 너무 기뻐."

"그건 마리에게서 나와 같은 종류의 고독의 냄새를 맡았기 때문이지."

갑자기 가슴팍을 콱 움켜잡히는 듯한 느낌을 받았다. 가까스로 대답을 했다.

"고독……이라니?"

"그래. 어찌할 수 없는 고독감."

움켜잡힌 심장을 야스나는 쥐고 흔든다. 맞다, 야스나의 말 그대로다. 내가 야스나에게 끌린 것도 야스나의 그 슬퍼보이는 고고함 때문이 아닐까 싶어져 말문이 막혔다.

야스나는 덧붙였다.

"학교 다니는 거, 힘들어?"

"눈치 챘니?"

야스나는 내게서 시선을 피하듯이 옆을 보며 그냥 끄덕거리기만 했다. 야스나도 학교생활이 힘든 게로구나. 하지만 그것을 일일이 확인할 것까지는 없다. 이 테마로 말을 해본들 헤어날 방법이 없다는 것은 뻔한 사실이다. 말해봤자 해결될 성질의 것이 아니니까. 아니 말하면 말할수록 절망스러워질 뿐이다.

1963년. 이 해는 내 생애에서 잊혀지지 않을 특별한 해다. '부분적 핵실험 정지조약' 을 두고 중국 공산당과 소련 공산당의 의견 차이가 표면화된 해……. 양국은 사실 오래 전부터 삐걱거렸다. 소비에트 학교에는 당시 사회주의 체제에 편입된 거의 모든 나라의 아이들이 다니고 있었다. 하지만 형제 사회주의 나라 중에서 최대의 세력을 가진 중화인민공화국에서 온 아이는 한 사람도 없었다. 예전에는 중공 아이도 다녔다고 했다. 하지만 나와 내 여동생이 편입하기 전 해에 일제히 학교를 그만두었단다. 교과서에는 손을 잡고 미소짓는 흐루시초프와 마오쩌둥 뒤에 양나라 국기가 휘날리는 포스터 같은 삽화가 있고, 그 밑에는 "소련과 중공 양국 인민의 형제애여, 영원하라!"라고 씌어 있었다. 하지만 선생님들은 이 내용은 아예 존재하지도 않는다는 듯이 다루지 않고 건너뛰었다. 그래도 메이데이나 혁명기념일 때마다 국제 공산주의 운동의 단결을 외쳤다. 하지만 '만국의 프롤레타리아여, 단결하라!' 하는 슬로건 뒤에서는 어쩐지 심각한 대립이 양국 사이에 벌어지고 있었나보다. 그걸 감추려 했던 것은 명백했다. 각 나라 공산당의 국제교류 기관이자, 우리 아버지가 근무하시던 편집국에서도 이미 중국 대표는 제 나라로 돌아가버렸다.

사태가 갑자기 표면화되어 급속히 악화된 계기는 1963년에 발생한 '부분적 핵실험 정지조약' 을 둔 대립이다. 서방 나라들에 대해 필사적으로 체면을 차리기 위해 걸고 있던 '중국과 소련의 단결' 이라는 간판은 이즈음에 와선 완전히 날아가버렸다. 그뿐 아니라, 지금까지 억제해온 쌓이고 쌓인 서로에 대한 불만의 봇물이 터져버린 듯 일제히 쏟아져 나왔다. 이제 '부분적 핵실험 정지조약' 은 제쳐두고, 국제 공산주의의 지도권을 둔 패권 싸움의 양상을 드러냈다.

소련과 소련의 위성국이던 체코의 매스컴은 일제히 반 중공 캠페인을 벌였고 그 내용은 점점 심해져만 갔다. 홈룸 시간에도 테마는 이것에 집중되었다. 난 가시방석에 앉아 있는 듯했다. 여동생이나 나는 학교에서 돌아오면 침대에 엎드려 울며 지내는 때가 많아졌다. 그 시점에서 일본 공산당은 부분적 핵실험 정지에 반대하는 입장을 명백히 하고 있었다. 국제 공산주의운동이 소련파와 중국파로 편이 나뉠 무렵, 일본 공산당은 중국파로 보여졌다. 그리고 내가 두려워한 대로 소련 공산당과 일본 공산당과의 논쟁도 얼마 가지 않아 표면화되었다.

매일 소련 아이들과 책상을 맞대고 공부하고 있는 나는 소련 공산당 기관지 《프라브다》와 일본에서 보름 늦게 부쳐오는 일본 공산당 기관지 《아카하타赤旗》를, 눈을 접시처럼 부릅뜨고 비교해 읽곤 했다. 서로를 매도하는 언설, 그 증오의 격렬함에 충격을 받았다.

열세 살 소녀의 눈에도 기이하게 비친 것은, 쌍방이 상대의 서간이나 논문을 게재하지도 않고, 즉 독자의 눈을 가린 채로 그 내용을 극단적으로 비난하고 있다는 점이다. 그렇게 비판할 내용이라면 원문을 공개해서 독자의 판단에 맡기면 될 것을, 하는 생각을 떨칠 수가 없었다. 또한 마르크스 · 엥겔스 · 레닌 등의 문헌에서 따온 인용은 어찌 그리도 많은지. 서로가 자신이 옳다고 주장하기 위해, 제게 유리한 부분만 따와서는 그럴듯하게 주장하는 것처럼 보였다. 그보다는 지금 현실에 비추어볼 때, 어떻게 해결해야 하는가 하는 것이 더 중요하지 않을까. 어째서 차별이 없는 평등한 이상사회를 추구하려는 동지 나라가 서로 의견이 다르다는 이유 하나로 이리도 서로에 대해 으르렁거려야 하는지 도저히 이해되지 않아 나는 절망스러웠던 것이다.

그러나 프라하의 소비에트 학교 당국과 선생님들, 또 대다수의 학부형들은 이를 최대한으로 배려해주었다. 중국 공산당에 대한 비난은 날이 갈수록 심해졌지만 일본과 소련 공산당 논쟁에 대해서는 수업에서 다루는 일이 전혀 없었다. 이데올로기 논쟁을 두고 제 나라와 제 나라 당이 옳다는 것을 아이들에게 가르치기보다는 아이들끼리의 인간관계 쪽을 우선해야겠다고 판단한 것이 아닐까. 그러니 이 문제로 무시당하거나 사이가 엇갈리는 일은 한번도 없었다.

그래도 매일 학교에 다니는 것이 고통스러웠다. 일부 소련 아이들은 부모에게 무슨 말을 들었는지 눈에 띄게 나와 내 동생에게 거리를 두기 시작했다. 아니 그건 이쪽의 지레짐작인지 모른다. 하지만 이런 일을 가지고 누구에게 의논할 상대도 없었다. 일본과 소련 공산당의 논쟁은 마치 존재하지도 않는 듯이 모두들 배려해 주었으니 이쪽도 거기에 신경을 쓰고 있다는 모습을 보일 수가 없었던 것이다.

어느새 나는 별것이 아닌 걸 가지고 일일이 신경을 쓰는 신경질적이고 상처받기 쉬운 아이가 되어버렸다. 그조차 주위에서 눈치채지 못하도록 꾸미고 있었는데, 그걸 야스나는 한눈에 알아챈 것이다. 그것은 야스나 또한 비슷한 상황이었기 때문이다. 소련 외무부에서 경영하는 우리 학교에서는 내가 전학 온 1960년 초두에서 63년 중반쯤에 이르러, 유고슬라비아를 이야기할 때 '형제 사회주의제국의 일원이 아닌' '사회주의의 탈을 쓴 자본주의 나라'라는 견해가 일반적이었다. 유고슬라비아에 관한 신문기사나 잡지 평론에서는 유고슬라비아 연방 초대 대통령 티토를 언제나 수정주의자라느니, 기회주의자라느니 하는 상투어를 붙여서 등장시켰다. 완전히 배신자 취급이었던 것이다. 아버지의 책장에 있던 책만 보더라도, 일본 공산당은 유고슬라비아와 그 지도자 티토에 대해 결코 호의를 가지고 있지 않았을 뿐 아니라, 오히려 적대시하고 있다는 것이 명백했다.

중소논쟁이 그 격렬함을 더해가는 가운데, 소련인의 유고에 대한 감정도 급격히 악화되고 있었다. 지금까지는 중공이 미운 나머지 상대적으로 유고슬라비아에 대한 미움이 작아 보였을 뿐, 사회주의의 정당한 길에서 일탈한 낙오자라는 견해에는 변함없었다.

내가 야스나와 가까워지고 싶었던 것은 야스나 자신의 매력도 있었지만 다른 이유도 분명히 있었다. 세계의 공산주의운동 중에서도 좌파에 위치하는 것으로 보이는 일본 공산당원의 딸인 내가, 극우파에 위치하는 것으로 보이는 유고슬라비아 공산주의자 동맹

원의 딸인 야스나와 친해지는 것으로써 논쟁과 인간관계는 별개의 것이라는 것을 주위에 과시하고 싶었던 것이다. 야스나에게 그런 의도가 있었는지 어쩐지는 모르지만 내게는 분명히 그런 마음이 있었다.

야스나는 갑자기 목소리를 띄워 침울한 공기를 깨주었다.

"그럼 우리 집에 들렀다 가는 거지?"

"물론이지."

나도 밝은 톤으로 바꿔 응했다.

"자 그럼 전속력으로 뛰자. 봐, 저기 7번 전차가 정류소로 들어오고 있는 중이니까."

둘은 있는 힘을 다해 뛰어가 막 출발하려는 노면전차에 올라탔다. 우리는 전차가 레트나 언덕을 올라가는 동안에도 숨을 헉헉거리고 있었다. 때때로 시선이 마주치면 야스나는 암갈색 눈동자를 장난스레 반짝거리며 미소지어주었다.

레트나 언덕을 다 올라간 정류소에서 우리는 내렸다. 야스나의 집은 각국의 재외 공관이 늘어서 있는 고급주택가에 있었다.

5층 건물의 2층 전부가 야스나의 집이었다.

"대사관에서 내준 건데, 상인의 집이었나봐. 방은 9개나 있는데 우리 가족은 4명이잖아. 엄마가 청소하기 귀찮다고 방 다섯 개만 쓰고 있어. 손님방이나 응접실은 아예 잠겨 있어. 무지하게 무지한 졸부 취미라 창피하지만 어디 한번 돌아볼래?"

"응, 재미있겠다."

새빨간 벽지를 바른 손님용 다이닝룸에 나보란 듯이 놓여진 식탁도 의자도, 고양이 발처럼 생긴 로코코풍이었다. 응접실은 벽도 장식장도 거울로 되어 있다.

"어머 어머, 손님?"

야스나를 잔뜩 살찌워 나이 들게 하면 이렇게 되겠다 싶은 얼굴이 거울 속에서 나왔다.

"엄마, 얘기한 적 있죠? 일본 친구 마리. 지금으로선 반에서 유일한 친구."

"마침 잘 왔네. 과자를 막 구워낸 참이었거든. 야스나는 홍차를 내오렴."

이끄는 대로 부엌식당으로 간 나는 빨강과 흰색의 체크무늬 테이블보가 씌워진 식탁에 자리잡았다. 야스나가 따라준 홍차는 너무나 진해 이보다 더 쓸 수는 없었다.

"야스민카, 또 홍차 잎을 아꼈나보네."

"엉? 유고에서는 홍차를 꽤 진하게 마시나봐?"

"후후, 마리. 이건 엄마 특유의 농담이야. 엄마야말로 요즘 너무 마른 거 아니에요? 이런 식이지."

"하하하하, 그러고 보니 이 홍차, 너무 묽은 거 아냐?"

"하하 그래, 마리는 아무튼 이해가 빠르다니까."

"어머 야스민카, 접시가 너무 큰 거 같은데."

야스나는 서둘러 탁자 위에 있던 작은 접시를 치우고 찬장에서 좀더 큰 접시를 꺼내왔다. 때맞춰 야스나의 어머니가 오븐에서 막 꺼내온 플레이트를 테이블 중앙에 놓았다. 딱 알맞게 구워진 파이가 지직 하고 소리를 낸다.

"자, 어서 한껏 들어요."

파이 속은 코티지치즈로, 그 위에 꿀 든 시럽을 뿌려 먹었다. 어쩌면 이렇게 맛있을까.

"야스나의 어머니는 요리 선수이신가보네."

"심심풀이지 뭐. 본국에서는 체육선생님이셨는데, 아빠 부임에 맞춰 따르다 보니 여기선 외교관 부인 노릇을 해야 하거든. 완전히 성격에 안 맞는 거야. 그래서 보시다시피 점점 빼빼 말라가신다 이거지."

"야스나 아버지는 유고슬라비아 연방의 체코슬로바키아 대사이시니?"

"대사가 아니라 공사."

"외교부에서 중국 대사를 하라고 했는데 애들 아버지가 싫다고 거절했어. 왜 그런지 아니?"

왜냐고 물으시면 곤란하다. 중국 공산당과 유고슬라비아 공산주의자 동맹은 공산진영 내에서는 물과 기름 같은 존재가 아닌가. 하지만 그런 이유로 설마 어른이 부임을 거절할까.

"후후후, 그이는 뱀이나 개구리는 죽어도 못 먹겠다는 거야. 그렇다고 외교의 연회석상에 나온 요리를 대사가 안 먹을 순 없으니 자기는 중국 대사로는 적당한 인물이 못된다는 결론을 내렸대. 그래서 이곳으로 부임한 거고."

"지금 돌아왔소."

부엌문이 열리자 키 큰 꼬챙이 같은 신사가 서 있었다.

"어머머, 호랑이도 제 말 하면……."

신사는 내가 있는 것을 알고는 다가와서 오른손을 왼쪽 가슴에 대고 경례한 후, "만나뵈어서 영광입니다. 야스민카의 아버지입니다" 하고 자기소개를 하며 내가 내민 손등에 가볍게 입맞추어주셨다. 그러곤 또 가슴에 손을 대고 가볍게 절을 하더니 부엌을 나가셨다. 이렇게 정중하게 어른 남자에게 인사받은 것은 태어나서 처음이었다.

"키키키키."

필사적으로 웃음을 참고 있었던 듯한 야스나와 야스나 어머니의 웃음보가 터졌다.

"마리, 깜짝 놀랐지?"

"응, 장난인 줄 알았어."

"아빠는 저래봬도 필사적이셔."

"저이는 외교부에서 받은 연수 내용을 곧이곧대로 실천하고 있는 거야. 암기한 대로 하느라고."

"아무튼 우리 아빠는 파르티잔 출신의 들원숭이였으니까."

야스나는 그런 아버지를 마음으로부터 존경하고 있는 듯했다.

"아빠는 열다섯 살에 독일과 우스타시에 항쟁한 파르티잔의 일원이 되셨어."

"우스타시가 뭐예요?"

"그건 독일에게 점령당했을 당시, 독일에 전면 협력해서 그 앞잡이 역할을 하던 파시스트 조직의 명칭이지."

어느새 평상복으로 갈아입고 오신 야스나 아버지의 목소리였다. 야스나의 아버지는 오른손을 가슴에 얹고 정중히 물으셨다.

"아가씨, 앉아도 좋을까요?"

내게 양해를 구하신 후, 내 맞은편에 앉으시더니 홍차를 드셨다. 그런 다음 말씀을 계속하셨다. 강한 억양의 러시아어였지만 들을수록 익숙해졌다.

"내가 왜 열다섯 살 나이로 파르티잔에 가담해서 산에 들어갔냐 하면, 그 계기가 된 일부터 말하기로 하지. 내가 마리 양과 야스민카 또래 때의 일이야. 그건 보그다노비치 선생님 덕분이지. 내가 다니던 중학교 선생님이신데, 보잘것없는 외모의 초로의 남자였어. 머리는 거의 대머리로 귀 위에만 은발이 조금 남아 있었지. 회색 눈에 둥근 테 안경을 끼고 언제나 천천히 작은 소리로 수업을 진행하셨어. 때때로 입을 다물고 인생에 지친 듯한 눈빛을 우리에게 보내곤 하셨지. 선생님이 그런 눈을 할 때면 우린 일순간에 조용해져. 하지만 그게 오래가진 않았어. 선생님이 다시 입을 열어 뭔가 희한한 곤충에 대해 설명을 시작하면 앞에 앉은 녀석은 내 쪽을 보고는 구슬을 던졌고, 나는 나대로 부엉이 우는 소리를 내기 시작해. 그러면 보그다노비치 선생님은 또 설명을 중단하고 얼굴을 드시지. "조용히." 목소리로 내지는 않으셔도 회색 눈이 그렇게 말하고 있는 듯했어.

왜 말로 안하시는지, 왜 야단치지 않으시는지, 아무래도 어딘가 음침한 느낌이 들어 보그다노비치 선생님이 좋아지지 않았어. 육감적으로 싫었다고나 할까. 그래서인가, 아무튼 난 그 선생님 수업시간에 장난치지 않은 날이 없었어. 아마도 어떻게든 선생님을 본격적으로 화나게 해보자는 심보였나봐.

어느 날, 난 학교에 망가진 프라이팬을 가지고 갔어. 한가운데 뻥 하고 구멍이 뚫려 어차피 버리는 거였거든. 그 프라이팬 테두리를 숟가락 끝으로 긁으면 끼끼 하고 소름 돋는 소리가 나지. 난 책상 아래서 그 소리를 내면서 얼굴로는 열심히 수업에 임하는 척했어. 선생님은 무당벌레의 생태에 관한 설명중이었으나 난 열중하고 있다는 걸 강조하기 위해서 오른손으로 턱을 괬어. 프라이팬은 책상 서랍 속에 두고 왼손으로 숟가락을 쥐고 긁어댄 거지.

보그다노비치 선생님은 그 소음을 이상하게 생각하셨는지 머리를 갸웃하시며 말을 끊었어. 그래도 멈추지 않는 소음에 점점 분노한 얼굴이 되었지. 목에서부터 귓불까지 당장에 붉게 물들어갔어. 난 히히 쌤통 하는 심정으로 왼손을 쉬지 않았던 거야.

어느새 보그다노비치 선생님은 내 앞에 서 계셨어. 난 혼날 걸 각오하고 일어섰어. 어떤 욕이 튀어나올지 흥미롭기까지 했던 거야. 선생님 입가는 벌벌 떨리고 있었어. 화가 나다 못해 말문이 막힌 걸 거야. 겨우 나온 말은 더듬기만 하셨으니까.

"자, 자, 자네. 뭐야 그, 그건? 기, 기관총인가?"

이것만 말하고 휙 뒤돌아서 교단 쪽으로 달려가셨어. 그러곤 수업일지를 펴더니 펜을 드는 거야. 펜 끝에 잉크를 묻히더니 "자네에 관해서 여기에 소견을 적겠네"라고 하시더군.

그렇게 말하는 선생님 목소리는 금방이라도 울 것 같았지. 회색 눈에는 눈물이 빛나고 있는 듯했고. 그 순간 선생님이 불쌍하다는 생각이 잠시 들었어. 잘못했다고 반성도 했지. 하지만 그건 단 한

순간일 뿐, 곧 보그다노비치 선생님을 저주했어.

'흥, 지겨워. 하는 짓이 늘 이렇다니까. 음침해. 직접 야단치면 되잖아. 뭐 하러 일지에 쓰냐 말야. 그럼 때리는 거 좋아하는 담임이 보게 되고 부모님께도 통지를 보낼 거잖아. 그럼 아버지한테도 얻어터질 거구. 또 종합 성적에도 지장이 생기잖아.'

내 운명과 관계된 말이 일지에 쓰이고 있었고, 그에 따라 떨리는 펜을 지켜보면서 나는 이렇게 생각했지.

보그다노비치 선생님은 펜을 놓자 안정을 되찾은 목소리로 앉으라고 하신 다음 "일지에 썼으니 담임선생님을 통해 자네에게 마땅한 벌이 갈 걸세"라고 하셨어. 나는 자리에 앉았고 선생님은 아무 일도 없었다는 듯이 좀전의 무당벌레 얘기를 계속하셨어. 나는 이번에는 마치 석상처럼 조금도 움직이지 않았지. 팔짱을 끼고 선생님의 입을 주시하고 있었지만 그 입에서 나오는 말은 내 귀에는 하나도 들어오지 않았어.

그로부터 살얼음을 딛는 매일이 계속되었지. 담임의 수업 때는 언제 떨어질지 모르는 나무에 매달린 마른 잎처럼 간이 대롱거리는 느낌이었어. 보그다노비치 선생님이 쓴 걸 보고 무슨 벌을 내릴지, 그 순간이 언제가 될지 전전긍긍하고 있었지. 교실 칠판 앞으로 불려나가 바지를 벗고 엉덩이를 까라는 명령이 떨어지는 장면이 눈에 오락가락했어.

1주일이 지나니 내 신경은 완전히 지쳐 거의 병자가 되어버렸지. 그런데도 담임교사는 내게 벌을 줄 기미를 전혀 보이지 않는 거야. 그것은 완전히 공포였어. 정말 공포로 미쳐버릴 것 같았어.

그러니 보그다노비치 선생에 대한 내 증오는 날이 갈수록 부풀어 갈 수밖에.

어느 날 밤, 참다 못해 난 동네에서 약간 떨어진 곳에 사는 보그다노비치 선생님의 집을 찾아갔어. 큰 보리수나무 그늘에 숨어 창문을 향해 돌을 던졌지. 쨍 하고 명중되는 소리가 밤의 정적을 깼어.

다음날 비슷한 시각, 난 다시 그 집 앞에 가서 깨진 창문이 신문지로 가려진 것을 확인하고 만족했지. '흥, 벌벌 떨며 감기라도 걸리라지.' 마음속으로 그렇게 외치고 난 뛰기 시작했어. 마침 그때 비가 후드득후드득 내리기 시작하더니 금세 빗발이 거세지는 거야. 거센 비바람이 내가 깬 창문을 향해 사정없이 몰아쳐, 바람을 들이지 않으려고 초라하게 버티고 있는 신문지를 마구 때리더라. 이걸로 보그다노비치 선생과 나의 응어리는 끝장을 본 걸로 생각했어. 적어도 내 마음속에선 마무리를 지은 거지. 그런데 그 다음이 기다리고 있었던 거야.

그 일이 있은 반년 후 학년말이 가까워지던 어느 날, 보그다노비치 선생님 수업 중에 무장한 대여섯의 우스타시들이 갑자기 들이닥쳤어. 학생 전원을 교정으로 내몰고는 선생님들에게 학생들의 신체검사를 명령했지. 보그다노비치 선생님은 우리들 한 사람 한 사람 곁에 와서 교복에 달린 포켓을 다 뒤집으라고 말하며 자기 손으로도 아이들의 몸을 검사하더니 신발까지도 벗으라고 명령했어. 그런데 내 옆에 있던 요완카라는 소녀가 벌벌 떨기 시작했어. 선생님이 다가올수록 점점 더 심하게 떠는 거야. 어느새 자기 앞에 선생님이 서게 되고 요완카가 포켓을 뒤집어보였어. 오른쪽에선 아무것도 나오지 않았어. 하지만 왼쪽에서 똘똘 말린 종이 쪽지가 나온 거야.

"선생님, 제발 부탁이에요. 절 고해바치지 마세요."

요완카는 기어들어가는 목소리로 애절하게 부탁하더라. 선생님이 쪽지를 펴자 옆에 있던 난 잽싸게 거기로 시선을 보냈어. 빨간 별 표시가 있더군. 그건 다름 아닌 파르티잔 마크였어. 선생님은 아무 일도 없었다는 듯이 그걸 자신의 포켓에 쑤셔넣고는 다음 아이에게로 갔어. 반 아이들 모두의 신체검사가 끝나자 선생님은 무장한 남자에게로 가서 보고했지.

"지금 검사한 학생들에게서는 아무것도 발견할 수 없었습니다."

다른 교사들의 보고도 마찬가지였어.

"그럴 리가 없어."

장교로 보이는 남자의 말투가 거칠어지더군.

"그럼 누가 전단을 교내로 가져왔단 말야."

장교는 무슨 생각에 잠긴 듯이 아래를 내려다보다가 곧 얼굴을 들곤 씩 하는 웃음을 띄우더라. 내 몸은 완전히 굳어져 있었어. 요완카는 완전히 사시나무 떨듯 했지. 장교는 수학교사, 화학교사, 그리고 몇몇 교사들을 검사하더니 드디어 생물학 보그다노비치 선생님 앞에 섰어. 포켓을 뒤집으란 명령에 선생님은 순순히 응했지. 검은 양복에 밝은 색 안감이 보이나 싶더니 이내 종이 쪽지가 바지 옆선을 타고 땅에 떨어졌어. 장교는 허리를 굽혀 그것을 주워 폈어.

"선생, 이건 어느 학생에게서 발견했소?"

"그건 제가 가지고 온 겁니다. 학생에게서 발견한 것이 아닙니다."

우스타시는 학생도 교사도 해산하라고 명령하더니 보그다노비치 선생님만 연행해갔어. 왜 선생님이 학생의 죄를 뒤집어썼는지 그땐 몰랐어. 그걸 알게 된 것은 5일 후, 이미 선생님이 저세상에 가신 후야. 그때가 되어서야 겨우 깨달았어. 선생님은 우리들을 너무나 사랑해주셨다는걸.

그 일이 있은 후, 난 선생님이 기록부에 남긴 나에 대한 기록을 어서 빨리 담임선생님이 발견해서 날 벌주시길 마음으로부터 기다렸어. 하지만 전혀 그럴 기색이 없는 거야. 어느 날 마음을 다잡아 담임선생님께 여쭤봤지. 담임선생님은 기록부를 한 장 한 장 넘기며 찾아보시더니, "뭐 잘못 알고 있는 거 아니니? 자네에 관해서는 아무것도 씌어 있지 않은데. 이유도 모른 채 벌줄 수는 없잖아"라고 하시더군. 눈앞이 깜깜해졌어. 온몸에서 힘이 빠져나가는 듯해 쓰러질 것 같았지. 돌이킬 수 없는 짓을 했다는 그 안타까움은 아직도 내 가슴에 응어리로 남아 있단다.

중학교를 졸업한 내가 망설임 없이 파르티잔에 들어간 것은 선생님을 죽인 놈들이 우리를 계속 지배하고 있다는 것이 참을 수 없었기 때문이야. 어? 다 옛날 얘긴데 이렇게 길게 늘어놓다니……."

야스나의 아버지는 부끄러운 듯이 말을 흐리셨다. 그 눈은 어쩐지 빨개보였다.

"어머머, 홍차가 식었네."

야스나의 어머니는 육중한 몸을 일으켜 가스불로 향했다. 마침 그때 남자아이 하나가 뛰어들어왔다. 학교에서도 자주 본 아이다. 그림책에서 튀어나온 듯이 귀여운 소년. 야스나와 똑같은 암갈색의 똘망똘망한 눈을 하고 있다.

"와아, 내 것도 아직 남아 있어?"

"드라간, 손님이셔."

남자아이는 갑자기 점잔을 빼며 내 앞까지 오더니 조금 전 야스나의 아버지께서 하셨던 예법을 그대로 보였다. 오른손을 가슴에 대고 고개를 꾸벅 하더니 내 손등에 입맞추며 이름을 댄다.

"드라간이라고 합니다. 야스나의 남동생입니다."

"난 마리라고 해요. 당신도 외교부에서 연수를 받고 오셨습니까?"

"큭큭큭큭 오호호호 아하하하."

야스나도 야스나의 부모님도 배꼽을 잡고 웃으셨는데 드라간은 왜들 그러는지 몰라 갸우뚱한 얼굴이다. 그런 드라간이 귀여워 죽겠다는 듯이 바라보면서 야스나의 가족 모두가 웃고 있다. 물이 끓어 주전자가 요란스러운 소리를 내지 않았더라면 웃음이 그치지 않았을지 모른다.

"마리, 찻잔을 들고 내 방으로 가자."

찻잔에 뜨거운 홍차를 받아 야스나 가족에게 인사한 후 부엌을 나왔다. 통통하고 명랑한 어머니, 야위고 성실한 아버지, 총명하고 착실한 야스나, 개구쟁이 귀염둥이 드라간. 얼마 안되는 시간이었지만 대 저택가의 고급 맨션에 어울리지 않는 간소함, 하지만 마음이 푸근해지는 생활 모습, 꾸미지 않는 따뜻한 인간관계가 엿보였다.

"좋은 가족이네. 행복해 보여."

우리 둘이 되자 나의 느낌을 그대로 말해주었다.

"그래, 톨스토이의 소설감은 아니지" 하며 야스나는 『안나 카레니나』의 첫마디를 읊었다. 그러더니 내 얼굴을 들여다보며 이렇게 속삭였다.

"근데 사실은 말야, 우리 엄마는 자살 안 한 안나 카레니나야."

무슨 소린가 싶어 당황하면서도, 그러고 보니 야스나의 어머니는 살만 뺀다면 굉장한 미녀일 거란 생각이 들었다.

"그 얼굴은 내 말을 믿는다는 소리네."

야스나의 얼굴에 또 장난기가 들었다.

"뭐야, 장난이었어?"

"후후후후, 당연하잖아."

야스나의 방은 세 면이 붙박이 책장이고 나머지 한 면은 창문이 나 있는 5미터 폭의 정사각형이었다.

"원래는 아빠 서재로 쓰실 방인데, 아빠 서재는 대사관에도 있으니까 내가 쓰는 거야. 마리는 어디 신자?"

야스나가 갑자기 엉뚱한 질문을 해왔다.

"엉?"

"믿는 종교가 있냐구."

뒤통수를 맞는 듯한 질문이라 고개를 옆으로 흔들어 보였을 뿐이다. 야스나는 책장 유리문을 열더니 뭘 꺼내면서 계속 묻는다.

"믿는 신은?"

아직도 고개를 옆으로 흔들며 겨우 목소리를 냈다.

"야스나는?"

"내 신은 이거야!"

내 눈앞에 책을 열어 들이밀었다. 내가 잘 아는 그림이 눈에 들어왔다. 대담한 대각선이 그림을 둘로 가르고 있다. 파란 부분과 벽돌색 부분으로.

"이건……."

"그래, 호쿠사이. 내 신은 마리의 동포라 이거지."

"어쩐지, 야스나의 그림을 처음 봤을 때 이상하게 그리운 느낌이 들더라니. 그 수수께끼가 이제야 풀렸네. 근데 이거 인쇄가 별로 좋지 않네."

화집 표지에는 『우키요에—중세일본의 목판화』라고 독어로 인쇄되어 있다.

"얼마 전에 일본에서 온 손님이 선물로 가지고 온 그림엽서가 있는데, 그쪽이 원래 색을 좀더 충실하게 재현하고 있다고 봐. 내일 학교로 가져다줄게."

야스나는 정말 하며 흥미를 보였다. 암갈색 눈동자는 진지했다.

"지금 당장 보고 싶어."

"그래? 그럼 당장 가자."

"와, 꿈만 같아."

야스나의 양 볼은 당장에 홍조를 띠었다. 그 흥분이 내게까지 옮아 나 또한 몸도 마음도 가만히 있지 못할 정도로 들떴다. 둘은 현관을 단걸음에 뛰쳐나가 낄낄대고 계단을 뛰어내리며 외투를 걸쳤다.

거리에는 이미 어둠의 빗장이 걸렸건만 둘의 발걸음은 가볍기만 했다. 우리 집은 야스나의 집에서 노면전차로 두 정거장이다. 하지만 둘은 들뜬 가슴을 가누며 전차를 기다릴 수가 없어 자연스레 걷는 쪽을 택했다. 낙엽이 뒹구는 돌 보도를 밟으며 때때로 얼굴을 마주보며 웃음을 나누었다. 우리 집이 있는 10월 혁명 광장이 보이는 곳에서 갑자기 야스나는 내 팔꿈치를 잡았다.

"마리, 미안."

어쩐지 착잡한 목소리다.

"왜 그래? 갑자기."

"마리에게 다가간 것에 이런 엉큼한 마음이 있었던 것 같아 창피해서."

그런 말을 들으니 나야말로 야스나보다 훨씬 불순한 마음이 있었다는 걸 생각해내고 몸둘 바를 몰라 밑을 내려다보았다.

"미안해 마리. 기분 나빠졌어? 하지만 지금 내게는 호쿠사이보다는 마리 마음이 천 배는 더 소중해. 그러니까 오늘은 됐어."

"되다니?"

"돌아갈게."

"무슨 소리 하는 거야? 꼭, 꼭 와서 보지 않으면 내가 싫어. 내 동포 화가를 그렇게까지 숭배하다니, 이처럼 기쁜 일이 어디 있니. 와주지 않으면 그쪽이 더 기분 나쁜 일이야."

"정말?"

"정말. 게다가 나야말로 야스나에게 불순한 동기로 다가간걸."

난 야스나에게, 부모님들이 속한 당이 서로를 적대시하지만 우리들은 그런 데 얽매이지 않는 인간관계를 만들 수 있다는 걸 주위에 보여주고 싶었다는 말을 두서없이 들려주었다. 말하는 도중 10월 혁명 광장의 가로등이 모조리 켜져 있는 것이 눈에 들어왔다. 그 불빛이 주위의 풍경에 번졌다.

"울지 마, 마리. 나도 슬퍼지니까."

야스나는 내 어깨를 감싸주며 볼을 갖다 댔다.

"언제까지 이럴까? 서로의 반목. 하지만 우리는 언제까지나 친구 맞지?"

이렇게 말하는 야스나의 볼도 젖어 있었다. 그에 이끌려 더 쏟아진다. 하지만 이 눈물엔 기쁨도 섞여 있다. 아무리 슬퍼도 같이 슬퍼해 줄 사람이 있다는 것은 기쁘다. 무겁던 마음이 새털처럼 가벼워졌다.

"자, 그럼 호쿠사이 보러 가자."

발걸음을 멈추고 있던 우리는 아파트 계단을 뛰어올라갔다. 엘리베이터를 타지 않고 뛰어올라갔다. 벨을 눌러도 반응이 없기에 주머니에서 열쇠를 꺼내 열었다.

"아버지는 귀국하신 지 이미 석 달째야. 어머니는 베를린에 체재중이고. 국제민주부인연맹 사무국 있지? 거기 일본 부인단체 대표를 하고 계시거든. 2주일에 한 번꼴로 다녀가시지. 그래서 지금 여동생하고 둘이서 지내고 있어. 동생은 지금 친구들이랑 영화 보러 간다더니 아직 안 돌아왔나보네."

"와, 훌륭하다. 그럼 집안일도 모두 마리가 해?"

"기본적으론 그래. 하지만 1주일에 두 번, 가정부 아줌마가 오시거든. 모아둔 빨래랑 청소를 해주고 요리도 만들어두셔. 게다가 프라하에 사는 다른 일본인 어른들이 걱정된다고 들여다봐주시고."

지금까지는 부모님이 오랫동안 집을 비울 때면 나와 동생은 학교부속 기숙사에서 지냈다. 이번에도 처음 한 달은 기숙사에서 지냈다. 하지만 소련과 일본 공산당 사이에 논쟁이 격렬해지기 시작하자 매일처럼 일본 공산당에 대한 비난이 올라오는 보도를 접하고 있는 소련인들 틈에서 지내는 것이 정말 힘들어졌다. 부모님이 걱정하시는 것처럼 대놓고 심술을 부리거나 차별대우를 받은 적은 없었다. 하지만 동생과 나를 둘러싼 동심원이 다른 아이들과 점점 멀어져가고 있다는 것은 느껴졌다.

기숙사를 나가고 싶다고 우리 자매가 탄원을 하니, 어머니는 아무 말도 않으시고 우리들의 청을 들어주셨다. 그래서 둘이 살고 있었던 것이다.

"자, 그럼 지금부터 호쿠사이를 어디에 모셔뒀는지 수색하는 데 시간이 좀 걸리니까, 일본에서 가져온 녹차를 마셔볼래?"

"와우, 믿을 수 없을 정도로 기뻐."

야스나를 부엌식당의 의자에 앉힌 다음 물을 끓였다. 녹차 잎이 들어 있는 통을 열더니 야스나는 눈을 감고 녹차 냄새를 들이마셨다.

"아, 냄새 좋다. 향을 맡기만 해도 몸과 마음이 깨끗해지는 것 같아."

“허풍스럽긴.”

“마리, 근데 이거 꽤 귀한 거지?”

“어? 그걸 어떻게 아니?”

“마리의 표정과 손놀림으로 알 수 있어. 냄새만으로도 충분하니까 잘 보관해둬.”

“역시 야스나의 관찰력하고는. 하지만 귀한 거니까 야스나에게 내는 거야. 게다가 이미 잎을 우려낸 후니까. 설탕은 넣지 말고 그대로 마셔.”

“아, 좋다. 이거야말로 이제까지 찾고 있던 맛인 거 같아. 난 전생에 일본인이었나? 호쿠사이에게 반한 것도 그 때문인가?”

“어머, 맞다. 호쿠사이, 호쿠사이.”

여기저기 쑤시며 찾아다니다가 겨우 서랍장에서 빨간 후지산을 그린 호쿠사이의 그림엽서를 찾아내어 야스나에게 보여주었다. 지금까지의 반응으로 보아 뛸 듯이 기뻐할 줄 알았는데, 갑자기 입을 다물었다. 그러더니 끝이 갈라진 목소리로 이렇게 말했다.

“그래 이거야. 이 색깔이라구.”

“야스나, 이것도 인쇄인걸.”

“하지만 원래 색에 많이 가까울 거야. 그건 직감으로 알 수 있어. 아아, 진짜가 보고 싶다!”

“야스나에게 이 엽서 줄게.”

“거짓말이지? 그러면 안돼, 안돼.”

“이봐 야스나, 이건 그냥 엽서야. 비싼 것도 아니고 일본에 가면 지천으로 널려 있는걸. 그러니까 그렇게 사양할 거 없다니까.”

"정말? 정말 정말 괜찮은 거야?"

"이렇게 좋아하는 사람을 주인으로 만나는 편이 엽서도 행복할 거고."

말이 끝나기도 전에 야스나는 내게 안겨왔다.

"야스나는 화가가 될 거니?"

"아니, 틀렸어."

"엉? 틀렸다구?"

"화가가 아니라 우키요에 마스터가 될 거라고 해줘."

이렇게 말하는 야스나는 몸도 마음도 통통 튀는 것 같았다. 학교에서 보여주는, 남들과 거리감을 두고 냉소적인 야스나와는 딴판이다.

그날 이후, 야스나는 내게 둘도 없는 친구가 되었다. 프라하에서 지낸 마지막 1년인 1963년 가을부터 1964년 가을 사이에 찍은 사진에는 내 옆에 언제나 야스나가 있다. 맛있는 것을 먹어도, 재미있는 책을 읽어도 맨 처음 떠오르는 사람은 야스나. 야스나에게도 내가 맨 처음 감동을 같이할 친구였나보다. 작품이 완성되면 누구보다 내게 먼저 보여줬다. 새로운 작품을 시작할 때마다 야스나는 목판화며 동판화뿐 아니라 새로운 기술에 도전했다. 하지만 어느 작품에도 독특한 스타일은 관철되어, 한눈에 야스나라고 알 수 있었다. 대담한 구도의 추상화지만 구상화를 보는 듯한 착각을 일으키는 그 스타일에 난 점점 더 매료당해갔다.

일본에 돌아갈 날이 잡힌 한 달 전부터 난 '추억의 노트'를 만들어 반에 돌렸다. 반 친구들은 거기에 각자의 메시지를 써주었다. 야스나는 두 페이지에 걸쳐 작품을 그려주었다. 당연하다는 듯이 새로운 기법을 시도한 것이라면서 의기양양하게 설명해주었다.

"물감을 묻힌 칫솔로 망을 긁으면 물감이 샤워처럼 종이 위에 퍼져 나가잖아. 그러니 같은 색마다 본을 대면, 어때, 이건 우키요에 기법이랑 똑같지?"

선명한 빨강, 노랑, 파랑의 기하학 무늬가 교차된 그 그림을 보고 외쳤다.

"이거, 야스나네 집에 갔을 때 먹은 꿀 바른 코티지치즈 파이다! 야스나가 끓여준 떫도록 진한 홍차. 게다가 야스나의 아버지, 어머니, 드라간도 있네. 야스나의 아버지가 말씀해주신 보그다노비치 선생님도……."

"그래, 마리라면 판독해줄 거라고 생각했어."

"하지만 야스나가 없잖아."

"그 이유는 여기 씌어 있어."

오른쪽 면에 문장이 씌어 있다. 잘 보니 러시아어가 아니다.

"이건 나의 모국어인 세르보크로아트어. 마리를 위해서라기보다는 나를 위해서 썼어."

"뭐라고 썼는데?"

"그건 비밀."

야스나의 암갈색 눈동자에 장난기가 어렸다. 우리가 같이 보낼 시간이 얼마 남지 않은 열네 살, 1964년의 가을이 깊어갔다.

○ ○ ○

일본으로 돌아 온 직후의 반년은 그래도 꽤 편지를 주고받았다. 야스나에게 편지를 쓸 때도, 야스나로부터 편지를 받을 때도 '추억의 노트'를 열었다. 주소가 씌어 있어 그랬던 것도 있지만 야스나가 그려준 그림이 절로 눈에 들어와 야스나네 집에 처음 갔을 때의 광경을 떠올리곤 했다. 그림 속에 야스나는 없었지만 야스나의 얼굴은 그림이 없어도 떠올릴 수 있었다. 그런가? 야스나는 내 마음속에 자기 자리가 확고하게 있다고 믿어서 그림에 넣지 않은 건가?

'추억의 노트'에 적힌 세르보크로아트어 문장은 러시아어와 많이 비슷한 단어가 눈에 띄니 그럭저럭 이해할 수 있을 것 같다. "사랑하는 마리"로 시작하는 첫머리 다음, "마리는 곧 친구가 생기겠지", "날 잊을 거야"라는 뜻이 아닐까 싶은 구절이 있어 신경이 쓰였다. 세르비아어 사전을 사려고 서점을 찾아다녔으나 구하지 못했다.

그러다 중학교 3학년으로 올라간 나는 일본에서의 학교생활에 적응해야 했을 뿐 아니라, 고교진학을 위한 입시공부를 시작해야 했으니 편지가 자주 끊기게 되었다. 6월 들어 여름방학을 맞은 야스나가 일시 귀국한 3개월 동안은 완전히 소식이 끊겼다. 9월에 프라하로 돌아와 새학기를 맞은 야스나가 보내온 편지가 도착한 10월 중순에는 내 쪽이 수험 모드로 돌입해버렸다.

언제나 쿨하게 덤덤한 문장을 쓰던 것과 달리, 편지에 "외로워"

라느니 "마리가 없는 학교는 재미가 없어"라는 속내를 털어낸 문장을 보자 마음이 쓰였다. 하지만 시간보다는 마음의 여유가 없던 나는 엽서에 그저 네 줄 정도 적당히 위로해주는 말을 적어 보냈다. 그때 일을 생각하면 지금도 온몸의 피가 역류해서 가슴속에 모래바람이 부는 듯한 초조감이 인다. 그로부터 야스나의 편지는 뚝 끊어졌다. 그때의 일이 마음에 걸려 어쩔 수 없었지만 나는 내 현실에 휘몰려 다니고 있었다.

이듬해 3월, 진학할 고등학교가 정해지고 나서야 야스나가 보내온 마지막 편지를 몇 번이고 읽어보았다. 행간에서 야스나의 비통한 신음이 들려오는 듯했다. 이것을 왜 그때 알아채지 못했을까. 둔한 내 신경을 저주하면서 편지를 썼다. 하지만 수취인 거주지불명으로 한 달 만에 되돌아왔다. 야스나가 써준 유고슬라비아 연방 베오그라드 시 주소로도 편지를 보내봤지만 역시 아무런 반응이 없었다.

리차에게 물어보니 8월이나 돼서야 겨우 답이 왔다. 야스나는 이미 작년 10월에 소비에트 학교를 그만두고 체코 학교로 전학 갔다는 것을 알게 되었다. 전학 간 다음 곧 아버지가 이집트로 부임받아 가셔서 어머니와 남동생은 아버지를 따라갔으나, 야스나는 곧 졸업을 앞둔지라 중간에 끊기 어려워 다니던 체코의 기숙사에서 학년말까지 다니다가 유고슬라비아로 귀국했다는 것이다. 덧붙여 리차의 편지에는 믿기 어려운 사실이 씌어 있었다.

마리, 야스나가 소비에트 학교를 그만두기 직전인 9월에 아주

안 좋은 일이 있었어. 그 침착한 야스나가 새 교장선생님과 정면충돌한 거야. 모두 앞에서 발표하고 있던 야스나가 교장의 언동에 미친 듯이 화를 내면서 들고 있던 지휘봉을 바닥에 내팽개치고 나가버렸지 뭐야. 야스나가 자퇴서를 쓴 건 그 2주일 후였지.

너무나 믿을 수 없는 글이기에 곧 리차에게 자세한 설명을 부탁하는 편지를 썼다. 글쓰기 싫어하는 리차가 그래도 억지로 써준 단편적인 내용을 끼워맞춰 상상력으로 보완해본 결과 내용은 이러했다. 전 교장선생님은 온후하고 자유로운 정신의 소유자였다. 흐루시초프의 실각과 함께 소련 지도부의 우경화를 반영해서인지, 새 학년이 시작된 9월에 소련 본국에서 새로 부임해온 교장은 스탈린 시대의 망령으로 보이는 위압적인 민족주의자였다. 배타주의라고 말하는 편이 옳을 정도로. 비소련인, 그중에서도 소련의 위성국에서 온 아이들에 대해선 속국의 백성을 다루는 듯한 깔보는 태도를 보였다. 스탈린에 반기를 들어 코민포름으로부터 추방을 당한 유고슬라비아 공산주의 동맹은 아예 배신자 취급을 하며, 야스나와 야스나의 남동생을 못살게 굴었다. 소련 돈으로 운영하는 학교에 소련의 적국 아이들이 다닌다는 것은 용서치 못할 일이란 뉘앙스를 말끝마다 풍겼다.

물론 선생님도 아이들 대부분도 그런 교장을 마음속에서부터 경멸했지만, 교장이란 직책이 학교 사회에서 권력이 있다 보니 일이 꼬였다. 일부 소련인 아이들이 교장의 언동에 편승하여 괴롭히기 시작했던 것이다. 야스나와 드라간에게 참기 힘든 말을 퍼부어

대거나 스쿨버스에 못 타게 하곤 했다. 이런 것은 양식 있는 선생님과 보호자의 항의로 잠잠해졌지만 눈에 보이지 않는 음습한 짓이 없었을 리가 없다. 리차도 야스나가 얼마나 힘들어할지 알긴 했지만 언제나처럼 야스나가 아무렇지도 않은 척 초연해서 다가서지 못한 채 도와주지 못했단다. 야스나 쪽에서 기대주면 여러 가지로 힘이 되어주었을 텐데 하며 지금 와서 후회하고 있다고 리차는 술회했다. 야스나는 대놓고 교장을 무시했으니, 교장이 무슨 말을 하든 못 들은 척했을 것이고, 교장으로서는 그게 더 못 참을 일이라 어떻게 하면 야스나에게 분을 갚을까 하고 기회를 노리고 있지 않았을까.

전 교장은 나라 사이의 예민한 문제에 대해서는 될 수 있는 한 수업이건 홈룸이건 회피하는 방침을 취했다. 하지만 이번 교장은 적극적으로 다루어 소련의 정책에 따르지 않는 나라나 당에 대해서는 비난하고 단죄해나가는 방침을 폈다. 너무나 열을 올리는지라 일주일에 한 번 있는 현대사 수업까지 맡고 나선 것이다. 그 수업에서 유고슬라비아가 추진하는 자주관리사회주의와 비동맹 외교를 다뤘다. 일부러 야스나를 칠판 앞에 세워놓고 우선 자주관리 노동조합에 대해 설명시킨 다음 그 어구 한마디 한마디에 발을 걸었다.

예를 들어 "노동자 스스로가 경영의 전 과정을 주체적으로 관여한다는 것은 공산주의의 이상에 가까워지려는, 어렵지만 보람 있는 시도입니다" 하고 야스나가 말하면, 교장은 "흐음, 이상은 그렇다 치고, 그 자주생산 공장에선 뭘 생산하지? 후진 농업국 주제에 무슨 놈의 공산주의의 이상이야. 단순히 소련에 반기 들면 미국에게 사탕 한 알이라도 얻어먹으려나 싶은 뱃속이겠지"라고 하는 식이다. 야스나는 얼굴색 하나 변하지 않은 채 논리 정연하게 말을 계속했지만 그로부터 내리 네댓 번이나 계속되니, 드디어 더 참을 수가 없어 교실을 나가버렸다.

야스나가 마지막으로 보내온 편지에는 그런 구체적인 내용은 하나도 없었다. 역시 자존심 강한 야스나답다. 하지만 당시의 정황을 조금이나마 알고 나서 야스나의 편지를 읽어보니 한줄 한줄이 가슴을 꼭꼭 찌른다. 날짜를 보니 9월 말이다. 이 사건 당일에 쓴 게 틀림없다. 야스나가 그립고 가엾은 마음에 '추억의 노트'를 펼쳤다.

"마리는 날 곧 잊을 거야."

아마도 이렇게 씌어 있는 듯한 세르보크로아트어의 문장이 입체로 떠 올라와 보였다.

○ ○ ○

'눈에서 멀어지면 마음도 멀어진다'는 것은 내겐 해당되지 않는다고 생각했다. 하지만 야스나와의 관계가 딱 그렇게 되어버렸다. 야스나랑 말하지 않으면 하루 이상은 견딜 수가 없었던 프라하 시절이 거짓말 같았다. 그래도 대학이나 대학원에 가서 유고슬라비아에서 온 유학생과 만나게 되면 꼭 물어보는 것은 잊지 않았다.

"야스민카 디즈다레비치라는, 나와 같은 또래의 여자 혹시 몰라요?"

상대는 당연히 이렇게 물어온다.

"그 사람, 어느 민족에 속해 있어요? 유고의 어느 도시에 살며, 어느 대학에 다니는지, 혹은 어디서 일하는지요?"

물론 어느 하나도 속 시원히 대답을 못해준다. 아니, 야스나가 유고슬라비아인이란 것까지는 알지만 어느 민족인지 생각해본 적도 없다.

"맞다, 세르보크로아트어로 썼으니 세르비아인 아니면 크로아티아인 아닐까. 아마 베오그라드에 살고 있을 거야. 아버지는 지금도 외교관이실 거고. 머리와 눈동자는 암갈색. 늘씬하고 머리가 좋아. 아마 예술학교에 다니고 있을 거야"라고 하니 이렇게 물어보는 유학생이 있었다.

"그보다 가토 미요코라는 일본 여자아이 모르니? 무지 귀엽게 생겼거든. 음대생이라 했던가? 아마 도쿄에 살고 있을 거고, 아버지는 대학 교수셔."

'몰라. 하지만 그 정도의 정보로는 못 찾을걸' 하려다가 상대방이 보내는 윙크로 알아챘다. 친절한 그는 내 질문이 얼마나 어리석은지 에둘러 말해주고 있었던 것이다. 그래도 유고슬라비아에서 온 사람을 만나면 물어보지 않고는 못 배겼다.

"야스민카 디즈다레비치라는, 나와 같은 또래의 여자 몰라요?"

아니, 왜 그 생각을 못했을까. 유고슬라비아 연방 대사관에 물어보면 외교관이셨던 야스나 아버지의 소식은 금방 알 수 있을 테고, 그 선으로 야스나와도 금방 연결될 것을. 아마 야스나를 찾는다곤 했지만 진심도 열심도 아니었던 것 같다. 야스나를 먼 소녀시대의 좋은 추억의 단편 속으로 밀어넣었던 것이다.

야스나를 본격적으로 찾기 시작한 것은 저 처참한 유고슬라비아 전쟁이 시작되고 나서다. 1991년 슬로베니아와 크로아티아 독립선언, 뒤를 이은 열흘 전쟁이 그 계기가 되어 민족전쟁으로 불길이 번진 것이다. 그때까지는 민족분쟁의 불길이 거기까지 옮아붙어 다민족전쟁의 양상을 드러내리라고는, 더군다나 '인종청소'라는 이름으로 끝없는 민족상잔의 만행이 벌어질 줄은 아무도 예측하지 못했다.

당시 페레스트로이카의 날개가 꺾인 소련의 붕괴로 인해 나는 과로사 직전의 바쁜 나날을 보내야 했다. 유고슬라비아가 이젠 정말 심각한 사태로 되어가는 꼴을 눈으로 보면서도 그날 그날의 스케줄에 쫓겨다녔다. 그래도 짬을 내어 '추억의 노트'를 꺼내 거기에 씌어 있는 베오그라드의 주소로 편지를 보내봤다. 하지만 1개월 후 편지는 거주자불명으로 되돌아왔다.

그 동안에도 유고의 민족전쟁은 나날이 심해져갔다. 전해오는 뉴스에는 세르비아인 세력에 의한 타민족의 학대 참살에 관한 것이 압도적으로 많았다. 유엔에서는 세르비아인 세력의 지도자인 카라지치를 전범이라 규탄했고 그 배후에서 조종하는 세르비아 공화국과의 무역 및 기타 등등의 교류를 거부하기로 결의했다. 이에 미국과 독일 등의 서구 선진국과 나토에 의한 다국적군이 투입되었다. 그리고 곧 세르비아인 세력에 대한 공중폭격이 시작되었다.

유고슬라비아 지도를 꺼내와서는 뉴스에 나오는 지명을 찾아보는 날이 계속되었다. 실 같은 희망이 있다면 야스나가 베오그라드에 머물러주는 것이다. 슬로베니아와 크로아티아가 유고슬라비아 연방에서 독립한 후, 민족분쟁의 불씨는 보스니아로 집중되어버렸다. 보스니아 내의 크로아티아인 세력과 세르비아인 세력 사이의 상잔에는 보스니아 무슬림 세력도 얽히는 꼴이 되어 전황은 더욱 격화되어갔다. 그래도 신 유고슬라비아 연방의 세르비아 공화국과 그 수도 베오그라드는 그때까지 민족정화라는 화염에 휩싸이지 않았고 나토 군 폭격대상에서도 벗어나 있었다. 그래서 야스나가 베오그라드에만 있어준다면 무사할 확률이 높다고 본 것이다.

그래, 야스나를 찾을 수 있을지 모른다. 결코 100퍼센트는 아니지만 그 가능성에 걸어보기로 했다. 이를 실천에 옮길 휴가를 확보하여 유고슬라비아 연방을 찾은 것은 1995년 11월의 일이다.

프라하를 들러 부쿠레슈티에서 아냐의 부모님과 오빠인 미르차를 만난 후 베오그라드행 야간열차에 올라탔다. 국제적인 보이콧도 있고 해서 비행기편이 극단적으로 줄었기 때문이다. 열차 또한 여느 때와 비교하면 운행 횟수가 대폭 줄었다. 하지만 땅이 이어진 나라니 사람들의 왕래를 완전히 끊는다는 것은 불가능하다. 그 증거로 열차는 콩나물 시루였다. 이럴 때면 내가 조국의 경제력 덕을 보고 있다는 것을 통감하게 된다. 열차의 한 칸을 혼자 쓸 수 있는 것도 다 돈의 힘이니까. 침대에 누워보았다. 몸은 천근처럼 무겁고 피곤했어도 신경이 들떠 그런지 잠을 잘 수가 없다. 열차가 흔들려서가 아니다. 총탄이 오가는 곳에 가까워져간다는 것에 흥분되어 그랬나보다.

아니, 그리 고차원적인 얘기가 아니다. 입국하기 전에 최근의 유고 정세를 알기 위해 부쿠레슈티 역 매점에 들렀다. 그런데 두터운 솜을 댄 옷을 껴입고 있는 중년부인 판매원이 날 완전히 무시하는 거였다. 처음엔 숄로 머리를 감싸고 있어서 안 들려서 그러나 싶어 사고 싶은 신문을 여자의 눈앞에 보이며 주의를 끌려 했으나 상대해주지 않았다. 그러면서 내 뒤에 사러 온 손님에게는 상냥하게 애교를 떨며 농까지 걸고 있는 것 아닌가. 가이드 청년이 이를 눈치 채고 분개했다.

"용서 못해. 이건 노골적인 인종차별이야."

목소리를 높여 항의해주었지만 여자는 뭐가 잘못됐냐는 듯한 표정으로 아마도 욕지거리인 듯한 말을 되레 퍼부어댔다.

소녀시절, 프라하에서 보낸 5년 동안에도 때때로 이런 일을 당하곤 했다. 일본을 떠나기 전에 공항 서점에서 산 『지구를 걷기』라는 가이드북에도 이런 체험담이 실려 있다. 배낭여행의 바이블인 이 가이드북의 공과 실은 여러모로 지적되고 있지만, 독자와 쌍방의 의사소통을 확립한 점에서 보면 역시 획기적인 가이드북이라 생각된다. 실제로 현지를 둘러본 사람에게서 올라온 정보로 구성되어 있고 또한 수시로 갱신된다. 학생들의 배낭여행 지침서로 출발한 책이니 지금도 젊은이들의 참여 편지가 많다. 폴란드, 체코, 헝가리, 루마니아 등의 동유럽 편을 뒤적이면 인종차별을 접해, 불쾌하고 슬픈 경험을 당한 젊은이들의 수기가 눈에 자주

뜨인다. 숙박을 거절당했다거나, 올라탄 버스에서 쫓겨났다거나.

일류 호텔에만 들고 관광명소만 다니면 명예백인 취급을 받아 잘 모를지 모르지만 한 걸음만 나서면 이는 당장에 와닿는 장벽이다. 동양인에 대한 냉혹한 대우는 서구 어느 나라보다 노골적인 것 같다. 물론 서구 선진국에도 이런 일이 없지는 않다. 그저 좀더 세련된 모습으로 표현될 뿐.

일본에서는 너무나 간단히 아무렇지도 않게 동유럽이라고 부르지만, 폴란드인도 체코인도 헝가리인도 루마니아인도, 이렇게 포괄되는 것을 무지하게 싫어하여 '중유럽' 이라 정정해준다. 국제회의에서는 이 표현 하나만 가지고도 번번이 한바탕 소동이 벌어진다. 나 같은 회의 통역사는 일본인이 '동유럽' 하고 발언하면 '중 · 동부 유럽' 하고 자동전환장치가 아예 머릿속에 입력되어 있을 정도다. 우랄보다 서쪽을 유럽이라고 보면, 순전히 지리적으로는 그야말로 딱 배꼽에 달하는 중부가 된다. 하지만 지리적인 정확성을 정정하려고 동부라고 하는 것을 기피하는 것은 아니다. '동' 이란 말은 이미, 제1차 세계대전까지는 합스부르크 왕조의 오스트리아 아니면 이슬람교를 신봉하는 오스만투르크 지배하에 놓였고, 제2차 세계대전 이후는 소련 산하에 들어가게 되느라 서쪽의 기독교 여러 나라보다 '발전' 대열에서 소외되어버린 지역, 게다가 냉전에서 진 사회주의 진영을 가리키는 기호가 되어버렸기 때문이다.

냉전이 종결되어가는 속에서, '사회주의 진영' '정교문명권' 이라는 의미에서 '동쪽' 을 뜻하던 러시아의 패배로 인해, 동서 양

진영에 간신히 유지되던 밸런스가 무너져버렸다. 폴란드, 체코, 헝가리, 루마니아 사람들이 동유럽이라는 말을 그리도 싫어하는 것은 그 말에 후진국의 가난한 패배자라는 이미지가 따라다니기 때문일 것이다. '서구'에 대한 일방적인 동경과 열등감, 표리일체로 '동구'로서의 자기 멸시와 혐오감은 메이지유신 이후 탈아입구脫亞入歐를 지향한 일본인의 정신구조와도 통한다. 이 중부유럽 가톨릭 여러 나라의 '동'에 대한 혐오감이 가장 현저하게 나타난 것이, 같은 기독교면서 11세기 이후 분파를 달리한 이슬람 지배하의 동방정교에 대한 근친증오의 적의가 아닐까.

친해진 체코의 극작가 D씨는 "저렇게 진보를 거부하는 숙명론은 소름이 돋을 만큼 불쾌해" 하고 토로했다. 덧붙여 "그래서 도스토예프스키도 싫어"라고도 말했다. 동방정교를 문화적 근본으로 삼은 러시아에게 국토를 유린당해 이 감정은 더 증폭된 것이리라. D씨뿐 아니라, 밀란 쿤데라를 비롯한 중부 유럽을 대표하는 지식인들의 창작 자세에는 이러한 감정이 곳곳에 얼굴을 내밀고 있다. 그런 것들을 생각하면서 겨우 잠이 들었다.

눈을 떠보니 이미 날이 밝아 있다. 창 밖으로 끝없이 평야가 펼쳐져 있다. 이렇게 멀리서 보는데도 단번에 황폐해 있다는 것을 알 수 있었다. 가끔 눈에 들어오는 집들도 마치 버려진 집처럼 아무렇게나 내버려져 있다. 폐허가 되다시피 한 부쿠레슈티의 연장선이다.

한참 가니 국경처럼 보이는 역에서 회색 제복을 입은 직원들이 올라타고는 출국검사를 했다. 하나같이 약간 뚱뚱하고 거들먹거린다는 인상을 받았다. 국경을 넘자 유고슬라비아 측 검사관이 올라와 여권을 검사했다. 하나같이 키 크고 활달하고 무척 잘생긴 것에 또 놀랐다. 그 옛날 리차의 말이 생각났다.

"마리, 유럽의 제일가는 미남 생산지가 어딘지 알아? 이것만은 외워둬. 그건 알랭 들롱의 고향, 유고슬라비아라구. 분하지만 그리스는 바로 옆인데 그런 미남이 왜 안 태어나는 거지?"

검사관은 내 여권을 돌려주면서 "호오? 일본에서 오셨어요? 보세요, 저게 보이보디나 평원이죠" 하며 내게 밖을 손가락질해 보였다. 계속되는 땅인데 루마니아의 평원과 너무 다른 것이 놀랍다. 어느 밭이든 고르게 괭이질을 한 표가 났다. 집집마다 손질도 잘되어 있어 푸근한 느낌을 준다. 정말 여기가 분열된 유고슬라비아 연방이며, 여기서 300킬로미터도 채 안 떨어진 곳에는 지금도 살육이 계속되고 있다는 말인가. 그러는 사이 열차는 베오그라드 시내로 들어섰다. 그 시가지 모습도 예상 이상으로 아름다워, 거기에 사는 사람들의 풍요로운 생활을 말해주는 듯했다.

드디어 열차가 종점에 닿았다. 차장에게 작별을 고하고 열차를 내리니 밖은 11월로 생각하기 어려울 정도로 따뜻해, 입고 있던 코트를 벗어 들었다.

"어서 오세요, 발칸에. 이곳은 이제 유럽이 아닙니다. 발칸입니다."

유창한 일본어가 들려왔다. 유고슬라비아인치고는 키가 작은, 하지만 딱 부러진 체격의 남자가 서 있었다.

"가이드 드라간입니다. 잘 부탁드립니다."

짙은 밤색 머리에 같은 색의 동그란 눈을 붙임성 있게 가늘게 뜨면서 손을 내밀었다. 드라간? 야스나 동생하고 같은 이름이잖아? 상대는 내 마음을 읽었는지 "죄송하지만 디즈다레비치가 아니라 밀렌코비치. 탄유그 통신 특파원으로 일본에 5년간 체재했었습니다. 요네하라 씨가 기자회견장에서 통역하시는 걸 몇 번이나 뵈었습니다"라고 말하고 나서 맞잡은 손 위로 자기 왼손을 포개며 격려해주었다.

"친구분, 꼭 찾게 되리라고 생각합니다."

왠지 모르게 기뻤다. 하늘은 높고 푸르렀고, 프라하와 부쿠레슈티에서 받은 암담한 마음이 걷히는 듯한 상쾌한 기분이 들었다.

"그 표현 맘에 들어요. 여기는 유럽이 아니라 발칸이라는 거."

"그렇습니다, 요네하라 씨. 여기는 유럽이 아니죠. 발칸입니다."

드라간은 자랑스러운 듯 눈동자를 반짝거렸다.

"그럼, 자동차를 타시죠."

"드라간은 세르비아인인가요?"

"50퍼센트만요. 제 어머니는 크로아티아와 세르비아의 피를 반반씩 이어받았고요, 아버지는 세르비아와 마케도니아의 혼혈이거든요."

"왠지 유고슬라비아의 땅을 밟는 순간부터 기분이 좋아졌어요. 청정한 기분이라고 해야 할까요. 그 정체가 뭘까 하고 아까부터 생각중이었는데 지금에야 알 것 같아요."

"오, 그것 참 기쁜 말씀을 해주시는군요. 그래서 그게 뭔가요?"

"여기서는 서양 콤플렉스 같은 걸 거의 느낄 수가 없군요."

그렇게 말하면서 어젯밤 부쿠레슈티 역 매점에서 겪은 수모, 또 기차 안에서 생각한 것 등을 들려주었다. 드라간은 그야말로 자신이 할 말이라는 듯한 얼굴로 의외의 말을 했다.

"그렇지요? 슬로베니아도 크로아티아도 폴란드나 체코, 루마니아도 제 얼굴을 잊은 듯한 서구병 중환자죠" 하면서 한숨을 내쉬었다.

"이번 유고 다민족전쟁의 단초가 된 것도 1991년 6월 25일, 슬로베니아와 크로아티아가 갑자기 독립선언을 하는 바람에 시작된 열흘 전쟁이잖아요. 그건 아무리 봐도 성급했고 억지스러웠어요. '동'에서 벗어나고 싶어서 안달한 거죠. 탈동입서."

"탈동입서?"

"예, 동에서 탈퇴해서 서로 들어간다, 이 말이죠."

"아아, 탈동입서脫東入西, 일본 메이지유신의 탈아입구脫亞入歐를 흉내낸 건가요? 맞아요, 드라간의 말대로, 슬로베니아와 크로아티아는 '서'에 끼고 싶어서 몸살을 앓고 있는 것처럼 보여요. 자기들은 '동'이 아니라 '서'라야 당연하다는 듯이 말이죠."

이동 중에 드라간의 말을 듣고 있자니 발칸 반도가 합스부르크와 오스만투르크로 분할될 무렵의 지도가 머릿속에 떠올랐다. 슬로베니아와 크로아티아가 기본적으로 합스부르크조 오스트리아 영역에 들어간 가톨릭 문명권으로서 발전한 지역인 것에 비해, 세르비아, 마케도니아, 몬테네그로는 비잔틴 제국의 정교문명을 바탕으로 오스만투르크라는 이슬람 문명권에서 살아왔다. 아시아

끝에서 보는 터키와 터키인에 대한 이미지는 유럽인의 시각을 그대로 답습하고 있다. 그로 인해 입에 담을 수도 없을 만큼 잔혹하고 관용과는 거리가 먼 인상이 있지만, 정작 오스만투르크는 정복 지역 주민에 대해 인두세만 내면 원래의 종교나 문화, 습속을 인정해왔다. 십자군의 만행에서 기독교나 유대교가 보이는 이교도에 대한 용서 없는 살육에 비하면 훨씬 너그럽다. 그랬으니까 오스만투르크 지배 지역에도 많은 수의 기독교도가 같이 살 수 있었던 것이다. 그것이 지금에 와서는 분쟁의 원인이 되어버렸지만.

보스니아 헤르체고비나는 합스부르크와 오스만 양 세력이 각축을 벌인 장이었던 이유도 있고 해서 가톨릭, 그리스 정교, 이슬람의 세 문명이 복잡하게 얽혀 있다. 더구나 구 유고에서 '남북' 격차가 확대되는 가운데, 경제선진지역과 가톨릭권, 후진지역과 그리스 정교권이 완전히 겹친다. 즉 구 '동' 속에서도 또 동과 서로 분열되기 시작했던 것이다. 이것이 가장 심하게 나타난 것이 유고 다민족전쟁인지 모르겠다.

이 모순을 배경으로, 종교만 다를 뿐 외모와 언어가 쌍둥이처럼 비슷한 가톨릭의 크로아티아 세력과 정교의 세르비아 세력이 대립하고, 덧붙여 보스니아 무슬림 세력이 휘말린 형태로 이번 전쟁은 전개되었다. 각 세력마다 더하고 덜하고를 따지기 어려울 만큼 극악무도한 짓을 저질렀다. 러시아어 통역을 하다 보니 러시아를 경유한 보도를 접할 기회가 있어 알게 된 바로는, 어느 곳 할 것 없이 강제수용소도 있었고 집단겁탈도 자행되었다 한다.

그럼에도 불구하고 세르비아만이 그런 충격적인 뉴스로 세계에 알려져, '악질은 세르비아' 라는 여론이 형성된 것이다. 3천 발이 넘는 나토 군의 폭격 대상이 된 것도 세르비아 하나뿐이었고, EU와 유엔의 제재도 세르비아의 뒤를 봐주고 있다고 여긴 유고슬라비아 연방까지 포함시켜버렸다.

이 일방적인 정보조작 과정은 앞으로 면밀한 조사로 검증되어야 할 것이다. 맘에 걸리는 점은 유고 전쟁의 양 주역을 둘러싼 각 나라들의 편먹기에 있어서 노골적으로 종교색이 강했다는 점이다. EU에서 세르비아 제재에 대해 반대한 것은 정교를 국교로 한 그리스뿐이었다는 것 하나만 봐도 그렇다. 같은 정교국인 러시아가 마음으로는 세르비아 편이지만 그걸 표명하지 못한 것은 러시아에 대한 서방의 원조가 끊기는 것을 두려워한 때문이리라. 또한 지금의 세계 종교지도를 펴보면 국제여론 형성은 정교보다 가톨릭, 프로테스탄트 연합 쪽이 압도적으로 유리하다는 것을 금방 알 수 있다.

그런 것을 생각하면서 차창 밖으로 펼쳐진 시내의 풍경을 낯선 눈으로 보고 있었다. 평화롭다. 차우셰스쿠 충격에서 아직 털고 일어서지 못하는, 살벌한 잿더미의 부쿠레슈티를 뒤로하고 온 나는 활기에 찬 베오그라드에 내리자 마음이 들떴다.

"시내를 직접 걸어보고 싶네요."

"예, 좋지요. 그렇게 하세요."

드라간도 날 따라와주었다. 지나치는 사람들은 모두가 개성적이면서도 센스 있는 차림이다. 쇼윈도에 진열된 물건들도 풍요로웠다. 부쿠레슈티와 비교도 안 된다는 것은 말할 나위도 없지만 프라하나 부다페스트에도 뒤지지 않았다.

"무역금지를 당했다는 것이 믿어지지 않아요"라고 하니 드라간은 오른손으로 내 뒤를 가리킨다.

"마리 씨, 저것 좀 보세요. 사바 강에 놓인 다리 위를요."

"와, 굉장한 행렬이네요. 뭐 때문이죠?"

"가솔린 때문이에요. 보세요, 모두들 플라스틱 용기를 들고 있죠?"

"하지만 사람들의 얼굴 표정은 모두들 상쾌해보이고 물건이 모자라서 고생하는 티는 하나도 안 보이는걸요."

"열심히 보통 생활을 하려 하고 있는 거죠, 뭐."

"……."

"뭐, 부족한 건 석유 정도일까요? 기본적으로는 농업국이니 먹는 건 문제가 없으니까요."

"그런가요? 일본 같았으면 농업도 석유 없이는 해결이 안되는데."

"하하하하, 뒤진 쪽이 유사시엔 강하네요."

"그런데, 지금 보니 왜 이렇게 화랑이 많아요? 게다가 화랑이 아닌 가게조차 다섯에 하나는 그림을 팔고 있구요. 그림을 좋아하는 국민인가보네요? 야스나도 그림을 참 잘 그렸죠. 아마 화가가 됐을걸요."

"호텔에 짐을 두고 한숨 돌린 다음, 마리 씨의 '추억의 노트'에 씌어 있는 주소로 찾아가보기로 하죠."

"한숨 안 돌려도 좋아요. 짐만 놓고 나와서 당장에 가보기로 해요."

차를 타고 3분 정도 가니 전면 유리로 된 큰 호텔에 닿았다. 입구에는 '인터콘티넨탈' 이라는 간판이 붙어 있다. 들어가니 프런트의 남자 셋이 만면에 웃음을 띠며 일어로 인사를 해준다.

"카드로 결제해도 좋습니까?"

당장에 남자들은 슬픈 표정을 지었다.

"그게……, 예의 그 무역 금지 때문에요……. 현금으로 부탁합니다."

요금은 하루에 40달러란다. 세계의 곳곳에 퍼져 있는 인터콘티넨탈 체인 중에서 아마도 제일 싼 가격이 아닐까. 짐을 맡기고 다시 차에 올라탔다. 드라간이 말한 대로 5분도 채 안되어서 목적지에 도착했다. 차분한 분위기의 7층 건물 아파트였다. '추억의 노트' 를 펼쳐 한 글자, 한 글자 대조해가며 주소를 확인했다. 그 다음엔 아파트 1층 입구 옆에 있는 우편함에서 입주자의 이름을 확인해보았다. 한번 더 본다. 하지만 역시 이름이 없다. 혹시나 해서 또 한번 또박또박 확인했다.

"이주하셨나보네요."

"이 아파트에서 오래 사신 부인이 계신답니다. 그분이 말씀해 주신다니 여기서 잠깐만 기다리세요. 모시고 올게요."

드라간은 계단을 뛰어올라가더니 잠시 후 노부인을 모시고 내려왔다.

"맞아요. 디즈다레비치 일가는 여기 4층에 살았었죠. 가족은 부부와 오누이죠 아마? 그댁 바깥분은 외교관이셨고."

"딸 이름이 야스나, 아들은 드라간이었어요?"

"아아, 그런 것 같구먼. 하지만 20년도 전 일이라 자신은 없구려."

"그래서 그후 일가는 어디로 갔는지 아시나요?"

"아마, 사라예보라고 했지?"

"……사, 사라예보! 그게 확실합니까?"

"아 예, 원래 두 부부의 출신지가 거기라죠?"

거짓말, 거짓말이다. 거짓말이면 좋겠다. 보스니아의 사라예보라니. 현재 가장 격전지가 아닌가. 정신 차리고 보니 '추억의 노트'를 편 채로 난 굳어져 있었다.

"드라간, 여기에 뭐라고 씌어 있는지 가르쳐줄래요?"

야스나가 쓴 글을 드라간이 번역해서 읽어주었다.

"'사랑하는 마리, 나랑 헤어지면 마리는 곧 여러 친구들이 생기겠지. 나보다 더 소중한 친구가 생기면 날 잊어도 좋아. 하지만 가끔은 날 생각해줬으면 해…….' 좋은 편지로군요. 야스나는 아마 마리 씨에게 잊혀지고 싶지 않았나봐요."

"생각했고 말구요. 그러니까 여기까지 왔죠……."

거기까지 말하곤 목이 메어 말이 안 나왔다. 눈앞이 흐려졌다. '추억의 노트' 속 야스나가 그려준 그림에서 야스나 일가와 함께 단란한 한때를 보낸 추억이 피어올랐다. 일가는 무사할까? 아아, 제발 무사해주길.

○ ○ ∘

"야스나가 보스니아 무슬림이라구요? 무슬림이라면 이슬람 교도라는 뜻이죠? 야스나가 이슬람교도로 보이진 않았어요. 그래, 맞아요. 자신의 신은 호쿠사이라고 했지, 알라라고 하지는 않았어요. 그럴 리가 없어요, 야스나가 무슬림이라니."

차 안에서 나는 드라간에게 계속 귀찮게 굴었다. 야스나가 격전지 사라예보에 있을 가능성을 어떻게든 부정하고 싶었던 것이다. 드라간은 싫은 내색 않고 상대해주었다.

"요네하라 씨, 알고 계시잖아요. 보스니아 무슬림은 민족의 이름이란 것을. 물론 이슬람을 신봉하는 사람도 많지요. 매일 정해진 시각에 메카 쪽을 향해 절한다거나. 하지만 모든 사람이 신자라는 법은 없죠. 일본인 모두가 신을 믿는 것은 아니며, 불교도가 아닌 것처럼. 물론 생활습관이나 의식 속에는 침투해 있겠죠. 정신적인 지주라고 할까. 뭐, 그런 정도……. 왜 그래요, 요네하라 씨? 그렇게 낙담하지 마세요. 친구분이 보스니아 헤르체고비나로 갔다고 해서 무사하지 않다고 정해진 건 아니잖아요."

"여기서 보스니아의 사라예보에 갈 수 있을까요?"

"단절한 지 벌써 4년이나 된답니다."

"단절이라니, 국교단절?"

드라간은 고개만 끄덕했다.

"하지만 땅은 붙어 있잖아요. 가려고 마음만 먹으면 갈 수 있을 거 아니에요?"

"아니요. 모르시는군요. 국경은 완전히 봉쇄당했답니다. 설마, 지금 하신 말씀은 진심이 아니시죠? 그야 가려 하면 못 갈 건 없죠. 목숨이 몇 개씩 있다면야. 얼마 전, 보스니아에서 크로아티아인 세력 손아귀에서 벗어나려고 국경을 넘으려 한 세르비아인 난민 그룹이 국경 코앞에서 크로아티아 세력에게 습격당했죠. 성인 남자 100명 이상이 모두 학살당했어요. 여자들은 욕보여졌고, 다섯 살 미만의 모든 소년들은 고추를 잘려서……."

"……."

"거짓말이 아니랍니다. 이곳 베오그라드에서 차로 겨우 1시간 거리에서 일어난 일이라니까요."

"그럼 여기서 사라예보로 전화라도 걸어보기로 해요. 국제전화는 되죠?"

"나 참, 무슨 말씀하시는 거예요. 전화선도 끊기고 우편물도 들어가지 않아요."

"……."

"아! 베오그라드에 이슬람 사원이 있는데 한번 가 보실래요?"

갑자기 이 사람은 무슨 말을 꺼내는 거지?

"야스나는 결코 이슬람교도가 아니었고, 나와 헤어져서도 입교했을 가능성도 별로 없다고 생각되는데요."

"하지만 요네하라 씨, 베오그라드에 살고 있는 보스니아 무슬림이 많이 모이는 곳이니까, 혹시 친구분과 연고가 있는 사람이 있을까 해서……."

"그럴 수 있겠네. 그래요, 그리로 날 좀 데려다줘요."

드라간이 운전사에게 뭐라고 하자 차는 당장에 되돌아서 언덕길을 올라갔다. 곧 도로 폭이 좁아지며 차는 구시가지로 들어갔다.

"이 근처는 여러 교회들이 모여 있답니다. 보세요, 여기가 가톨릭, 저기 있는 게 시나고그. 또 저건 프로테스탄트파 교회. 여긴 세르비아 정교회. 뭐랄까, 여기 베오그라드에서는 다민족, 다문화, 다종교의 전통이 그래도 얼마간은 간신히 유지되고 있답니다. 아, 여기다 여기."

작은 모스크는 미안하다는 듯이 조촐하게 서 있다. 입구 옆은 수위실 같은 것이 있어 문을 두드리자 하얗고 동그란 모자를 쓴 열네댓 살쯤 되어보이는 소년이 얼굴을 내밀었다. 용건을 말하니 안에서 뛰어나와 안내해주었다. 안쪽 정원 벤치에는 검은 숄로 머리를 감추고 검은 옷을 입은 여자들이 어깨를 포개어 앉아 있다. 그녀들의 모습은 어떤 소중한 추억을 불러일으켜 주었다.

"머리를 드러낸 채 모스크에 들어가면 안되는 거지? 뭐라도 뒤집어써야 할 텐데."

"괜찮아요, 그런 거 안해도."

소년은 씽긋 웃으며 이를 보였다.

"알라를 섬긴다면 얘기가 달라지지만."

"관용적이네."

"이교도에 대해서는 관용의 정신! 그게 가장 중요하니까요."

한마디 한마디 곱씹듯이 말하는 소년의 눈망울 속에 깃든 슬픔에 가슴이 아렸다.

모스크 안의 바닥은 주단이 깔려 있어, 구두를 벗고 들어갔다. 내 존재가 희한했는지 소년은 내게서 눈을 떼지 않는다.

"보스니아 무슬림인 친구가 있어. 야스민카 디즈다레비치라고 해. 만난 적 있어?"

"저도, 안쪽 정원에 있던 아주머니들도 보스니아에서 피난해왔어요. 제가 아는 사람 중에는 그런 이름을 가진 사람이 없지만 잠깐만 기다리세요."

소년이 나간 입구 쪽에 서 계시던 위엄 있는 호리호리한 노인과 눈이 마주쳤다. 온화한 풍모, 하지만 보통이 아닌 안광. 선인 같고, 마법사 같고, 철인 같다. 마치 옛날이야기 속에서 튀어나온 듯하다. 어느덧 나는 빨려들 듯이 노인에게 다가갔다.

"아가씨는 어디서 오셨는가?"

"일본에서 왔습니다."

"그래? 그렇게 멀리서? 이런, 노고가 많구먼. 그런데 어째서 이런 처참하고 끝없는 살육이 시작되었는지 아시는가?"

"글쎄요, 할아버님께서는 아시는지요?"

"음."

노인은 입을 일자로 했다. 그러더니 내 쪽을 보시면서 물으셨다.

"알고 싶은가?"

"가르쳐주세요."

"옛날 옛날 어느 곳에, 그야말로 우애 좋은 형제가 있었거든. 고생도 기쁨도 함께 나누며 서로를 의지하며 살았지. 그런데 어느 날, 낯선 데서 온 어느 남자가 형을 찾아가 귀엣말로 속닥거린 거야. 그 다음엔 동생한테 가서 또 속닥속닥. 사이좋았던 형제가 틀어지기 시작한 것은 그때부터지."

"그 낯선 곳에서 온 남자는 외국이죠? 어느 나라를 말씀하시는지요?"

"그야 자네 머리로 생각하게나."

노인은 의미심장한 듯이 미소를 짓더니 잠자코 계셨다.

"디즈다레비치라고 하셨죠?"

조금 전의 그 소년이 돌아오더니 모스크 입구에서 내게 말을 걸었다.

"응, 야스민카 디즈다레비치. 알아냈니? 야스민카에 대해서?"

난 소년의 어깨를 잡고 흔들었다.

"아, 아니, 저기 저 아주머니가……."

소년은 안쪽 정원 쪽을 가리켰다.

나는 황급히 부츠를 구겨 신으며 모스크를 뛰쳐나가 아까 그 검은 옷을 입은 부인들 곁으로 향하려다 하마터면 넘어질 뻔했다. 부츠의 지퍼를 제대로 안 잠그는 바람에 걸음이 꼬인 것이다. 서둘러 다시 앉아서 마음을 가다듬어 지퍼를 올리고 있는데 소년이 뛰어왔다.

"아주머니들 말로는 디즈다레비치는 보스니아가 선출한 마지막 대통령 이름 같다고 해요."

"그래 그래, 그런 이름의 대통령이 있었지."

한동안 입을 다물고 있던 드라간이 겨우 입을 열었다.

1980년에 티토 대통령이 죽은 다음, 유고슬라비아 연방은 집단지도체제로 이행하여, 각 공과국과 자치주에서 선출된 임기 5년의 대통령 8명과 공산주의자 동맹 의장 한 명을 추가한 총 9명이 합의해, 연방전체의 정책과 방침을 결정하게 되었다. 유고슬라비아 연방 원수 역할은 당의장을 제외한 8명이 윤번제로 임했다. 당시 보스니아 헤르체고비나 공화국에서 선출된 대통령이 아마도 디즈다레비치였을 거라는 것이다.

"혹시 야스민카의 아버지가 단순히 동성동명이 아니라 보스니아 헤르체고비나 마지막 대통령 바로 그 사람이라면 지금 그는 사라예보에 있을 거요."

"어쩜!"

"친구 아버님 이름은 잊지 않으셨나요?"

"잊자니 기억을 먼저 했어야 하고, 기억하자니 한번은 들어야 했을 텐데, 야스나 아버지의 이름까지는 한번도 들은 적이 없는 것 같아요."

"그야 그렇지. 동창생 아버지의 퍼스트 네임까지 안다는 것이 오히려 이상하지……. 아, 곤란하게 됐네."

드라간은 팔짱을 끼고 한동안 하늘을 쳐다보더니 갑자기 몸을 휙 돌리며 외쳤다.

"그거다! 내가 왜 그 생각을 못했지? 갑시다, 요네하라 씨."

그는 정원을 가로질러 기다리게 한 자동차를 향해 막무가내로 뛰어갔다. 나는 소년의 손을 쥐며 예를 표한 후, 서둘러 드라간의 뒤를 좇다가 헉, 하고 다시 모스크로 되돌아왔다. 그러나 모스크 입구에도, 그리 넓지 않은 모스크 안에도 노인의 모습은 보이지 않았다.

"왜 그러세요?"

"아까 그 할아버지 어디 가셨을까?"

"할아버지라뇨?"

나는 그 할아버지의 인상착의를 말했다.

"아, 그 희한한 할아버지요. 일족이 모두 참살당하고 자기만 살아남았대요. 그래서 머리가 좀 이상해졌다나봐요."

"저런……."

"왜 그래요? 빨리 서둘러요."

참다 못해 드라간이 도로 와서 날 재촉했다.

"구 유고슬라비아 연방의 신사록紳士錄을 찾아보려구요. 동료 집에서 본 적이 있는 것 같아요. 실은 제 직장에도 있지만 지금 이 아르바이트, 회사에는 비밀이라서……. 전 지금 휴가중인 걸로 되어 있거든요. 동료에게 전화했더니 오늘 야근이라잖아요 글쎄. 그러니까 집을 나가기 전에 보여달라고 해뒀어요."

차에 올라타니 드라간은 운전사에게 행선지를 말한 다음 되도록 빨리 가자고 덧붙였다. 창 밖은 이미 불그스름하다.

"참 속상해. 난 왜 늘 이 모양이죠? 이래서야 저널리스트로 밥 먹고 살겠어요?"

드라간은 혼자서 투덜댔다.

"보스니아 헤르체고비나의 디즈다레비치 형제는 유명하죠. 대통령이 된 것은 아마 막내가 아닐까요? 연방이 붕괴된 지 겨우 6년밖에 지나지 않았는데 까맣게 옛날 일 같네. 그동안 워낙에 많은 일이 생기는 바람에 깜박했네. 게다가 지금 와서는 보스니아가 다른 나라가 되고 보니……."

드라간의 동료가 사는 아파트는 나무가 우거진 거대한 아파트 단지의 어느 한 동이었다. 이미 많은 아파트 창문에서 불빛이 새어나오고 있었다. 동료의 집은 3층이었다. 드라간과 같은 또래로 안경을 낀 중간 키 중간 몸집의 붙임성 있는 남자가 우리를 환대하더니, 책장에서 두툼한 신사록을 꺼내와 눈앞에 펼쳐주었다. 기입된 언어가 세르비아어라서 나로선 대강의 의미만을 상상해볼 뿐이지만 거기에 진한 글씨로 디즈다레비치라는 성이 네 명이나 나란히 적혀 있다는 것은 금방 알 수 있었다.

"거기 적혀 있듯이, 모두 형제랍니다. 파시스트에 대항한 파르티잔 전투에서 디즈다레비치 형제가 얼마나 용감무쌍했는지는 유명해요. 전후, 각자 유고슬라비아 연방의 국가와 당의 요직을 역임하게 되었죠. 친구분 아버지는 혹시 막내인 라이프가 아닐까 싶네요. 보세요, 외교관 경력이 있는 건 그뿐이니까요."

'디즈다레비치 라이프'라는 항목 밑에 이렇게 씌어 있었다.

"……전쟁 이후에는, 자주관리 노동조합을 만드는 데 진력하여, 내셔널센터 서기를 임했다. 그후 외교 업무에 전념, 비동맹제국운동에 적지 않은 공헌을 함. 체코슬로바키아 공사, 이집트 대사, 쿠바 대사를 역임. 귀국 후 당 임무에 취임."

어디를 보아도 보스니아 헤르체고비나 공화국 선출 대통령으로 취임했다고 적힌 곳은 없었다. 신사록을 뒤집어 표지 뒤를 보니 발행연도가 1980년으로 되어 있다. 그렇다면 티토가 죽기 전에 발행했던 것이다. 네 명의 디즈다레비치 중에 누가 보스니아 헤르체고비나의 원수가 되었단 말인가. 드라간이 내 마음을 헤아렸는지 입을 열었다.

"대통령에 취임한 것은 라이프죠. 그건 틀림없어요. 제가 일본에 부임해 가기 직전 일이라 선명해요."

"하지만……."

내가 무슨 질문을 하려 할 때, 드라간의 동료가 말했다.

"대단히 미안한데, 난 출근할 시간이 되었으니 그만 돌아가주셨으면 하네. 그 책은 물론 빌려드리죠. 드라간이 꼭 돌려준다고 약속해주면 말이지."

동료의 재촉대로 우리는 집을 나와 계단을 내려왔다. 난 조금 전 하려다 만 말을 드라간에게 하려고 입을 열었다.

"하지만 드라간, 라이프가 틀림없이 야스나의 아버지란 것은 또 어떻게 알아보죠?"

"뭐, 뭐라구요?"

계단이 떠나갈 듯한 큰소리였다. 앞서 계단을 내려가던 드라간의 동료가 흥분해서 다시 올라왔다.

"야스나라고?! 야스민카 디즈다레비치를 알고 있단 말이오?"

동료는 입을 뻐끔거리다 겨우 숨을 가다듬고 말을 이었다.

"외교부의 통역 번역관인 여성이죠. 기자회견장에서 몇 번이나 봤어요. 디즈다레비치라는 이름이니 거기 적혀 있는 네 명과 혹시 연고가 있을지 모르겠네요."

이번에는 내 쪽에서 숨이 가빠온다. 목이 메어 말이 안 나와 고개만 끄덕여 보였다.

"그렇다면 베오그라드에 살고 있을지 모르네. 외교부에 전화해 봅시다"라고 말하면서 드라간이 동의를 구하듯 내 얼굴을 들여다본다. 난 계속 고개만 끄덕였다.

"그럼 난 이만 갈 길이 바빠서……. 성공을 빌겠습니다."

신사록의 주인은 계단을 구르듯이 뛰어내려갔다.

"쳇, 자식. 전화 빌려달라고 할까봐 튄 것 좀 봐. 이 근처에서 공중전화 찾다가는 오히려 늦어지니까 호텔로 돌아가죠. 차로 2, 3분 거리니까."

드라간이 권하는 대로 따르는 게 상책이겠다.

"예"라고 말했지만 목구멍이 딱 붙어버린 느낌이라, 말을 하기 힘들다. 차를 타고 호텔에 도착하기까지의 시간이 이렇게 길게 느껴질 줄이야.

"저기요, 외교부 전화번호는 쉽게 찾을 수 있겠죠?"

파삭하게 목소리가 갈라졌지만 억지로 말을 해봤다. 드라간은 앞주머니에서 수첩을 꺼내보이며 빙긋이 웃는다.

"하지만 드라간, 관청은 이미 문 닫을 시간 아닌가요?"

드라간이 뽐내듯이 윙크해준다.

"다 수가 있죠. 이래봬도 제가 기자생활 몇 년이게요. 외교부는 세계 각국에서 들어오는 연락을 기다려야 하는 곳이잖아요. 당직은 뭐 하러 두게요?"

호텔에 도착하자마자 난 프런트로 뛰어가 전화기를 끌어안다시피 하며 드라간에게 내밀었다. 한곳은 몇 번이나 걸어도 뚜뚜거리기만 해서, 할 수 없이 다른 번호로 걸었더니 겨우 연결되었다. 드라간이 야스나에 관해서 묻자 전화 저편에서 뭐라고 대답하고 있나보다. 그러더니 갑자기 드라간의 얼굴이 어두워진다.

"왜 그래요? 야스나 소식을 알았어요?"

상대방과 말하는 도중인데도 난 참지 못하고 끼어들었다. 불안하고 또 불안해서 몸둘 바를 모르겠다.

"야스나는 외교부를 그만뒀답니다. 바로 요 3개월 전 일이라네요."

온몸의 피가 발끝으로 모인다.

"그래서, 그래서요? 혹시 사라예보로 간 건 아니겠죠?"

드라간은 대답이 없다. 아니, 그 사이에도 상대방과 대화를 나누더니 갑자기 메모 용지를 당겨 뭐라고 적어댔다.

"저, 저기요. 야스나는 살아 있는 거죠?"

드라간은 수화기를 놓더니 날 똑바로 쳐다보며 말했다.

"요네하라 씨, 좀 진정하세요."

무서워서 몸이 마구 떨렸다. 경련은 점점 더 심해졌다.

"말하지 마요, 드라간."

"요네하라 씨, 야스나는."

"잠깐, 말하지 말라니까요."

"살아 있어요, 야스나는."

"예?"

온몸의 힘이 쭉 빠져나갔다.

"이 베오그라드에서 살고 있답니다. 게다가 이 호텔에서 걸어서 15분 거리."

"왜, 왜 그걸 빨리 말하지 않았어요."

"원, 말할 틈을 주셔야 하죠. 이게 그 주소와 전화번호."

드라간은 좀전에 받아 적은 메모를 내게 전해주었다.

"야스민카 디즈다레비치 크로냐라는 이름이네요. 아마, 크로냐는 남편의 성이겠죠?"

"고마워요, 드라간. 당신이 아니었다면 이렇게 빨리 찾을 수 없었을 거예요."

"그렇게 기뻐 마세요. 헛물 들이켤 수도 있잖아요. 요네하라 씨가 찾으시는 분이 맞는지 직접 확인하시죠. 혹시 다른 사람이라면 내일 처음부터 다시 시작하면 되는 거고. 자, 그럼 전 오늘은 이것으로 실례합니다."

드라간이 회전문을 밀고 나가 호텔 로비에서 모습이 보이지 않자, 방 열쇠를 받아 쥐고 방으로 뛰어갔다. 전화는 여기서 할 게 아니라 방으로 가서 하는 게 좋겠다. 엘리베이터가 움직이자 불안해지기 시작했다.

그리도 화가가 되고 싶어하던 야스나가 외교부 공무원이 됐다곤 생각할 수 없다. 역시나 다른 사람이면 어쩌지? 방으로 들어가 수화기를 들고 보니 이 생각은 거의 확신으로 바뀌었다. 그래서 차라리 차분하게 전화할 수 있었다. 전화 저편의 착신음이 내 귀로 되돌아왔다. 한 번, 두 번, 세 번……. 아, 집에 아무도 없나보다 하고 전화를 끊으려는 순간, 상대방이 전화를 받았다. 젊은 여자 목소리다.

"야스민카 디즈다레비치 씨 부탁합니다" 하고 영어로 말하자, "실례지만, 누구십니까?" 하고 상대도 영어로 되물었다.

"일본인 마리입니다."

"잠시만 기다리세요" 하고 조금 있더니 다른 목소리가 들린다.

"마리, 정말 마리 맞아? 정말, 정말 마리 맞니?"

러시아어였다. 이거다, 이 말. 야스나의 목소리. 모국어의 억양이 섞인 러시아어도 옛날 그대로고. 겨우 목소리가 나왔다.

"야스나, 프라하의 소비에트 학교 시절 친구였던 야스나 맞지?"

"마리 목소리, 옛날 그대로다. 어떻게 내 전화번호를 알아냈니? 지금 어디서 걸고 있는 거야?"

"너희 집 근처까지 와 있어. 네가 무사한지 걱정이 돼서."

이상하다. 목이 켕겨 말이 안나온다.

"고마워. 근데 지금 어디야. 당장 달려갈게. 있는 곳을 가르쳐줘."

인터콘티넨탈 호텔 방 번호를 일러주며 재촉했다.

"야스나, 빨리 와야 해. 빨리 오지 않으면 나 미쳐버릴지 몰라. 더 못 기다리겠어. 호텔 로비에서 기다리고 있을게."

수화기를 놓고 난 다음 내가 어떤 행동을 취했는지 잘 기억하지 못한다. 아무튼 20분 후에 로비에서 우리는 껴안고 있었다. 야스나의 어머니가 좀 무게가 나가보이는 모습이었던지라 팽창된 야스나를 상상했지만, 야스나는 옛날과 다름없이 갸름했다.

"야스나는 아버지 닮았나보네. 살 안찌는 타입인가보지? 참, 아버지 어머니는 안녕하시니?"

"응. 살아 계시고, 다치지 않았냐는 의미로 물어보는 거라면 두 분 다 사라예보에 살아 계셔. 심심하면 폭격당하는 지역에서. 거기 방공호에서 사셔. 가스도 수도도 안 나오는 지하실이지. 이제 연금이 나오니까 이리로 오시라고 몇 번이나 설득해도 안돼. 아버지는 보스니아 마지막 대통령이던 당신이 떠날 수는 없다고 귀담아 듣지 않으셔. 그러다가 전황은 점점 수렁으로 빠져들어갔으니 탈출할 수도 없게 되어버렸잖아. 이미 4년이나 못 만났고, 전화도 직접 못해. 동생이 미국에 살고 있으니까, 동생을 통해 겨우 연락만 하고 지내는 정도야. 편지도 미국 경유로. 그러니 지금 아버지와 어머니가 안전하신 건지 어떤지는 오늘 밤 늦게 동생한테 확인하기 전까지는 몰라. 어제는 같이 살고 계시던 이모가 시장 간다고 나가서는 폭격에 맞아 돌아가셨대."

거기까지 단숨에 말하고 나자 야스나는 입을 꼭 다물어버렸다. 나도 해줄 말이 딱히 떠오르지 않아 가만히 있었다. 그러다가 아참 싶어 가방에서 종이 뭉치를 꺼내 야스나에게 내밀었다.

"이걸 너에게 주고 싶어서 유고슬라비아까지 온 거란다."

야스나가 열어보고는 내 품에 뛰어들었다.

"아아, 고마워 마리……. 하지만 난 이런 거 받을 자격 없어. 나, 화가 되지 못했거든."

호쿠사이의 판화 〈빨간 후지赤富士〉였다. 일이 순조롭게 풀려 수입에 여유가 생겼을 때, 맨 처음 사둔 거였다.

"언젠가 야스나에게 전해주려고 한 건데, 15년이나 지나버렸어."

"예대는 들어갔어. 하지만 예술가 양성코스는 모조리 다 떨어지고 말았지 뭐야. 겨우 턱걸이해서 붙은 게 미학과란다. 내가 얼마나 재능이 없는지 확실하게 깨닫게 되었지. 하지만 다른 사람이 재능이 있는지 없는지를 알아보는 후각만큼은 발달한 것 같아."

옛날과 다름없는 냉철한 말투가 그럴 수 없이 기뻤다.

"그래서 나랑 동업자가 됐다는 말이지?"

"뭐, 그런가? 하지만 낙하산으로 외교부에 들어간 건 아니란다."

내게 그런 의혹이 들기도 전에 저지하려는 듯 필사적이다. 왜 그러지?

"학생 때의 타바리쉬가 같이 일을 하고 싶다며 도와줬어."

"타바리쉬?"

타바리쉬 하면 '동지'라는 뜻이고, 이건 아냐의 입버릇인데. 야스나가 계속해서 말해준 건 더 놀라웠다.

"프라하의 봄을 진압하려고, 바르샤바 조약기구 군이 체코슬로바키아를 침공했잖아? 그때 난 예대 학생이었거든. 소련의 만행에 학생들이 분개한 나머지 데모가 한창이었잖아. 체코의 대학생들이 벌이고 있는 저항운동 조직과 힘을 합치자는 결의문이 학생총회에서 만장일치로 가결되었어. 그때 프라하에서 산 적이 있던 내가 연락 담당을 맡게 된 거야. 나, 사실은 소비에트 학교의 새교장하고 싸워서 학교 그만뒀거든."

"그래, 그 얘긴 리차에게 들어서 알아. 그래서 그후에 체코 학교로 편입했니?"

"응, 그래서 체코 친구들이 많았어. 그중 몇 명이 저항운동에 참가하고 있었거든. 그래서 학생들이 모금운동을 벌여 모은 자금을 가지고 프라하까지 갔단다. 지하에 숨어서 저항 조직에게 모금을 갖다주다니 그런 스릴은 또 없었어. 아버지는 그때 요직에 계셨으니 내가 만일 잡히면 우리나라와 바르샤바 조약에 들어 있는 나라들 사이가 어긋날 거라고 모두들 걱정해주었는데, '그딴 거 알게 뭐야!' 싶은 심정이었지 그땐……."

즐겁게 재잘대던 야스나의 목소리가 갑자기 어두워졌다.

"그때라니?"

다음을 재촉하듯이 야스나의 얼굴을 들여다보았다. 지금 보니 야스나의 눈가에는 잔주름이 자글자글하다. 하지만 그보다도 암갈색 눈동자에서 늘 보던 장난기 어린 광채가 없어진 것이 더 안타까웠다. 야스나는 목을 가다듬어 억지로 목소리를 밝게 꾸며 말하기 시작했다.

"체코의 친구들은 그후 무더기로 퇴학처분당했지 뭐야. 그러고 나니 취직도 제대로 못했고……. 아 그래, 그 타바리쉬는 그때 같이 프라하로 잠입한 아이야. 걔는 그 이후로 정치에 몸담게 됐어. 바이올리니스트가 되려 했는데 외교부에 취직했지. 그래서 외교부 프레스센터를 담당하게 됐을 때, 안 팔리는 미술평론가로 밥벌이하기 힘든 나를 임시직이긴 하지만 기자회견 통역과 프레스 릴리스 번역가로 고용해준 거야. 좀 써보더니 영어에 러시아어에 체코어를 할 줄 아니 쓸데가 많다며 정식채용이 됐고……."

야스나는 또 말문이 막힌다. 어느새 얼굴이 이그러져 있다.

"야스나."

나도 모르게 어깨를 감쌌다. 야스나는 내 오른 어깨에 얼굴을 싣은 채 가만히 있었다. 하지만 야스나가 온몸으로 울고 있다는 것은 알 수 있었다. 눈물도 안 흘리고 목소리도 안 내고 울고 있다는 것을. 칼칼한 쉰소리로 힘없이 뱉어낸 한마디.

"마리, 나 말야, 공기가 되고 싶어."

"……."

"아무도 눈치 채지 못하는, 보이지 않는 공기 같은 존재가 되고 싶어."

뭐라 말해줘야 할 텐데, 가슴이 쥐어 뜯겨서 말이 안 나온다. 답답한 노릇이지만 가만히 있을 뿐이다. 반에서 제일 똑똑했고 미인에다 언제나 침착한 야스나가 이렇게 궁지에 처해 있다니. 나는 눈물이 넘쳐흘러 어떻게 해볼 수가 없었다. 억지로 눈물을 참고 있는 야스나에게 눈치 채이면 안된다. 다행히도 야스나는 내 어깨에 얼굴을 올려둔 채 말을 계속했다.

"학생시절부터 동지요, 절친한 친구였던 사람들까지 나랑 말을 안하게 됐어."

"그건 전쟁이 일어난 후의 일이니?"

"응."

"왜 말을 안하게 된 건데?"

"그들은 세르비아인이고 난 무슬림이니까."

"정말 야스나는 무슬림이었니?"

나는 몸을 빼서 야스나의 얼굴을 들여다보았다.

"한번도 그런 말을 한 적이 없었잖아."

"그야, 내가 이슬람을 신봉하고 있던 것도 아니고, 내가 무슬림인이라는 사실은 전쟁이 나기까지 한번도 자각한 적이 없었는걸. 하지만 무슬림 부모에게서 태어났으니 무슬림이란 사실을 부정한다는 것도 웃기는 말이지. 나는 유고슬라비아인이라고 생각해왔거든. 그게 이번 전쟁으로 누구나 의식하지 않을 수 없게 되어버렸어. 그래서 인간관계도 엉망이 되어버렸고."

"그래서 외교부에서도 잘린 거야?"

야스나는 도리질했다. 그러곤 기어드는 소리로 말했다.

"아니, 내가 사표를 쓴 거야."

그만큼이나 지내기 힘들었나보다 싶었지만 말로 나오지 않았다.

"마리, 우리 집에 가서 저녁 같이 먹지 않을래?"

"어머, 그래도 돼?"

"식전이지? 가까우니까 집에 가서 먹자. 우리 가족도 소개 할 겸."

야스나가 이끄는 대로 호텔 현관을 나섰다. 호텔 앞은 큰 공터가 있고 그 앞에 사바 강이 흐르고 있다. 각국에서 무역금지를 당하는 바람에 가로등 조명은 최소한으로 빛을 줄이고 있었지만 그래도 건조물의 윤곽은 알아볼 수 있었다.

"이 다리를 건너면 신시가지가 나와."

"신 베오그라드지? 1960년대에서 70년대에 걸쳐 개발된 지구."

"어머? 마리는 예습이라도 해왔니? 잘 알고 있네."

"32년 전의 지리 수업을 돌이켜봤을 뿐이야. 야스나가 발표한 내용, 무지하게 재미있었거든."

"그땐 나도, 유고슬라비아도 행복했었지."

"근데 야스나, 여자 둘만 이런 밤거리를 걸어도 되니?"

"응, 그건 전혀 걱정하지 않아도 돼. 이상하게도 그런 면에서는 전쟁 후가 더 안전해졌다는 느낌이 들어. 모두들 바짝 긴장하고 있어서 그런가?"

다리를 건너니 야스나가 살고 있는 거대한 아파트 단지가 나왔다. 도쿄로 말하면 다카시마타이라 단지 같다. 하지만 건물과 건물 사이는 훨씬 넓었고 녹지 비율도 몇십 배는 되는 듯하다. 12~15층 정도의 고층 아파트로, 1층은 상가였다. 슈퍼마켓이며 세탁소, 자전거 수리점 등이 눈에 띄었다.

"여기서 일상생활에 필요한 건 거의 다 살 수 있어보이네."

"응, 여기서 저녁거리에 쓸 옥수수가루와 계란 좀 사야겠다."

들어간 식료품 가게는 깨끗하고 널찍해, 기분 좋게 쇼핑할 수 있었다. 상품 종류도 다양했다. 사회주의 나라에 늘 따라다니는 품절, 불편, 불친절, 미운 모양새, 이런 것들과 상관없어보인다. 야스나는 값을 치를 때, 가게 주인아줌마랑 뭐라고 한바탕 친해보이는 수다를 떨었다. 인간관계가 엉망이 된 것은 직장뿐일까.

"내 딸 세르마는 초등학교를 졸업했어. 아들 오그니는 지금 다니고 있고."

건물과 건물 사이의 광대한 공간에는 나무들이 심어져 있고, 테니스 코트며 보육원이 있었다. 낙엽수는 잎들이 모조리 떨어져 앙상한 가지만 남았으나, 침엽수의 가지는 울창했다.

"민족차별이나 괴롭힘, 그런 일을 당하지는 않고?"

"지금까지는 없어. 다행히도"라며 이렇게 덧붙였다.

"옛날보다 훨씬 조심스러워졌지. 그런 짓이 어떤 결과를 초래하는지 다들 당해봤으니까."

"근데 야스나, 이곳은 혹시 특별한 사람들을 위한 아파트 단지 아니니?"

"응? 그게 무슨 말인데?"

"특권계급용이 아니냐고."

"호호, 얘 좀 봐, 이런 단지는 끝도 없어. 여기만도 5만 명은 살고 있는걸. 이런 아파트 단지는 유고슬라비아 안에 천지로 깔려 있어."

"그렇지?"

"왜 그래? 갑자기 희한한 소리를 다 하고."

"아니, 여기 오기 전에 루마니아의 아냐 부모님한테 들렀더니 귀족 같은 생활을 하고 계셔서. 거리에서 본 일반인들은 마치 거지차림을 하고 있던데."

"아, 나도 일로 소련에 갈 때마다 그런 생각이 들었어. 각료나 공산당 간부는 자기들뿐 아니라 자식들에게까지도 특권을 향유하도록 하잖아. 맨션이니 별장까지, 서민들과는 딴 세계더라."

"야스나는 이 단지에 언제부터 살기 시작했어?"

"15년 전에 결혼했으니까, 그때부터야. 왜 그래?"

"야스나의 아버님은 유고슬라비아 연방의 대통령까지 되신 분이잖아. 그런 분의 딸인 야스나가 이런 보통 아파트 단지에 살고 있으니까 말이지."

"얘는, 그건 당연한 거 아니니? 나뿐 아니라, 다른 요인要人들의 자제도 특별한 취급을 받은 적은 없었어."

"그래?"

"왜 그래 마리? 왜 멈춰섰어? 다 왔단다. 여기야."

야스나는 엘리베이터를 타도록 재촉했다. 엘리베이터도 중형이 둘, 침대라도 나를 수 있어보이는 대형이 하나 있다. 철저하게 사는 사람에게 편하도록 설계된 듯하다. 15층까지 있는 버튼 중에서 야스나는 12층을 눌렀다. 올라가는 엘리베이터 속에서 난 중얼거렸다.

"유고슬라비아는 스탈린형이 아닌, 좀더 쓸 만한 사회주의를 지향했나보네."

"엉?"

"참 살기 편해보이는 아파트라고."

"그럴까? 뭐 큰 불편은 없지만……."

엘리베이터에서 내리자 홀을 사이에 두고 4세대가 있었다. 하나같이 현관문에서 2미터쯤 되는 곳에 금속으로 된 문이 달려 있다. 그 현관과 문 사이의 3평 정도 크기의 공간에는 자전거며 유모차 등이 놓여 있었다.

야스나가 현관 벨을 누르니 조금 있다가 문이 열리며 커다랗고 검은 덩어리가 휙 덮쳐온다.

"안돼, 안된다니까, 부르투스."

호리호리하고 예쁜 소녀가 표범처럼 늘씬한 검은 개의 목줄을 잡고 앉혔다.

"미안합니다. 제 딴엔 환영한다고 그랬나봐요, 앤 참. 전 세르마라고 해요, 어서 오세요."

모음이 과장될 정도로 또박또박한 영어였다. 그 뒤에서 소년이 부끄럽다는 듯 얼굴을 내민다.

"오그니, 인사드려."

야스나에게 재촉받자 소년은 "안녕하세요" 하고 기어드는 목소리로 말한 다음 몸을 획 돌려 안으로 달아나버렸다. 둘 다 야스나를 별로 닮지 않은 것 같다. 하지만 머리색과 눈동자색은 같은 암갈색이다.

현관에서 똑바로 들어가니 큰 거실이 나왔다. 소파 뒤의 벽면에는 리드그라프 작품이 몇 개나 다닥다닥 붙어 있다. 테마는 달랐지만, 흰색 바탕에 검은색 무늬의 작품들은 전체로 볼 때 통일감이 있었다.

"유화는 좀 좋은 건 비싸잖아. 리드그라프라면 진짜라도 살 용기를 낼 수 있을 정도니까."

"이젠 그림은 더 안 그려?"

"응. 예대를 가보니까, 나보다 굉장한 재능들이 우글거리잖아. 완전 의욕상실이지 뭐. 창작은 나밖에 할 수 없다고 생각하지 않으면 안되는 거니까."

"난 여기 있는 거보다 프라하 시절에 야스나가 그린 게 더 좋은데."

"아니, 그렇게까지 배려할 필요 없어."

"그런 거 아니고 진심이야. 야스나는 재능이 있어. 다른 사람과 비교할 수 없는 재능."

"……."

"처음 뵙겠습니다. 고란이라고 합니다."

갑자기 목소리가 들리기에 올려다보았다. 굉장히 길다. 이전에 스웨덴 배구 선수들과 같은 엘리베이터를 탔을 때, 숲 속에 있는 기분이 들었던 것을 떠올렸다.

"2미터쯤 됩니까?"

"그만큼은 아니고, 겨우 1미터 98센티미터죠"라고 말하는 야스나의 남편은 머리카락은 뒤로 후퇴해가는 중이었으나 지적인 풍모로 꽤 핸섬하다. 세르마도 오그니도 아빠를 닮았다.

"마리, 고란은 몬테네그로인이야. 유고 중에서도 가장 키가 큰 민족이지."

"맞아요, 전 우리 집 남자들 중에서 제일 작답니다."

"세, 세상에, 그 키에?"

"저만 빼고 다들 2미터가 넘으니까요."

"호호호호."

"요전, 학회가 타이에서 열렸어요. 거기에서 회의를 마친 후, 견학투어 프로그램으로 산악 지대의 어느 마을에 갔어요. 그 마을에서 제일 큰 남자의 키가 딱 제 절반이더군요."

"오호호호."

내 목소리에 겹쳐 전화벨이 울렸다. 수화기를 든 세르마가 갑자기 슬픈 표정을 하며 아버지께 내민다.

"엄마의 귀한 친구분이 어렵게 오셨는데, 아빠는 또 같이 저녁을 못하게 됐잖아."

세르마는 아마도 세르비아어로 말하고 있는 것 같았으나, 러시아어와 체코어는 어원이 같은 말이 많기도 하고 상황을 미루어 짐작할 수 있어서 그런지 대강 알아들을 수 있었다. 세르마가 말한 대로 전화의 상대와 뭐라고 말한 다음 고란은 금방 나가봐야겠다고 한다.

아내와 아이들에게 볼을 댄 다음, 내 손을 잡고는 "천천히 지내다 가세요"라고 말하더니 갑자기 진지한 얼굴로 "마리 씨가 와주셔서 정말 감사합니다. 아내가 요즘 많이 힘들어하고 있었거든요. 잘 부탁드립니다" 하고는 서둘러 나가버렸다.

"마리, 미안해. 저이는 국립병원에서 외과부장을 하고 있어서 이렇게 가정생활이 휘둘리고 있어, 그것도 자주."

"참 멋있는 분이시네. 나랑 달리 야스나는 행복한 가정을 꾸렸어. 저렇게 네 걱정해주는 사람이 옆에 있다니, 네가 부럽다."

부엌에서 야스나와 어깨를 맞대고 감자 껍질을 벗기며 내 솔직한 느낌을 전했다.

"마리 같은 인텔리는 결혼하기 힘들어."

"무슨 말을 하는 거야. 반에서 제일가는 우등생께서!?"

"에? 엄마가 그렇게 공부를 잘했어요?"

세르마가 흥미진진하게 물어왔다.

"아무튼, 완벽한 우등생이었단다. 체육 빼고는 어디 한 군데 흠 잡을 데가 있어야말이지."

"알았니? 그럼 이제부터 이 어머니를 좀더 존경하거라."

"이크, 그렇게 나오시면 상황 불리하니까 사라져야겠다."

"세르마, 어서 가서 숙제 끝내야지."

야스나는 달아나는 세르마 등에다 대고 엄마다운 말을 던지더니, 작은 소리로 말했다.

"마리, 고마워. 덕분에 애들이 날 보는 눈이 좀 달라지려나? 그런데 말야, 프라하 학교에서 성적이 좋았던 건 솔직히 뒤가 구려."

"뒤?"

"응, 프라하로 오기 전에 아버지가 부임하셨던 곳은 모스크바였어. 그러니 난 본고장 러시아 학교에 다닌 거야."

"아, 그래서 전학 오자마자 그렇게 러시아어를 잘한 거구나. 근데 다른 과목도 완벽했잖아."

"그야, 모스크바에서 프라하로 오기 전 3개월 동안 베오그라드에서 살면서 공백이 생기는 바람에, 혹시 못 따라갈까봐 프라하에서 같은 학년에 한번 더 들어갔기 때문이지. 어느 과목이나 다 공부했던 거였거든. 그러니까 잘하는 건 당연했지. 마리는 내가 뛰어나게 두뇌명석하고 '쿨' 한 줄로만 알았지?"

"지금도 그렇게 생각하는걸."

"그야, 두 번 배운 데서 나오는 여유와, 창피한 거 감추려고 그런 거지 뭐……. 어때, 실망했어?"

"아니, 야스나가 이전보다 더 좋아졌어."

감자와 당근, 그리고 양파와 통닭을 구이판에 얹어 오븐에 넣고 난 다음 야스나는 집구경을 시켜주었다.

방은 다섯 개였고 부부의 침실, 각자의 서재, 두 아이들의 방으로 각각 사용했다. 야스나의 서재는 컴퓨터 주변에 서류가 어질러져 있었다. 외교부를 그만둔 다음엔 번역가가 되었단다. 도쿄의 주택사정에 비하면 큰 공간이었으나 세간은 모두가 검소했다. 하지만 그 모두가 높은 안목으로 골라진 것들뿐이다. 이 모두가 하루 하루를 분에 맞추어 착실하게 사는 행복한 가정을 보여주는 것 같아 가슴이 벅차왔다.

"아아, 한숨이 나올 정도로 부럽네."

"그런데 마리, 우리는 이 모든 것이 어느 순간에 파괴될지 모르는 상황에서 살고 있단다. 번역을 하고 있는 순간에도, 부엌에 서 있을 때도, 갑자기 이런 것으로 머리가 꽉 차버려. 일단 그런 생각에 사로잡히면 털어도 털어지지 않는 소름끼치는 이미지가 솟구쳐 올라, 미쳐버릴 것만 같아."

"……."

"이 전쟁이 시작된 이래로, 맞아, 5년 동안 난 가구 하나도 더 사지 못했어. 아니, 요만한 식기 하나 컵 하나도 살 수가 없었어. 가게에서 좋은 게 눈에 띄어 하나 사보자 싶어도, 깨진 다음 맛볼 슬픔이 늘어날 뿐이지 하는 마음이 금방 들어, 사고 싶은 마음이 흩어져버려. 그보다 내일이라도 혹시나 우리 가족이 몰살당하면 어쩌나 하고……."

"야스나!"

"아무튼 뭐든 허망한 느낌이 들어. 이 5년 동안 그림 한 장도 못 샀어. 그래서 아까 마리가 준 호쿠사이 판화가 더없이 기뻤어."

야스나는 내가 준 그림의 포장을 다시 벗기고 그림을 높이 들어 보였다.

"혹시 폭격기가 기습하면, 이것만은 가지고 방공호로 도망가야지."

"무슨 말이야. 그림보다 사람이 살고 봐야지. 죽고 나면 그림이 무슨 소용이야. 살아 있으면, 그림을 잃었어도 그림을 봤을 때의 감동은 돌이켜볼 수 있잖아."

"그래, 맞는 말이다. 내일 당장 시립 현대미술관에 가보자."

○ ○ ∘

미술관은 호텔에서 차로 5분 정도 거리의 광대한 공원 안에 있었다. 20세기 이후의 유고슬라비아 화가, 조각가들의 작품만 전시된 곳이다. 들어가자마자 그 '오오라'에 압도당했다. 유럽적인 회화기법이 터키나, 그 이전부터 이 지역에서 생활했던 여러 동양계 민족의 조형 전통과 융합해 있었다. 아니, 융합이 아니다. 충돌하고 얽히고 하면서 작품이라는 틀 안에 가두어둘 수 없는 생명력을 뿜어내고 있었다. 내가 반해마지않은 프라하 시절 야스나의 그림이 보여준 그 무모하리만큼 대담한 구성력과 생동감 있는 색채감각은 이 지역 민족 특유의 것인가보다. 재능이란 것은 본래 그런 것이리라. 같은 경향의 재능이 북적대는 속에서 두각을 보인다는 것이 야스나에게 얼마나 힘든 일이었을까 싶은 마음이 들 때였다.

"어때? 이해가 가지? 내가 좌절한 이유."

야스나는 민감하게 내 마음을 읽고 있었다.

"어? 이건 소박파(나이브 아트)의 그림이네."

한눈에 알 만한 양식화된 기법의 그림들이 전시된 코너에서 발을 멈추었다. 이 미술관의 다른 작품들은 예술작품이라고 하기보다 민예품이라는 느낌 쪽이 강했다.

"소박파 화가들은 여기에서 동북으로 차로 1시간 정도 거리의 보이보디나 마을에서 살고 있었어."

"있었다니? 그럼 지금은?"

"연방이 붕괴되는 과정에서 사람들의 감정이나 사상에 민족주의가 엄청 큰 영향을 미쳤잖아. 소박파는 원래 18세기에서 19세기에 걸쳐 슬로바키아에서 이민 온 사람들의 후손이거든."

"구 체코슬로바키아 연방의 슬로바키아?"

"응, 본가 슬로바키아가 독립할 기운이 돌자, 그들의 마음속 깊고 깊은 곳에 묻어둔 귀향본능이 자극받았나봐. 소박파의 이렇다 할 만한 사람들은 다들 자기네 조국으로 돌아가버렸어."

"세상에, 몇 세대에 걸쳐서 보이보디나 평원에 뿌리를 내리고 쌓아온 생활보다 민족적 귀속성 쪽을 우선했다는 말이네? 믿을 수 없어."

"그런 거지 뭐. 민족감정이란 합리적으로 처리될 수 없는 귀찮은 녀석이거든……. 그런데 난 그들이 돌아간 제일 큰 요인이 그들을 둘러싼 배타주의적 분위기 때문이었다는 생각이 들어. 궁지에 빠진 거겠지. 아마 많이 두려웠을 거야."

"망명을 생각해본 적 있니?"

야스나는 고개를 끄덕였다.

"하지만 난 보스니아 무슬림이라는 자각은 전혀 없어. 유고슬라비아인이라고 생각하는 적은 있지만. 유고슬라비아에는 애착이 있어. 나라로서가 아니라, 많은 친구, 동네사람, 아는 사람들에 대한. 그런 사람들과 함께 쌓아온 일상생활이 있잖아. 나라를 버리려고 생각할 때마다 그것까지 버릴 마음은 안 생기더라고."

"있잖아 야스나, 칼레메그단 공원은 여기서 가깝지?"

"응, 가보자."

미술관에서 나와 버스를 탔다. 버스는 칼레메그단 방향과 반대다. 나는 의아한 얼굴로 야스나의 얼굴을 들여다보았다. 암갈색 눈동자가 장난기를 가득 모아 반짝였다. 그게 기뻤다.

버스는 거의 급사면을 올라갔다. 버스가 다 올라간 곳에서 내려 야스나가 보라는 대로 눈을 돌린 나는 숨을 꿀꺽 삼켰다. 절경이란 말은 이럴 때 쓰는 말이다. 사바 강과 도나우 강이 합해지면서 생긴 예각지가 무너져가는 성벽에 둘러싸여 있다. 성벽 건너편으로 구시가지 건물들이 늘어서 있고, 그 뒤로 기복 있는 거리풍경이 보인다. 더 멀리로는 한적한 농촌지대가 펼쳐져 있다.

"너무나 아름다워. 터키 군이 싸울 마음을 잃고 물러간 심정을 알 것 같아. 아마 저 기슭에서 짙은 안개에 잠긴 성벽을 보고 '하얀 도시!' 라고 외쳤을 거야."

야스나는 풍경에 시선을 모은 채로 잠자코 고개만 끄덕였다. 참으로 자랑스럽다는 듯한 얼굴이다. 32년 전의 지리시간, 교단 앞에 서 있던 야스나가 거기에 있었다.

○ ○ ○

그후 1999년 3월, 미국과 나토 군의 폭격기는 결국 베오그라드 시를 덮쳤다. 폭격으로 직원 둘을 잃은 중국 대사관은 바로 야스나가 살고 있는 단지 근처다. 폭격기 조종사들이 터키 군 병사들처럼 '하얀 도시' 의 아름다움에 매료되는 일은 없었다.

○ ○ ∘

야스나의 아버지가 들려주신 이야기는, 당시의 기억과 그후에 야스나가 '우리 아빠가 체험한 거랑 똑같은 걸 찾았어' 하며 내게 세르비아어를 러시아어로 번역해준 이야기를 토대로 엮은 것이다.

38년 전에 야스나가 직접 적어준 글을 보관하고 있던 나는 원전을 알 수 있겠냐고 야스나에게 물어봤다. 야스나는 그런 일을 까맣게 잊고 있었다고 하면서 그게 수기였는지, 에세이인지, 소설인지, 지금 와선 작품 이름도 작가도 모른다고 했다. 그후에도 열심히 찾아다녔는지, 이 책이 출간된 후에 알려왔다. 작가는 미르코 페드로비치, 작품 이름은 『황제』. 하지만 내게 번역해줄 당시, 아버지 체험과 똑같은 부분만 추리느라, 원문과 달라진 부분이 있을지도 모른다고 했다.

□ 옮긴이의 말 □

요네하라 마리는 1950년, 우리 민족이 이데올로기로 인해 동족상잔의 총성을 울리기 바로 몇 달 전에 태어났다. 그리고 박정희 정권에 들어서기 얼마 전인 1960년, 열 살 나이에 당시의 체코슬로바키아 수도 프라하로 건너가 5년을 지냈다. 아버지가 각 나라 공산당의 이론 정보지인 《평화와 사회주의 제문제》의 일본 공산당 대표로 선발되어, 편집위원으로 부임해 가는 데 가족 모두가 따라갔기 때문이다.

공산주의라는 단어가 우리에겐 부담스러울 수 있겠다. 공산주의는 일본의 현 정당 중 제일 역사가 깊다. 뭐가 공산주의고 뭐가 민주주의인지 일반인들은 잘 몰랐던 시대, 저자의 아버지는 일본에서 알아주는 대지주의 아들로 태어났지만 사회의 모순을 느껴 자신의 부귀안일을 모두 버리고 혁명에 투신한다. 하지만 그 길은 가시밭길로 16년이나 지하생활을 해야 했다. 가족이 고생할 것도 알면서도 쉽지 않은 길을 택했고, 평생 청렴하게 살아간 아버지를, 저자는 누구보다 존경했다.

프라하 시절, 그는 현지 소비에트 학교에 들어갔다. 체코 학교가 아니라 러시아 학교를 택한 이유는 러시아어라면 귀국 후에도 계속할 수 있다고 생각해서였다. 그 소비에트 학교는 소련 외교부가 직접 운영하는 외국 공산당 간부자제 전용학교로, 50여 개국 아이들이 다녔다. 소련 본국에서 우수한 교사들이 파견되어왔고 한 반의 정원은 20명이 넘으면 자연히 두 반으로 나누어지는 등 섬세하게 보살펴졌다.

저자는 첫 반년은 교사나 다른 아이들이 웃어도 무슨 말인지 몰랐다고 한다. "선생님이 말하는 것을 100퍼센트 못 알아듣는 수업을 받아야 하는 것은 정말 지옥"이었다고 술회한다. 하지만 일본으로 돌아올 무렵에는 거의 완벽한 러시아어를 구사하게 되었다. 그의 관찰에 의하면, 비슷한 언어권에서 온 아이들은 처음엔 빨리 적응하지만 언제까지고 모국어의 억양에서 벗어나지 못했고, 처음엔 적응하기 힘들어도 완벽한 언어를 구사하게 되는 것은 결국 아랍이나 일본처럼 전혀 다른 언어권에서 온 아이들이었다.

일본항공재단 JAL foundation과의 인터뷰에서 이런 에피소드를 읽은 적이 있다.

어느 해인가 프라하의 소비에트 학교에 동독 아이들이 한꺼번에 열 명쯤 전학해 왔다. 전학생들이 죄가 없다는 걸 머리로는 알고 있던 아이들이었지만, 마침 유대인 학살 현장을 견학하고 온

지 얼마 되지 않은 참이라, 생각대로 마음이 따라주지 않아 동독 아이들을 되도록 피하려 했다. 그러던 어느 날 별일 아닌 걸 가지고 싸움이 났다. 체코와 러시아인을 부모로 둔 베차라는 남자아이가 독일인 아이 쿠르츠에게 "파시스트 나치스"라는 말을 뱉은 것이다. 듣고 있던 쿠르츠는 참지 못하고 당장에 치고받고 엉겨붙어 버렸다. 이에 선생님은 수업을 그만두고 싸울 만큼 싸워보라며 반의 다른 아이들에게 배심원이 되라고 하셨다. 모두가 보고 있다고 생각해서인지 차츰 격앙된 감정이 가라앉으며 냉정을 되찾은 아이들이 논리적으로 말하기 시작했다.

사실인즉슨, 베차의 친척 중에 유대인 피가 섞였다는 이유로 강제 수용소에 끌려갔던 친척이 있었다. 전쟁은 끝났으나 결국 병을 얻어 돌아가셨고, 그래서 '독일인' 하면 피가 거꾸로 선다는 것이다. 쿠르츠는 이렇게 답했다. 전쟁이 끝났을 때 부모님의 나이는 열다섯 살이라 나치스에 가담하지 않았다, 하지만 자신의 주변사람들 중에는 확실히 가담한 사람이 있다, 나치스가 저지른 잔학한 행위에 대해서는 정말 죄송하게 생각하고 있어 앞으로 살아가면서 갚아나갈 것이라고. 이에 모두가 숙연해졌다.

그로부터 반년이 지난 어느 날, 반에서 학예회를 했다. 분장용으로 흰 목양말을 신어야 했던 쿠르츠가 이유를 대지 않고 절대로 흰 양말을 신지 않겠다고 떼를 썼다. 할 수 없이 그만은 파란색 양말을 신었다. 그가 떼를 쓴 이유는 나치스 유겐트의 제복에 신는 양말이 흰색이기 때문이었다.

철의 커튼 속에서도 사춘기 소년소녀들의 생활과 관심은 지금 우리와 그리 다름없어 보인다. 다만 다른 게 있다면 놀라울 만큼의 성숙함이다. 이들의 인생이 국가의 운명에 의해 '대양 속의 한 낱 쪽배' 처럼 휘둘려져야 했기 때문일까. 소비에트 학교 시절, 이런 것들을 생활 속에서 매일 느끼며 성장했다는 사실을, 앞으로 요네하라의 작품을 대할 때 염두에 두고자 한다.

1964년, 중학교 2학년 3학기에 일본으로 돌아온 그는 이때 또 문화 충격을 겪어야 했다. 본문에도 언급되고 있지만, 일본의 시험이 ○×표, 아니면 객관식이었던 것이 특히 많이 놀라웠다고 한다. 소비에트 학교에서는 모든 것이 논술시험이었고 구두발표까지 있었다. 예를 들어 '가마쿠라 막부를 연 것은 미나모토 요리도모, ○인가 ×인가' 이런 문제는 정말 믿기지 않았다고 한다. 소비에트 학교였다면 '가마쿠라 막부가 성립된 경제적 배경을 설명하라' 아니면 '교토가 아닌 가마쿠라에 새 막부를 두게 된 이유를 고찰하라' 라고 물으며, 학생들이 문제의 핵심을 파악하게 하는 방식을 취했을 테니까.

'프라하의 봄' 이 일어난 것은 요네하라 마리가 일본에 돌아온 후, 18세 때의 일이다. 그후, 도쿄외국어대학 러시아어학과를 마치고, 도쿄대학 대학원에서 러시아어 · 러시아문학 전공으로 석사 학위를 받았다. 이후 러시아어 통역 · 번역에 종사하면서 1990년까지 대학에서 교편을 잡았다. 1980년, 러시아어 통역협회의 설립 멤버로 참여해 초대사무국장에 취임했다. 이 무렵부터 그는 조금씩 매스컴에 알려지기 시작한다.

TBS 텔레비전 프로그램의 〈시베리아 대기행〉에서, 심할 때는 영하 60도까지 내려간다는 시베리아의 야쿠츠크(현 사하공화국) 취재에 나서 시베리아 1만 킬로를 횡단했다. 이때의 이야기는 『영하 50도의 극한생활』(1986)로 출판되었다.

1983년부터 초일급 통역인으로서 러시아 요인들의 동시통역을 맡아 활약한다. 1990년에는 옐친 대통령을 수행하며 동시통역하기도 했다. 특히 페레스트로이카 이후에는 뉴스를 중심으로 구소련과 해체 후의 러시아 관련 보도나 회의의 동시통역에 종사하여, 1992년 동시통역에 의한 보도의 속보에 기여한 공로로 〈일본여성방송인간담회 SJ상〉을 수상했다. 한편으로 NHK 교육방송 프로그램 〈러시아어 회화〉의 강사도 맡았다.

그러다 통역의 뒷이야기를 다룬 『미녀냐 추녀냐』(1994)로 〈요미우리 문학상〉을 수상했다. 비슷한 톤이지만 그의 이야기꾼으로서의 재능이 아낌없이 발휘된 작품 『마녀의 한 다스』(1996) 로는 〈고단샤 에세이상〉을 수상한다.

1980년대 후반 이후, 동구 공산주의 정권의 몰락과 베를린 벽의 붕괴되고, 더욱이 소련의 붕괴를 통역의 현장에서 피부로 느낀 저자는 프라하 소비에트 학교 시절의 친구들 소식에 절로 마음이 가게 된다. 1995년 11월 그는, 특히 친했던 그리스인 리차, 루마니아인 아냐, 유고슬라비아인 야스나를 찾아 나선다. 그리고 그들과 재회하기까지의 기록인 『프라하의 소녀시대』(2001)로 〈오야 소이치 논픽션상〉을 수상한다. 심사위원단은 "두려운 작품, 스피드

있게 한순간에 인간 데생을 하면서도, 행간에서 인물들의 영혼까지 느끼게 해준다. 질투를 일으킬 만큼 대단한 표현력"이라고 선정 이유를 밝혔다.

그리스의 파란 하늘을 그리도 그리워한 몽상가 리차, 새빨간 진실과 함께 미워할 수 없었던 거짓말쟁이 아냐, 베오그라드라는 하얀 도시의 매력을 알게 해준 지적이고 침착한 야스나. 이들과 보낸 프라하에서의 5년은 그후 40여 년 동안 저자에게 깊고 깊은 영향을 주었다(후기 작품이지만 작가를 이해하는 데 좋은 텍스트라서 번역 제1호가 되었다).

파랑, 하양, 빨강. 그러고 보니 이는 자유, 평등, 박애의 색깔이 아닌가. 이것이 인류의 지고한 표어가 되기까지, 또 인류가 이를 지향하게 된 이후에도 수많은 피를 흘리고 있다는 것을 상기하며, 인간은 언제쯤이나 사고방식 하나로 서로를 죽이려는 것을 그만두려는지 많이 걱정스럽다. 또한 그런 것까지 알뜰하게 밝히지 않아도 눈치 챌 수 있게 쓴 저자의 필력에 그저 고개가 숙여질 뿐이다. 『프라하의 소녀시대』를 비롯해 요네하라 에세이의 묘미는 이미 정평이 나 있어 그의 작품이면 반드시 산다는 독자들도 일본에는 적지 않다. 이런 그의 작품들이 보다 많이, 보다 빨리 한국의 독자들과도 만날 수 있기를 희망해본다.

2003년에는 장편소설 『올가의 반어법』(2002)으로 〈분카무라 두마고상〉을 수상했다. "어느 천재적인 무용수의 기구한 운명을 거슬러 올라가면서, 동시에 소련이라는 실로 기묘한 나라의 실태를 그린 소설로, 그 이중성이 참으로 재미있었다"라고 심사위원은 평했다.

2005년부터 저자는 육체적, 정신적인 부담이 큰 동시통역 자리를 떠나 작품에만 전념했다. 그러나 아깝게도 2006년 5월 25일, 56세의 나이에 저세상으로 떠났다. 병명은 난소암. 이렇게 빨리 가려고 그는 그렇게 굵게 산 것인가. 내 등을 뒤에서 밀어준 것 같은 느낌이 드는 요네하라 선생님 영전에 삼가 명복을 빈다.

2006년 11월

이현진